本成果得

广东外语外贸大学人才项目"隐喻与转喻：具身、语言、
"面向应用语言学与话语分析的隐喻研
共同资助

认知语言学
在二语学习与教学中的应用

〔英〕 珍妮特　利特摩尔 (Jeannette Littlemore) 著
陈　朗 译

南京大学出版社

First published in English under the title
Applying Cognitive Linguistics to Second Language Learning and Teaching
by Jeannette Littlemore, edition: 2
Copyright © Jeannette Littlemore, 2023
This edition has been translated and published under licence from Springer Nature Limited.
Springer Nature Limited takes no responsibility and shall not be made liable for the accuracy of the translation.

江苏省版权局著作权合同登记　图字：10-2023-57号

图书在版编目（CIP）数据

认知语言学在二语学习与教学中的应用 ＝ Applying Cognitive Linguistics to Second Language Learning and Teaching /（英）珍妮特·利特摩尔著；陈朗译. — 南京：南京大学出版社，2025.3.（2025.7重印）— ISBN 978-7-305-28769-5

Ⅰ. H003

中国国家版本馆CIP数据核字第2025X9R800号

出版发行	南京大学出版社	
社　　址	南京市汉口路22号　邮　编　210093	
书　　名	认知语言学在二语学习与教学中的应用	
	RENZHI YUYANXUE ZAI ERYU XUEXI YU JIAOXUE ZHONG DE YINGYONG	
著　　者	（英）珍妮特·利特摩尔	
译　　者	陈　朗	
责任编辑	刘佳羽　　　编辑热线　021-65248107	
印　　刷	苏州市古得堡数码印刷有限公司	
开　　本	880mm×1230mm　1/32　印张 9.5　字数 219千	
版　　次	2025年3月第1版　2025年7月第2次印刷	
ISBN 978-7-305-28769-5		
定　　价	80.00元	

网　　址　http://www.njupco.com
官方微博　http://weibo.com/njupco
官方微信号　njupress
南大悦学公众号　NJUyuexue
销售咨询热线　025-83594756

＊　版权所有，侵权必究
＊　凡购买南大版图书，如有印装质量问题，请与所购图书销售部门联系调换

Preface to the Chinese Translation of the Second Edition of *Applying Cognitive Linguistics to Second Language Learning and Teaching*

It gives me real pleasure to write this Preface to the Chinese Translation of the Second Edition of *Applying Cognitive Linguistics to Second Language Learning and Teaching*. When I wrote the first edition of *Applying Cognitive Linguistics to Second Language Learning*, in 2009, the field of Cognitive Linguistics was very much in its infancy and people were only just beginning to think about ways in which the findings that were being produced could be applied to other areas. For this reason, almost every chapter in the book ended with a wish list of studies that I thought it would be useful to conduct, which would test the predictions made by Cognitive Linguistics. Since then, many more investigations have been conducted into the role played by construal, categorisation, encyclopaedic knowledge, metaphor, metonymy, iconicity, embodiment, gesture and constructions in second language learning (see, for example, Achard, 2018; Hijazo–Gascón & Llopis–García, 2019). Some of these studies align with suggestions that I made in the first edition, but others go way beyond those ideas and explore entirely new ways in which findings from cognitive linguistics

I

can be harnessed in the interests of improving second language learning and teaching. The findings from these studies have considerably strengthened our understanding of the ways in which second languages are learned and taught. The studies have also provided deeper insights into the relationship between language and thought and the effect that learning a second language learning has on cognition.

Furthermore, since I wrote the first edition of this book, new areas of research within Cognitive Linguistics itself have emerged and flourished. For example, we now have a much better understanding of the extent to which iconicity manifests in different languages. We now have richer and more nuanced knowledge of metaphor and metonymy and how they relate to one another, and more investigations have been conducted into the ability of learners to produce and understand them. Our understanding of the nature of embodied cognition has also evolved and several studies have been conducted to explore the efficacy of embodied approaches to the teaching of grammar, encouraging learners to engage with image schema in much more overtly interactive ways.

Given the richness of this research, now is a good time to review, to analyse and to synthesise its findings and to take stock of where we are in the field of Cognitive Linguistics inspired second language learning and teaching research. Whilst I will not be able to report every single study that has been conducted in this field, since 2009, my aim in this second edition is to highlight key studies that have moved our thinking on, to paint a picture of the new landscape, and to suggest other areas that might benefit from further research.

Much of the recent work in cognitive linguistics that has had worldwide impact has been conducted by Chinese scholars and it has been a pleasure to include this work in my volume. This work has tested out Cognitive Linguistic hypotheses on Chinese learners of English. It has also applied Cognitive Linguistic theories of language works to Chinese. The findings from this research have expanded and nuanced our understanding of Cognitive Linguistic concepts such as construal, categorisation and Conceptual Metaphor. Looking at the Chinese language through the lens of Cognitive Linguistics and testing out Cognitive Linguistic theories on the Chinese languages knowledge of how language work and how they are processed. Given that the Chinese Cognitive Linguistic community is such a hotbed of new and exciting work, it is a real pleasure and an honour to see my book translated into Chinese. I always love visiting China and discussing language with wonderful Chinese academics. I very much look forward to witnessing growth in the work on Cognitive Linguistics in China.

I would very much like to thank the translator, Heather Lang for all the work that she has put into this new edition. I hope that you as a reader enjoy it.

Professor Jeannette Littlemore
Birmingham
November 2023

译者导读

英国社会科学院院士、伯明翰大学英语语言与语言学系应用语言学教授 Jeannette Littlemore 撰写的《认知语言学在二语学习与教学中的应用(第 2 版)》(*Applying Cognitive Linguistics to Second Language Learning and Teaching*, 2nd Edition)一书于 2023 年在帕尔格雷夫·麦克米伦(Palgrave Macmillan)出版社隆重推出。该著述再次系统地锚定了如识解、范畴化、百科知识、隐喻、转喻、象似性、具身认知、手势和构式语法等认知语言学核心概念在二语学习中的角色。与此同时,其中与象似性、隐喻与转喻、具身认知以及意象图式等认知语言学中最为核心的概念有关的研究进一步推陈出新。正如 Jeannette 在译本序中的介绍,"在 2009 年该书第一版出版时,认知语言学领域的研究还处于起步阶段,人们才刚刚开始考虑如何将正在产生的研究结果应用于其他领域。出于这个原因,第一版几乎每一章都以我认为有用的'研究愿望清单'结束,以检验认知语言学所做出的各种预测。而从那时起,围绕如识解、范畴、百科全书式知识、隐喻、转喻、图式、象似性、手势和构式在第二语言学习中的作用等话题即已产出了更多的研究(例如,Achard, 2018; Hijazo-Gascón & Llopis-García, 2019)"。

总体来说,有关认知语言学应用于二语教学领域的研究主要在近十年得到长足发展。国外研究中,Tyler(2012)《认知语言学与二语学习》(*Cognitive Linguistics and Second Language Learning*)有关认知语言学理论运用于英语情态动词、介词和构式学习的三个实证研究报告为该领域的研究方法及范式奠定了重要基础。Tyler 等（2018）编著的《何为应用认知语言学》(*What Is Applied Cognitive Linguistics*)进一步提供了一系列将认知语言学中的关键概念应用于二语教学的实证案例，以证实认知语言学在课堂研究或基本的二语研究中的效用。其中的案例聚焦了如下话题：(1)范畴模型观对语法教学的启示，提出语法教学可以分为"语法是用法"、"语法是概念"两种教学方法，前者建议采取自下而上的归纳的、隐性的教学方法，后者采取自上而下的演绎的、显性的教学方法；强调有关情景条件和会话环境对并列句、从句学习的影响，提倡借用语料库对比分析的方法探究二语学习者和目标语学习者如补语连接词使用频率与认知资源分配之间的关系，以及不同母语背景学习者就空间场景的学习模型；(2)"一词多义"的研究再次得到强调，特别是介词 PPM(Principled Polysemy Model)理论分析框架、范畴化(中心—边缘辐射状)语义网络，以及认知语言学认为多个义项之间是通过隐喻和(语境)互动体验的方式得以系统联结的一系列关键概念，提升对体验认知语义学、概念隐喻、转喻和语义网络等概念将极大地助益多义词的学习和教学；(3)继续讨论语法问题的过程中，介入了认知语言学中的识解和视角概念，结合心智空间和概念空间理论探讨讲话者在语境中的语法选择等问题。除以上研究外，如应用认知语言学和二语习得和学习的专题研究(Hijazo-Gascón & Llopis-García, 2019)阐析了认知语言学中的主要原则(如语言与人类认知、语言的符号性、语言的驱动性、语言基于用法等)与二语习得的关联，例如，报告了多义词、运动事件的类型学研究、认知语法和构式语法等内容，并且，其特别之处在于聚焦了英语之外的西班牙语等多语中的学习情况。Tyler 和 Huang(2018:29)主张类似的研究应包含不同的二语和一语学习者，从而加深对如母语迁移等跨语言问题的理解，验证认知语言学范式的适用性。再如，以经典的 Slobin"言为心声"假说与二语学习的研究为例，《国际应用语言学与语言教学杂志》(*International Journal of Applied Linguistics in Language Teaching*)刊载了 Treffers-Daller 和 Aveledo（2023）等人有关二语学习者学习和教授动作事件方式的有关研究。研究的核心问题都围绕"动作事件的识解是否可教或可被重构"这一问题，并且，从系列的研究来看，答案基本是肯定的。Aveledo 和 Athanasopoulos（2023）发现了英语和西班牙语双语使用者中动作事件概念化存在双向跨语言影响的证据。他们观察到双语者第二语言中的重组、融合和第一语言的迁移模式，而在其母语中，发现了由于与第二语言的接触而产生的语法结构和概念化模式。这些表现主要受熟练程度和习得年龄的影响，为认知语言学"基于使用的"学理基础提供了切实证据。同时，Martín-Gascón（2023）以修辞动作构式为案例，重新讨论了二语学习者隐喻能力的发展问题。此外，辐射范畴与多义词（例如 Tyler，2023）的研究得到持续的关注，但是相关的研究关注的层次和变量更丰富，以 Esbrí-Blasco & Ferrando（2023）的研究为例，该研究在对比语义学、语义框架和主题角色的视角下讨论了在美式英语中"bake"这一烹饪术语及其在伊比利亚半岛西班牙语中的对应词"hornear"所唤起的隐喻框架。隐喻映射中所激活的目标语框架和框架要素被用于识别和分析隐喻表达，并考察概念映射中框架要素履行的加工过程类型和主题角色之间的明显差异。结果发现，美式英语中隐喻多样性更广阔，bake 一词激活的源语框架隐喻性地表达目标语框架的数量多于 hornear 一词。这一结果说明每种语言似乎都会将体验认知的重点放在不同的框架要素和主题角色上，以创造隐喻映射，反映两种文化不同的认知倾向。

上述研究基本反映了国外认知语言学与二语教学交叉融合的研究概貌以及重点关注的话题。回顾国内的研究，文秋芳的《认知语言学与二语教学》(2013)一书是国内系统介绍和探讨认知语言学理论应用于二语教学具有里程碑意义的著述，分别从理论、教学与教学研究层面详述了认知语言学视角下的语言观、习得观和教学观，提供了含多义实词、介词、时态、情态动词、习语和构式语言焦点的认知语言学教学示例，梳理了国内外特别是涉及时体与情态、多义词、多词单位和构式语法的教学研究。刘正光等(2013)指出，语言形式的频率、组合的临近性、学习者对用途的评估、感知的显性度、语言的标记性、原型性等是影响习得的认知因素，并重新提及联通论或为能够较好地解释语言习得的认知过程的理论。同时，另一方面，刘等援引 Atkinson、Freeman 等学者有关语言和语言习得的社会属性有关理论，将语言界定为一种社会惯例、社会成就和社会工具，且"使用"为基本属性的语言包括了语法均是社会性的，社会交往、社会环境及具体语境成为语言习得的三个社会属性。虽然二语习得的认知派和社会文化派各持不同的语言习得认识观，但是社会认知理论在体验认知、情景认知、学习即参与、(语言)使用即(语言)学习、共识(common ground)等整体型社会认知观和如注意力、察觉和输入等因语境的变异而可能带来习得顺序差异的分析型社会认知观均体现与认知语言学中如做中学、具身认知、情景模拟、框架化等概念之间的关联。刘正光(2009:29-30)同样强调了认知语言学语言能力观中的诸多方面，包括：词或表达的词典意义与百科意义的区别并不必要，实际上都是丰富的语义网络上的节点；隐喻化是语言和思维的基本方式，短语和隐喻性表达式是学习的重点内容；语义是概念化过程，同一事物或概念可能有不同的理解或不同的表达；词的意义具有个体主观性，文化的差异性需要重视。如果秉持结构主义和生成主义观视语言为一个基于独立运行于自身规则和特征的封闭系统,对其任意的、非规则的特征并未建立充分意识,以规则驱动和记忆式的教学观为实践驱动不符合认知语言学"形式—意义"基于体验和经验的灵活的认识论和方法论。由此,"教师"个体被认为对教学的效果起着十分重要的作用,如教师"必须充满智慧(resourceful),必须具备足够的灵活性"(刘正光,2009:30)。与此同时,就教学的方法而言,如Ellis(2005)、Picca(2000)提出的显性教学原则以及将交际法和传统方法综合起来的教学方法均适用于认知语言学教学观,有关形式(form)、语块及多义性的教学构成教学的主要内容。蔡金亭和朱丽霞(2010)有关认知语言学角度的二语习得研究讨论中,列举了Taylor(1989)、Csabi(2004)、Boers(2000)、Verspoor & Lowie(2003)等学者关于多义词、介词(李佳、蔡金亭,2008)、短语动词、熟语的实证研究并说明这些研究是认知语言学和二语习得接口性研究中的关键问题。比如,可以考查不同母语背景的学习者习得同一目的语的情况或者研究相同母语背景的学习者习得不同目的语的情况。徐锦芬(2023)在"融合运用"观下概括了范畴化、原型和概念隐喻等理论在外语教育学(王文斌、李民,2017,2018)分支学科中的运用现状,展望了未来"融合运用"的新范式及其相关建议,即对目标语的习得和使用都以有意义的互动交际为首要前提和最终目的(张会平,2023);徐还提到基于认知语言学二语习得观中的通用认知能力、目标语构式及其接触频率等基本概念,以及如尊重"中心—边缘辐射范畴化"等认知顺序和机制、基于情景的体验认知作用等认识。就融合运用的现状来看,主要的块面还是来自于如范畴化概念在词汇教学中的使用,如相关假设认为,词汇的不同义项在语义范畴中的顺序位置会影响学习者习得速度和效果,认为典型成员的习得会优于非典型成员。徐等援引 Murphy 等(2012)的四项实验,这些实验对比分析了学习者在词汇习得不同阶段的反应时差异,发现他们会利用范畴层级结构来存储词汇相关信息,但在提取阶段则通常依赖基于特征比较的语义推理;Ji 等(2023)根据眼动数据对中国英语学习者阅读含不同层级词汇的句子情况,证明基本层次范畴的认知经济性最高,认知负荷最低。原型概念在多义词教学和礼貌语用的研究也有所涉及(例如,成刘祎、何雅玲,2021)。概念隐喻应用于外语教学的研究同样主要始于对多义词和词汇教学的考察,如词的隐喻化拓展策略等概念(例如,Epsimari & Mouti, 2022),但是这一维度比较核心的另一议题即隐喻能力暂未被提及,这与国外相关研究者的研究转向、国内研究者未形成合力、持续跟进有重要关系。除上述内容外,徐的研究提及构式习得观和具身视角下的外语教师语言意识研究和外语教材研究,认为是融合运用观下的两项重要课题。

检索 2014—2024 期间发表在国内外语类核心期刊上涉及认知语言学核心概念和理论与二语习得、二语学习以及应用语言学相关的研究,主题较为集中,主要以力动态模式、(非)范畴、构式认知、隐喻视角为代表。但客观评价和分析显示,现有研究相对滞后、流散、重复,特别是断层的现象比较突出。例如,关于识解和范畴化主题的研究,国外研究数量并不少,概念(化)迁移、具身认知、象似性、转喻主题上国外研究数量仍在增加,手势主题国外研究数量充足,但这些主题的研究在国内尚未形成气候,相关的研究亟待展开。这一现象从一定程度上或因能从事认知语言学和二语教学接口性教学、教研、科研的教师、科研人员稀缺。认知语言学应用于二语教学对语言教师存在较高的"门槛",至少首先需要熟悉认知语言学的基本理论、概念、规则、方法和案例,还要具有能明辨其与认知心理学、社会心理学、教育心理学等交叉学科之间的联系和差别,并需要具备能有机地结合二语习得和教学的过程、内外部影响因素以及学习者因素等要素进行综合分析的能力。这一点在译者对 Jeannette 作有关访谈的过程中得到了进一步印证。比如,在译者询问"在您的书中重复提到的'辐射范畴'概念,比如从中心到边缘的认知要在实际的教学实践中落地确实比较具有挑战性,这对语言教师本身知识结构的要求是比较高的。请问您怎么看?",Jeannette 的回答是"是的,要让这些概念与交际教学法相融入,可能通常这就是比较'边缘化'的想法,但也许意味着它可能就是最常见的,对学习最有用的方法之一。英语中,我们会说:'这是做某件事情的方法(This is the way to do something.)',这意味着'如何做(This is how you do it.)'。'方法(way)'这个词在这里的意思一定是比它更基本的如'道路'、'路线'等意思更常见的,学习者会早于字面义之前学习到这个词的隐喻义。因此,学习或使用原型意义可能未必适用任何情形。这就是为什么需要有更多的研究的原因,比如何时、何处以及以何种方式我们会使用认知语言学的知识、方法去理解语言并进行交流。"

  Jeannette Littlemore 所著的《认知语言学在二语学习与教学中的应用(第 2 版)》一书以大量生动的研究案例和平实而松快的语言深入浅出地分析了认知语言学中各个核心概念和理论应用于二语学习和教学中的价值、效用,而其更可贵之处在于书中的理论阐释和案例分析仿佛触手可及、清晰可见,原以为"生涩"的认知语言学知识鲜活地存在于二语学习和教学实践中。这在一定程度上消除了"认知语言学研究只能借助时新的认知神经科技手段才能得以证实或证伪"的片面认识。这将为探寻和引领更"可持续性发展"的、惠宜更多外语教师和外语专业学生、展开更多适应我国外语教育实际需要的研究带来新的启迪。比如,访谈中,Jeannette专门提到,"我认为在很多研究中,数据被加工的痕迹还是比较明显的,存在失真的现实情况。当然,在认知神经实验环境下,这样的情况也的确难以避免,所以最好的做法就是进行方法上的互补,以使论证能更加充分。在大脑成像研究中,你的确会看到比较机械的例子,但它能够较为准确地指出大脑的哪个部位发生反应,所以也很有用。眼动追踪研究中,语言的输入相对更自然,你可以使用更多的自然语言,受试的目光朝着一个特定的方向移动,或者他们在某个地方逗留特别长,你就想知道为什么会这样,这实则与实际因果关系的直接联系仍然较少。一些行为研究或手势研究,可以使用更加真实的语言。但是同样,行为与其实际含义之间存在差距。在某种程度上,有必要将不同的研究方法汇聚到一起,以讨论同一个问题,形成三角测量,才可以看到发生了什么,为什么会这样发生。"同时,Jeannette也提到,"我们在伯明翰大学也在进行一些MEG脑磁图扫描的研究,观察人们对跨感官隐喻和象似性的反应。现在我们运用的是已编码的真实的语例,但是它们依然不在真实的语境中呈现,新的研究进展还是需要平衡语境的因素,特别是在现在的一些研究中,人们可以戴上耳机进行交谈,已经在采用更自然的方法。"而关于借助认知神经技术展开相关实证研究的探索上,Jeannette也分享了她们的研究情况,提到她们与伯明翰大学脑科学研究中心的研究员展开的合作研究。该研究的初衷主要是帮助因接受过口腔和颈部手术而失去说话能力的人。这些病人舌头被切除,研究试图探究他们如何使用身体的其余部分进行交流。而这个过程中就涉及大量与身体动作有关的非言语的象似性和隐喻使用,Jeannette强调这是他们展开合作研究的焦点对象。她提到,"这是一笔很大的投资,光是进行实验就需要投入大量资金,多达数千英镑,但有时你会发现尽管采取这种研究方法,所要进行的研究,其研究问题并不那么重要。这一点的话,因为设备的运行成本非常昂贵。直到最近,大学主要还是以医学院为基地,所以他们是否愿意让你使用这些设备并支付数千英镑主要是想了解这样的投入是否能挽救人的生命,隐喻可以用这样或那样的方式被阐释,但也需要体现相似的价值。不过现在,研究人员对语言、对人们如何加工语言变得越来越感兴趣。"

另外,值得一提的是,"社会转向"是应用语言学研究的国际动态与前沿趋势之一(徐锦芬,2021)。但是目前对该转向的认识则主要限于在社会文化理论框架下的讨论,或如 Tsai(2020)等概念型教学的提出和论述为之增加了又一新的视点。而无论是如 Tsai 围绕二语学习者习得动名搭配采取显性教学的方式,还是同属于社会转向视角下对二语习得和教学中情感体验的关注,实际上与认知语言学视阈下的诸多理论,比如注意、突显及其有关的卫星框架语言和动词框架语言、具身认知或具身隐喻等理论都尚待关照。不仅如此,"大语言模型"浪潮下,ChatGPT等生成式人工智能赋能二语学习与教学的讨论此起彼伏,而如 ChatGPT 输入资源的"i+1"可理解性、促进高阶思维能力和发散性思维能力的支架性特征、多模态资源的输入和加工、以及个性化反馈等特征(杨连瑞,2024)无一不以围绕"意义"的人机互动为基础,涉及语义及规则的识解、注意与突显,范畴化,意义的准确提取、理解、传达,包括翻译通达过程密切相关的概念隐喻与转喻思维的介入、语义的百科网络、框架化与理想认知模式等认识语言学概念。在很大程度上,杨指出的在技能输出或输出资源的即时交互性、意义磋商性、修正反馈性和语言对比性等合作对话以及在提供即时反馈和履行情感捕捉和情感激发功能等方面，认知语言学概念中的具身体验性哲学基础以及如面对面交流时非言语行为手势的自然运用、语言使用的非任意性动机和所使用的语言结构均会映射其经验性的象似性特征（比如形式与意义之间的互动关系），这些已不断被论证在二语习得和教学中发挥重要的作用。以上方面是 ChatGPT 大语言模型赋能语言学习中认知语言学能与其充分接口的关键逻辑，倘若厘清，将会创造无限的促学空间。

文秋芳（2020:586）在"加速我国应用语言学国际化进程：思考与建议"一文中倡导，中国的应用语言学研究应该超越"跟跑"的局面，回归应用语言学应该立足于"解决生活中一切与语言相关的真实问题"，并应面向中国国情和文化历史解决"真""急""热"的问题。王初明教授（2018）在"我国应用语言学研究在解决问题中前行"一文中以上世纪 80 年代初广外李筱菊教授率先倡导的交际教学法及其交际英语教材的使用情况为例，指出了研究外语学习的认知过程、了解外语学习者实则应先于决定究竟哪种教学方法更应在教学中加以普及的问题，才能更好地设计实现特定教学理念下有效的任务落实。王初明教授始终倡导"学者们从应用语言学各分支处借鉴适用成果，直面外语教学中的现实问题，不断深化对问题的认识，从个别到一般，从分离到关联，勠力探讨，寻求答案，多点开花，在解决问题中不断推动我国应用语言学研究全面向前发展"（同上:816）。在我国的外语教育顺应时代动态发展并不断走向稳态发展的背景下，相信认知语言学基于使用与频率、基于具身体验与社会文化双维以及多维的学习观和教学观将为诠释外语的有效学习提供新颖的、系统的、具有说服力的解释。

本译著启动于 2023 年春，与译著《隐喻与转喻》（2023）的翻译初衷和组织一致，感谢广东外语外贸大学高级翻译学院 2024

届 MA 研究生赖桂珍、2024 届 MTI 研究生钱梦瑶、易嘉敏、欧芳慧、周家源、尹思源、庞海韵、周浩天、2022 级 MA 研究生鲜敏、朱维凤、韦妮妮、2023 级博士研究生汪雄飞参与到译著的学习和初创工作中，上述实践在帮助学生熟悉最终会体现在其学位论文撰写过程中对于研究选题、内容、结构、文字表达以及学术规范和质量等诸项要求的满足发挥了重要的指导作用。感谢赖桂珍对全书的审读和校对。与此同时，本译著的出版感谢帕尔格雷夫·麦克米伦（Palgrave Macmillan）出版社负责学术著作出版和语言与语言学丛书出版的干事，特别感谢南京大学出版社的刘佳羽女士及其团队精细的编校工作。最后由衷地感谢中国英汉语比较研究会认知语言学专业委员会会长、南京师范大学教授、博士生导师张辉老师为本译著作序。译著难免疏漏之处，敬请各位读者批评指正。

陈　朗
2024 年 11 月 24 日于广州白云山麓

序 言

　　由英国社会科学院院士、伯明翰大学 Jeannette Littlemore 教授撰写并由广东外语外贸大学高级翻译学院博士生导师陈朗教授和学生共同翻译的《认知语言学在二语学习与教学中的应用(第2版)》一书今年由南京大学出版社隆重推出,我写此序表示热烈的祝贺!相信这一重要著作翻译版本的出版对推动认知语言学的应用研究,尤其是二语习得与二语教学与认知语言学的融合发展,将起到重要的作用。

　　英国罗素集团成员、"红砖大学"、世界著名学府伯明翰大学是全球语言学研究的重镇。该校的语料库语言学、话语分析与语篇语言学享誉全球,Jeannette Littlemore 教授长期担任英语语言及语言学系主任,其领衔的认知语言学研究团队在隐喻、转喻、认知语言学视角下的二语教学和认知语言学"社会转向"方面取得了丰硕的成果,引起了国际认知语言学界的关注。Littlemore 教授近年来笔耕不辍,著作等身,其作品包括 *ICT and Language Learning, Integrating Pedagogy and Practice*(2004),*Figurative Thinking and Foreign Language Learning*(2006),*Doing Applied Linguistics*(2011),*Figurative Language, Genre and Register*(2013),*Metonymy: Hidden Shortcuts in Language, Thought and Communication*(2015),*Metaphors in the Mind: Sources of Variation in Embodied Metaphor*(2019),*Unpacking Creativity: The Power of Figurative Communication in Advertising*(2021),*The Many Faces of Creativity: Exploring Synaesthesia through a Metaphorical Lens*(2023),*Metaphor, Metonymy, The Body and the Environment: An Exploration of the Factors that Shape*

Emotion-Color Associations and their Variation across Cultures (2023),等等。

认知语言学是指从人类大脑认知的角度和方式来看待和处理林林总总的各种语言现象。认知语言学分析的整体原则是,我们不能孤立地研究语言,把语言看成是一个抽象的计算系统,语言与思维的其他认知系统紧密相连,其中我们的身体是思维的一部分,社会则是身体与思维相互作用的地方。与生成语言学形成鲜明对比的是,认知语言学摒弃了思维的模块化假设,不把语言看作为自主的认知能力。认知语言学强调,在语言中运作的原则与过程与其他认知领域如记忆、感知和想象等基本上是一样的,语言依赖于与其他认知系统同样的内在系统与原则。换句话讲,语言的结构与过程并不是命题的和规则系统的,而是概念的与意象性的。语言结构与过程在其他的认知经验中具有同样的模拟性。

认知语言学不断地吸取认知心理学、神经科学与从人工智能中提出的模式,并用这些模式洞察人类语言中的认知机制。从这一角度看,语言被看作为通过概念化进行意义构建的一组提示(cues),概念化是丰富与想象力的过程,通过概念化,语言可以与背景知识和一般的认知过程相连接,从而产生动态全模态的心理表征。概念化是广大且千变万化的,语言为概念活动提供了一个引导,只是认知构建冰山的一角。认知语言学与传统意义上的语音学、音位学、语义学、语用学、篇章语言学、话语分析等门类相比较而言,其优势在于从大脑概念化外部宇宙世界和内心情感世界的双重视角来阐释语言与认知之间的关系。识解操作(construal operations)是指不同人从各自角度看待同一个事物而得出不同结论,包括范畴化、隐喻、转喻、图像图式、概念整合、视角与选择性记忆等。范畴化作为将客观世界主观地切分为若干均等的子类,人们根据不同标准会将同一个整体切分为不同的组成部分。百科知识是概念化的特征之一,是了解某个事物所牵涉的各种各样、形形色色的知识种类,上至天文下至地理,无所不包,无所不及,包罗万象。概念整合是指人类的认知结果往往不是由两个或多个输入空间单纯一一对应地供给并产出的，而是在继承概念母体的基础上产生新义且独特的结构。换言之，人类概念整合是一个化学反应过程，而不是一个物理变化过程。隐喻作为认知语言学发端的基础性和前沿性课题，已被学界广泛承认为由此及彼、由表及里、由近及远地概念化复杂、抽象、遥不可及的概念之不二路径。转喻与隐喻不同，是指部分代整体、整体代部分、部分代部分等类型的"替代性"认知方式，有学者甚至主张转喻比隐喻更加基础和重要的人类认知进路。具身认知是指人类在认识事物的过程中是以自己身体为中心所展开的，这与中国人早先在《易经》中就认识到的"近取诸身，远取诸物"不谋而合。身势语作为具身认知最显著的体现表征，是用身体器官，尤其是手部和面部来描摹世界和表情达意。理据是指语言发生背后的原理和诱因，也是指语言"知其然也知其所以然"的后者，是挖掘语言现象表层背后规律的过程。象似性(iconicity)是相似性或更新换代的术语，囊括了物理象似性和心理象似性两类事物间的近似关系。构式语法是指语言用法整体意义不等于各个组成单元意义简单的拼接贴合，一加一大于二，要从语言整体来观察和评判总体的意义。

在这本著作中，Jeannette Littlemore 教授一方面着手回溯认知语言学发展历程当中涉及以上要素或内容的概念、内涵、外延与研究对象，特别匹配了大量实例予以介绍和解释，另一方面将这些认知语言学核心观点和理念应用于具体的外语或二语教学的真实场景当中，极大拓展了认知语言学的研究范围和应用领域。毫不夸张地讲，外语学习者和母语者最显著的差别就在于，前者缺乏后者灵活多变的各种语言使用，其用法比较单一而呆板，使用的往往是背诵或者重复识记的"教材式英语"。如果说认知语言学的理论概括和介绍至关重要的话，本书的实践性和应用性就显得更加弥足珍贵。究其实质，语言知识和操作都是基于使用的(usage-based)，一定要在具体的实际运用中开展具体的语言教学活动。不可纸上谈兵,画地为牢,或停留在固定教材上反复操练。Littlemore教授大胆假设,小心求证,置认知语言学的众多核心术语和概念于各种各样的真实课堂环境中,首先强调"以学生为中心"学,再关注"以教师为主体"的教,彼此配合,相得益彰。倘若说本著作是将认知语言学理论概念和学术讨论予以大力拓展的学术专著,不如说该著作是将认知语言学的理念和观点应用于二语习得具体场景中的生动体现。理论和实践的结合巧妙而充分,本书必定将会成为认知语言学研究的一部经典之作,对认知语言学与二语习得领域的学者和爱好者都具有重要的参考价值。

广东外语外贸大学高级翻译学院教授、博士生导师陈朗是冉冉升起的中青年学者。她长期工作在高校外语教学第一线,其教学广受学生好评,为国家培养了大量优秀的口笔语人才,并致力于认知语言学的理论与实践探索。她2023年8月至2024年8月在英国伯明翰大学师从Jeannette Littlemore教授进行学习交流,得教授之真传。作为长期从事认知语言学的学者以及英汉语比较研究会认知语言学专业委员会会长,我期待与国际认知语言学领军学者展开更多的交流活动,引领认知语言学研究在本土的发展,为中国这一世界最大的外语教学国度做出自己应有的贡献。我衷心希望陈朗教授能够与Jeannette Littlemore教授继续保持良好久远的学术友谊,把认知语言学研究和应用推到一个更高的水平!衷心期待两位优秀的女性认知语言学学者在未来取得更大的成绩,硕果累累,成绩斐然!是为序。

中国英汉语比较研究会认知语言学专业委员会会长 张辉
于南京师范大学随园700号楼
2025年3月15日

致　谢

本书第一版和第二版的出版离不开很多人的支持,其中一些人在前后两版的出版过程中都给予了重要支持。首先,我要感谢 Dan Malt 先生,他在我的学术生涯中一直给予我支持,我也曾多次与他就我的工作进行深入的讨论。我还要感谢帕尔格雷夫·麦克米伦出版社(Palgrave Macmillan)的 Cathy Scott、Jill Lake、Melanie Blair 和 Priyanka Pathak 不断给予的支持和鼓励,使得本书得以顺利完成。本书的构思还离不开与诸位朋友、同事、博士生的深入交流与讨论,其中包括:Masumi Azuma、John Barnden、Frank Boers、Gareth Carrol、Jane Dilkes、Sarah Duffy、Isabella Fritz、Samantha Ford、Matteo Fuoli、Raymond Gibbs、Nicholas Groom、Susan Hunston、Almut Koester、Seth Lindstromberg、Reyes Llopis-García、Graham Low、Fiona MacArthur、Narges Mahpeykar、Joanne Neff、Veronica Ormeno、Gerardo Ortega、Marcus Perlman、Paula Pérez-Sobino、Rawan Saaty、John Taylor、Wolfgang Teubert、Sarah Turner、Andrea Tyler、Rachael Ward、Bodo Winter、Greg Woodin 和 Mona Zeynab。我参加过许多由国际认知语言学协会以及英国、中国、法国、西班牙、德国和日本认知语言学协会举办的认知语言学会议,这些会议启迪灵感、带来思考。我总是在这些会议上收获很多新的想法,在此,感谢这些活动的组织者。此外,许多学者不吝赐教,分享了自己对语言和文化的见解,特别感谢 Yeongsil Ko、Hung So Lee、Yasuo Nakatani、Richard Spiby、Ayumi Takahashi、Grace Wang、Fei Fei Zhang,以及日本新潟的柔道馆。最后,我想感谢伯明翰大学那些富有洞见的学生,我曾与他们讨论过我早期的大部分想法,包括现在很多的新的观点。

目录

1 引言 / 1

什么是"认知语言学"? / 1
认知语言学的关键概念及其在第二语言学习和教学中的应用 / 4
参考文献 / 14

2 "周围的视野窄了些。故事感觉不同了":识解和第二语言学习 / 16

引言 / 16
注意与凸显 / 18
视角 / 27
构成 / 31
范畴化 / 32
迁移之外:影响 L2 识解模式习得的其他认知过程 / 39
显性教学在学习 L2 识解模式中的作用 / 45
结语 / 47
参考文献 / 47

3 范畴之外:作为辐射范畴的词语、语素、"语法规则"、

语音特点以及语调模式 / 58

引言 / 58
作为辐射范畴的单个的词和语素 / 59
作为辐射范畴的语法规则 / 75
作为辐射范畴的语音特征 / 82
作为辐射范畴的语调模式 / 86
结语 / 88
参考文献 / 88

4 剩女与猫的背后：百科知识与第二语言学习 / 96

引言 / 96
什么是"百科知识"？ / 99
百科知识和框架语义学 / 100
理想化认知模型 / 104
百科知识的连续统 / 111
应教授百科知识的哪些方面？ / 114
如何教授百科知识？ / 116
结语 / 119
参考文献 / 120

5 "眉头"和"辣妈"：隐喻和第二语言学习 / 125

引言 / 125
概念隐喻理论 / 127
概念隐喻和语言隐喻：跨语言的变化与对语言学习的影响 / 130
隐喻的其他方面及其对语言学习和教学的影响 / 132

结语 / 139

参考文献 / 139

6 "在地下室能找到简·奥斯汀"……你能吗？ 转喻与第二语言学习 / 143

引言 / 143

概念和语言转喻 / 144

转喻和隐喻之间的关系 / 146

转喻的功能 / 148

转喻可能给第二语言学习者带来哪些挑战？ / 154

研究第二语言学习者对转喻的理解和运用 / 158

如何帮助语言学习者处理转喻问题 / 162

结语 / 167

参考文献 / 167

7 蜜蜂、猕猴和人类有何共通之处？ 具身认知、手势和第二语言学习 / 172

引言 / 172

第一语言与第二语言中的具身隐喻 / 177

具身认知在语言教学中的作用 / 180

具身认知与手势 / 185

手势使用的跨语言差异 / 189

习得二语的时候人们会改变他们的手势模式吗？ / 192

学习者听到目标语言时从看到的手势中可以获得什么？ / 194

学习者在用目标语言工作时如何从使用手势中受益？ / 195

结语 / 200
参考文献 / 200

8 "耀眼的西装"和"浓烈的奶酪"：语言理据和第二语言学习 / 212

引言 / 212
可解释的形式—形式关联 / 213
可解释的形式—意义关联 / 214
可解释的意义—意义关联 / 219
课堂语言理据教学的局限 / 227
结语 / 228
参考文献 / 229

9 "奥斯卡送给威尼斯一头大象"：构式语法与二语习得 / 235

引言 / 235
Goldberg(1995)的构式语法 / 239
构式之间的关系 / 245
构式的显性学习：Goldberg 理论的课堂应用 / 248
隐性学习构式：Tomasello 基于使用的一语习得观及其在二语习得中的应用 / 255
结语 / 263
参考文献 / 263

10 结论 / 269

参考文献 / 274

1 引言

1.1 什么是"认知语言学"?

认知语言学是近年来备受关注的语言学分支。正如我在本书中所展现的,它有可能改变人们对第二语言学习方式的思考,从而带来最佳教学方法的改变。认知语言学涵盖了许多密切相关的语言理论,这些理论都基于以下关键主张:

- 不存在自动的、专门的"语言习得设备"负责语言习得和语言加工。
- 语言是"基于使用"的,因其为人们与世界进行物理互动的产物;
- 一组通用的认知过程贯穿语言各领域,这些过程涉及除语言外其他类型的知识与学习;
- 文字只能提供有限且不完美的表达方式;
- 虽然语法意义比词汇意义更抽象,但语言本身具有意义。

现在,我们逐一深入地探讨这些观点。认知语言学家提出,人类大脑中并不存在专门的语言习得设备,直接向生成语法和通用语法观发起了挑战。后两者在这里指的是乔姆斯基(Chomsky,1965)和其他语言学家(如 Fodor,1983)的语言论,其基本观点是:人类心智具有与其他认知相"隔绝"的语言习得官能(faculty)。与生成语言学家不同,认知语言学家认为,支配语言使用和学习的认知过程与所有其他类型的知识加工所涉及的认知过程基本相同，或者如 Croft 和 Cruse（2004：2）所提出的：

> 语言知识的组织和提取与大脑中其他知识的组织和提取没有显著区别；用于说话和理解语言的认知能力与用于视觉感知、推理或运动等其他认知任务的认知能力也没有显著差异。

我们将每天遇到的语料信息作为输入物（input），从中推断出形式—意义关系（form-meaning relationships）、典型模式和图式（schemata）。我们的心理词汇（mental lexicon）随着听到和使用的语言不断发生变化。因此，语言能力（competence）和语言表现（performance）没有区别，因为表现等同于使用（usage）。可以说，语言知识与学习是基于使用的，因为我们的语言知识"源自并受语言使用的影响"（Evans & Green，2006：111）。事实上，我们在交互环境中使用语言，并利用语境提示推理言者的意图，就是语言使用的重要方面。

一般认为，语言学习与使用涉及的关键认知过程包括比较（comparison）、范畴化（categorization）、模式寻找（pattern finding）和合成（blending）。它们贯穿于语言的所有领域，与其他认知领域中的认知过程相同。换言之，我们理解周围环境的过程与我们在处理和学习语言时的过程相同。

文字提供的表达方式有限且不完美，这意味着，为了理解言者试图传递的信息，除了关注其措辞，我们还需利用自身对所讨论主题的通用知识（general knowledge）以及对其所说内容的预期（expectation）。换言之，我们所接收到的口头或书面语言仅仅是触发一系列认知过程的信号，其余缺失的信息需要我们利用自身对世界的知识进行填补。例如，当我打电话回家问："我

1 引言

正好路过炸鱼薯条店,这儿有你晚上想吃的吗?",对方需要推断出我其实是在建议晚餐吃炸鱼和薯条并且就在这家店买。这些信息均未在话语中明确指出,而是由听者根据"炸鱼薯条店"里有什么、以及炸鱼薯条可以构成一餐等常识推断出来。用以理解此类话语的知识称为百科知识(encyclopaedic knowledge)并在第四章中加以讨论。

意义中心性(centrality of meaning)是认知语言学的基本主张。新单词和短语往往作为具有具体词汇意义的"实(content)"词进入一门语言。通过语法化(grammaticalization)过程(参见Hopper & Traugott,2003),部分单词和短语演变成"功能(function)"词,即获得了更多的图式和语法意义,与原始词义不同但又相关。例如,英语中"going to"的本义表示运动(movement)和移动(travel)(Heine 等,1991)。然而,该短语渐渐地获得了更普遍的语法意义,用以表示将来的行动。尽管语法化过程存在于所有语言中,但并不总是遵循相同的模式,例如,日语并不使用"going to"表示未来的行动。对母语者而言,此类语法化表达往往已经失去了与原始词义的关联。然而,我们会在学习一门新语言时接触到不同的语法化模式,语法化表达与原始词义的联系通常似乎更加明显。

认知语言学对第二语言学习和教学的贡献之一在于为语言教学提供了思路,指导教学者如何显化语法化表达与其原始词义间的关系以强化学习和记忆效果。该过程鼓励学生探索语法化表达的深层含义并思考目标语言为何如此进行表达。Langacker(2008:73)认为,以这种方式学习语法化用法需要学习者掌握目标语言所施加的语义"螺旋(spin)",这是"一个比纯粹记忆更自然、更愉快的过程"。由此可见,相较于传统的语言研究路径,认知语言学认为形式和意义间的关系应该更加密切。

如本书后续章节所示,该观点对我们如何审视语言学习和教学具有深远的影响。

上述主张在认知语言学中衍生出了许多核心概念,并且很多都与第二语言学习和教学密切相关,其中相关度最高的概念是:识解(construal)、范畴化(categorization)、百科知识(encyclopaedic knowledge)、隐喻(metaphor)、转喻(metonymy)、具身化(embodiment)、理据(motivation)和构式语法(construction grammar)。本书将逐一考察这些概念及其与第二语言学习和教学的关系。部分概念可能会催生新的语言教学方法或者进一步推动现有方法的发展(详见后续章节)。每个概念都能为第二语言学习和教学理论带来丰富多样的启示,因此本书为每个概念专设一个章节加以论述。

1.2 认知语言学的关键概念及其在第二语言学习和教学中的应用

本节将介绍认知语言学的七大关键概念,并简要说明为何这些概念可能符合第二语言学习和教学相关学者的旨趣,然后会介绍其余章节的主要内容。虽然本书单独论述了这七个概念,但它们在很多方面其实有着千丝万缕的联系。

第二章介绍的概念是识解。认知语言学的一个核心主张是,我们用以谈论某个现象的词语永远无法反映出我们对该现象的纯粹客观看法,人类只能透过自己的眼睛和视角去观察现象。虽然可能存在默认的(default)的方式描述情景,但没有绝对中立的方式,因为视角从来都不是中立的,我们所使用的语言也不是中立的,而是在某种程度上反映了我们看待世界的方式。例如,我们可以说 driving *across* France 也可以说 driving *through* France。两者描述的是同一件事，但 *across* 的重点在于旅程的距离度和最终目的地，而 *through* 的重点在于国家本身和驾车穿越的体验。当我们驾车横穿（across）法国时，我们可能会想到我们的最终目的地（如西班牙），而当我们驾车穿越（through）法国时，我们更想表达的则是可能在欣赏法国乡村的风光，品尝法式的美酒佳肴。

的确，我们有选择表达方式的自由，但由于语法化等过程的影响，一种语言在识解现象和事件时往往有其约定俗成（conventionally）的方式，有时还有异于其他语言。在这方面，语言在"逻辑"上并无优劣之分，仅仅是存在差异而已。不同语言中的短语代表了对特定情景的特定理解方式。不同的语言可能会以不同的方式对事物进行分类，突显同一情景的不同元素，从不同的角度或者以更细致的方式进行观察。正是由于识解模式存在差异，第二语言学习者有时会感叹，学习一门新语言能让他们"从不同的角度看问题"。

现在，我们通过一些例子来了解语言如何以不同的方式识解事物。对现象或事件的识解主要有四个维度，这四个维度影响着我们谈论现象或事物的方式（见第二章），分别是：注意/凸显（attention/salience，现象中最突出或我们最感兴趣的部分）；视角（perspective，我们观察现象的立场）；构成（constitution，我们观察现象的深度或距离）；以及范畴化（categorization，我们对现象的分类方式）。四种识解模式体现了对现象的不同观察方式，而这转而又影响了我们对现象的谈论方式。例如，英国的公园可能会告知行人远离草丛（keep *off* the grass），而在日本则更有可能表示切勿踏入草丛（not to go *into* the grass）。

在这四个维度中，最受研究者关注的是范畴化。各语言有其独特的范畴化方式，因此语言间很少有一对一的对应关系，例如英语中的 bowl（碗）在法语中并不总是用 un bol 表示。在法语中，我们可以说"verser le consommé dans une assiette"（直译为"把汤倒进盘子里 pour the soup into a plate"），因为"assiette"一词所指的容器种类比英语"plate"更加丰富。换言之，a *plate*（盘子）和 a *bowl*（碗）之间的分界点不同于 une assiette 和 un bol 之间的分界点。在英语中，这个分界点更靠近 plate 这一端，而在法语中则更靠近 bowl 一端。研究表明，范畴呈辐射状且"界限模糊"。也就是说，范畴成员的"原型性（prototypical）"有高低之分，并且互相重叠。在什么被视为"原型"以及类别之间的界限方面，跨语言的差异相当大。例如，对大多数英国英语母语者而言，最典型的可食用鱼可能是真鳕或黑线鳕，而对西班牙人来说则可能是无须鳕或沙丁鱼。举例来说，在不同语言中，不同类别之间的界限是不同的。在英语中，脚踝以上的鞋类往往属于"靴子"类别，而在法语中，它更可能被归类为"chaussure"（鞋），而不是"un bot"（靴子）。换句话说，在法语中，鞋类必须在腿部较高位置才能称为"靴子"。范畴化系统不仅仅局限于名词，还可以解释如动词、形容词、副词和限定词等其他词性的差异（Taylor，2003）。例如，英语会把物体分为可数（如房子）和不可数（如糖）两类。而日语不存在这种划分，但会根据物体是圆扁还是细长，是有生命的还是无生命的等特点赋予它们不同的限定词。

在人们的语言心理表征中发现了存在于语言中的识解模式（Taylor，2012）。它们还被证明会影响人们处理语言以外信息的方式。语言特定的识解模式关注看待现实世界现象的特定方式，从而使一些区别难以被注意到，而另一些区别难以被忽视（Wolff & Holmes，2011），因此在许多方面，识解模式比语言更"深入"。识解物体和事件的方式存在差异，意味着可能会对第二语言学习者造成困难。事实上，日本的英语学习者与母语为英语的日语学习者分别在学习可数和不可数、细长和圆扁的物体方面确实会遇到困难(见第二章)。不同的语言对事物的惯用识解方式不尽相同，尽管我们可能没有意识到这一点，但我们的认知系统在某种程度上可能已经被第一语言(L1)"启动(primed)"了，从而可能会干扰后续的语言学习。某种程度上，我们也许已经习惯更多地关注或注意到在我们语言中被明确编码的现实特征，而一定程度上忽视了未被明确编码的特征。换言之，由于已经习得了母语，我们可能会形成一种"认知习惯(cognitive habits)"(Hunt & Agnoli, 1991)，为了促进第二语言(L2)的学习，我们需要打破或者调整这种"认知习惯"。

通过对比学习者 L1 和 L2 的识解模式，我们可以预测二语学习者可能遇到的问题。实际上，已有研究(如 Taylor, 1993)表明，认知语言学视角下的对比分析可以推动语言学习与教学的理论发展。对比分析假说(contrastive analysis hypothesis)(Wardaugh, 1970)盛行于 20 世纪 70 年代，用以对比不同语言的语法体系，从而预测语言学习者可能会犯哪些类型的错误。对比分析假说逐渐失去青睐，一方面是因为人们发现除母语外还有其他因素影响着二语习得，另一方面是因为它过分关注句法结构。Taylor 表示，认知语言学持有不同的语言观，认为语言的核心是意义而非句法；识解、范畴化等认知语言学概念为我们发现语言间的主要差异提供了更好、更灵活的方法。通过这些差异，我们可以预测语言学习者可能会在哪些方面遇到困难。早期的对比分析方法更为静态，更依赖"语法规则加词汇"的传统语言观，而认知语言学的相关发现则可以对其起到补充和拓展作用。认知语言学的发现对于对比分析方法的确助益良多，在第二章中，我们会看到，学习者的母语识解模式会影响其二语习得能力。认知语言学可以解决对比分析假说的遗留问题。换言之,由于认知语言学重点关注基于用法的学习(包括意图解读和模式寻找),因此可以帮助我们更深入地了解注意(attention)、过度外延和外延缩小(over- and under-extension)及概率推理(probabilistic reasoning)等其他认知过程在影响二语学习的内容及方式方面如何发挥关键作用。认知语言学研究探讨了一语识解模式对第二语言学习的影响,结果表明,这种影响确实存在,但可以通过语境因素、学习者特征和学习环境的变化来减轻。本章中,笔者将研究一语识解模式对学习者第二语言的影响,以及第二语言的识解模式对第一语言的影响,并探讨这些对语言学习的影响。

第三章讨论的是辐射式范畴(radial categories)的构建(如Lakoff, 1987;Taylor, 2003),其中的范畴化及相关概念(如家族相似性[family resemblance]等)可应用于一词多义等其他语言现象。这种观点将词语的多层含义视为辐射式范畴,位于中心的是较为具体、物理的含义,而较为抽象、隐喻的含义则靠近边缘,不同的含义通过隐喻和转喻相联系。笔者探讨了该观点对语言学习与教学的影响,并研究了在辐射式范畴下运作的其他语言领域,如语法规则、语音特征及语调等,以及这些领域的教学是否能够和如何应用灵活范畴的问题。笔者认为,如果教师将语言特征以灵活范畴的形式呈现,有助于学习者对语言的实际运作有更加准确的认识,进而帮助他们理解为何所学习的"规则"有如此多的例外。本章的宗旨还在于利用语料库数据检验认知语言学家关于辐射式范畴性质的主张,通过真实的语言数据考察这些主张是否成立。笔者观察了第二语言学习者脑海中不同分类系统碰撞时发生的情况,并报告了研究结果,这些研究探讨了向第二语言学习者明确介绍第二语言分类系统的益处。

第四章更深入地探讨 L2 词汇学习，重点关注百科知识。我们存储于大脑的信息已经远远超过了词语的基本意义或外延意义，还囊括了我们接触这些词语和表达时与其相关的所有内涵意义。例如，英语单词"bachelor"和"spinster"指的不仅仅是"未婚男子"和"未婚女子"（Fillmore，1975）。"bachelor"一词可能意味着自由、放荡不羁，而"spinster"则隐含着年纪大、可能缺乏吸引力的意味，对一些人来说，"spinster"甚至还具有特殊的联想意义，比如养许多的猫。近年来，有学者尝试改造"spinster"一词的内涵，使其具有"bachelor"一样自由、独立的意义（参见，如 Weedon，1999）。支持者抗议道，"spinster"一词的内涵意义显然反映出社会对未婚女性固有的性别歧视和厌女态度。对很多人而言，尽管这些积极或消极的内涵意义来源不明，但它们和"未婚状态"一样，是这些词语意义的一部分，从而也经常构成人们对这些词语的部分"百科知识"。用认知语言学家惯用的术语来说，词汇和短语在复杂的知识网络中扮演着"接入点（access nodes）"的角色（Langacker，1987：163）。因此，词汇和短语并不只是独立的"概念"，将其视为"激活"听者知识网络特定区域的工具更为合适，而在不同的语用环境中，不同区域的激活程度不尽相同。在特定语境下，某个词汇或短语有可能激活百科知识，前提是人们通过在不同语境下频繁接触该词汇或短语构建了这些百科知识。我们拥有百科知识这一事实对词汇教学有着重大影响，尽管百科知识的概念在语言学习领域已被广泛接纳，但是认知语言学家能为此领域带来更多的启发。本章将介绍不同类型的百科知识，以及 L1 和 L2 词汇联想模式的相关研究，旨在更全面地诠释语言学习者如何积累百科知识以及教师如何帮助学生发展这些知识。最后，笔者想提出几点建议，帮助学习者发展与目标语言相关的百科知识。

第五章和第六章集中讨论位于人类思想与交流核心的两个概念：隐喻和转喻。简而言之，隐喻建立在替换与相似的关系之上，而转喻则建立在邻近性（contiguity）上。隐喻是将一个事物看作另一事物，解读者需确定二者间的相似之处，才能理解罗密欧将朱丽叶比作"太阳"等隐喻。转喻是用实体指代与之相关的实体，使我们能说出并理解"白宫发表了一份声明"（白宫指代美国政府）等表达（参见 Littlemore 2015 年关于第二语言习得领域以外转喻的详细探讨）。Jakobson（1971）提出了一个著名观点，即隐喻和转喻构成了人类思维的两极，普遍存在于如语言、艺术和雕塑等各种符号系统之中。通常情况下，二者会同时出现。隐喻和转喻已深深嵌入我们使用的语言之中，以至于我们往往难以意识到它们的存在。然而，语言在隐喻和转喻的使用程度和方式上存在差异，会对二语学习者产生重大影响。

第五章探讨的是隐喻的认知观及其在二语学习与教学中的应用潜力。随后，继续讨论概念隐喻理论的最新研究进展，如基本隐喻、习语学（phraseology）和隐喻的关系。接着，我将讨论语言隐喻及其对语言学习者提出的挑战。我还探讨了不同体裁和语域的隐喻使用方式（Deignan 等，2013），并讨论了这对第二语言学习的影响。本章还将论述语言隐喻及其对语言学习者的挑战，最后探讨认知语言学路径在帮助学习者应对挑战方面所具有的潜在优势和局限性。我还讨论了隐喻在互动中所起作用的研究，并讨论了这项研究结果对隐喻教学的影响。

第六章探讨的是研究相对有限的领域——转喻。首先，本章讨论不同语言中语言转喻和概念转喻的异同之处，及其为二语学习者带来的机遇与挑战。接着，本章继续探究转喻在话语中的功能，特别是作为交际中的简约表达、在话语共同体内构建凝聚力以及在评估、规避、关系建立、保持距离和简化方面的作用。最后，本章探讨共享知识（shared knowledge）在转喻理解中的功能，并考察共享知识对模糊语言（vague language）（Channell，1994）和间接语言行为（indirect speech acts）所发挥的作用，因此这部分的讨论更趋近于语用学，关注转喻如何使表述不过于直接或武断，或如何防止言者听起来过于迂腐。我报告了研究语言学习者理解、学习和使用转喻的方式的研究结果，并在结尾部分概述了未来研究的一些可能方向。

第七章的主题是认知的具身化（embodiment）（亦称具身认知[embodied cognition]）。它将抽象概念与涉身体验直接相联系，促进了我们对抽象概念的理解。通过认知具身化，"人们在行动中对身体的主观感受为语言和思想提供了最为重要的基础之一"（Gibbs，2006：9）。我首先考察了语言加工中"具身化"的作用并探讨语言在第二语言中的"具身化"是否与在第一语言中一样这个复杂问题。然后，我探究了如何将具身认知用于语言教学的方法。并且，在本章的第二部分，我继续分析了手势研究的相关话题及其在第二语言学习和教学中的作用。如果语言的确是具身的，那么伴随语言的手势应该与信息的语义和语用内容息息相关。相关的研究证实了该推测，同时指出，各语言使用手势的方式存在差异。此种差异有力地印证了语言教学需要提高对手势的关注这一观点。这一部分将考察手势的不同交际功能，以及手势的使用在多大程度上可以促进语言的理解、学习与表达。

第八章探讨的是与具身认知紧密相关的概念：语言理据（linguistic motivation）。语言理据涉及语言形式和结构的非任意面。认知语言学家认为，语言的诸多方面都有"理据"，因为我们能解释这些方面如何与人类的日常涉身体验相关联，这一点也在语言教学中得到了充分应用。在本章中,笔者将探讨通过语言游戏及相关技巧利用语言理据进行教学的方法是否有效。本章的论述主要围绕 Boers 和 Lindstromberg(2006)总结的可能为语言教师所用的三种理据:形式—形式理据(form-form motivation)、形式—意义理据(form-meaning motivation)和意义—意义理据(meaning-meaning motivation)。形式—形式理据指的是有些词和表达十分突显、引人注目,因此仅凭头韵(alliterate)或押韵(assonate)等性质就能轻松习得。例如,学生们似乎特别善于记忆诸如 *nitty gritty*, *mind your manners* 和 *tea for two* 等表达。形式—意义理据指的是单词的实际发音有时可以提供语义线索。例如,大多数学习者都能猜出 *stodgy cake*(硬实的蛋糕)、*a lump of clay*(一团粘土)或 *a flimsy dress*(薄裙)的意思。意义—意义理据与多义词的辐射式范畴结构相关,关注的是如何通过隐喻和转喻等概念将词语的抽象意义与其基本意义再次联系起来。例如,我们可以看到在以下来自柯林斯英语语料库(the Bank of English)的例(1)—(3)中,*under* 的不同意义之间存在着隐喻关系。(柯林斯英语语料库,http://www.titania.bham.ac.uk/,是一个 4.5 亿词的英语监测语料库,由 HarperCollins 出版社与伯明翰大学共同所有。该语料库收录了具有代表性的书面与口头英语,定期更新,持续为用户提供最新的英语用法)。

(1) ...others who live *under* their regime.

……其他生活在他们政权下的人。

(2) Today it stands at *under* thirty.

今天,它的数量不足三十。

(3) If I'm *under* pressure...

如果我在压力下……

以及(4)中 under 更基本的意思:

(4) My son was rolling... under the chair(also from the Bank of English)

我儿子在椅子下……打滚(柯林斯语料库)

已有大量研究探讨了如何利用意义—意义理据实现语言教学目的。最近,开始有研究人员探索其他两种理据在语言教学中的应用潜力。笔者观察了不同语言中此类理据的差异,并评估了在语言课堂上利用这三种理据的利弊。

第九章介绍的概念是构式语法(construction grammar),指的是单词组合后形成具有自身意义的"构式"这一趋势。这些意义植根于日常经验,并存在于辐射式范畴中。例如,例(5)、(6)和(7)均摘自柯林斯语料库,尽管三个句子不包含相同的词语,但却具有某种关联:

(5) He called me names and pushed me into the wall

他骂我,还把我推到墙上

(6) His own mother backed him into a corner

他自己的母亲把他逼到了墙角

(7) They laughed him out of the door

他们嘲笑得他跑出去了

这是因为它们都反映了相同的基本构式:"致使移动(caused motion)"构式。

在第一语言习得中,构式知识从互动中习得。通过模式寻找和意图揣摩等技能,互动提供的语言数据得以分析。尽管第二语言学习者获得的数据与学习母语的婴儿所获得的不同,但语言习得是基于使用的这种观点可能使它们具有一定的相关性。本章中,笔者将讨论在课堂或者更自然的环境中,构式语法的应用潜力以及语言学习者如何习得构式语法的相关理论。笔者评估了以显化、直接的方式教授二语构式的好处有关的研究结果。

第十章评述认知语言学的研究发现在第二语言学习与教学中的不同应用方式并概述其中的局限性。笔者概述了在本人看来认知语言学对第二语言学习和教学贡献最大的领域。

参考文献

Boers, F., & Lindstromberg, S. (2006). Cognitive Linguistic Applications in Second or Foreign Language Instruction: Rationale, Proposals and Evaluation. In G. Kristiansen, M. Achard, R. Dirven, & F.-J. Ruiz de Mendoza (Eds.), *Cognitive Linguistics: Current Applications and Future Perspectives* (pp. 305–355). Mouton de Gruyter.

Channell, J. (1994). *Vague Language*. Oxford University Press.

Chomsky, N. (1965). *Aspects of the Theory of Syntax*. MIT Press.

Croft, W., & Cruse, D. A. (2004). *Cognitive Linguistics*. Cambridge University Press.

Deignan, A., Littlemore, J., & Semino, E. (2013). *Figurative Language, Genre and Register*. Cambridge University Press.

Evans, V., & Green, M. (2006). *Cognitive Linguistics: An Introduction*. Edinburgh University Press.

Fillmore, C. (1975). An Alternative to Checklist Theories of Meaning. *In Proceedings from the First Annual Meeting of the Berkeley Linguistics Society* (pp. 123–131). North Holland.

Fodor, J. (1983). *The Modularity of Mind*. MIT Press.

Gibbs, R. (2006). *Embodiment and Cognitive Science*. Cambridge University Press.

Heine, B., Claudi, U., & Hunnemeyer, F. (1991). *Grammaticalization: A Conceptual Framework*. Chicago University Press.

Hopper, P., & Traugott, E. (2003). *Grammaticalization*. Cambridge

University Press.

Hunt, E., & Agnoli, F. (1991). The Whorfian Hypothesis: A Cognitive Psychology Perspective. *Psychological Review,* 98, 377–389.

Jakobson, R. (1971). *The Metaphoric and Metonymic Poles. In R. Jakobson & M. Halle (Eds.), Fundamentals of Language* 2 (pp. 90–96). Mouton de Gruyter.

Lakoff, G. (1987). *Women, Fire and Dangerous Things: What Categories Reveal About the Mind.* University of Chicago Press.

Langacker, R. W. (1987). *Foundations of Grammar (Cognitive Prerequisites)* (Vol. 1). Stanford University Press.

Langacker, R. W. (2008). Cognitive Grammar and Language Instruction. In P. Robinson & N. Ellis (Eds.), *Handbook of Cognitive Linguistics and Second Language Acquisition* (pp. 66–88). Routledge.

Littlemore, J. (2015). *Metonymy: Hidden Shortcuts in Language, Thought and Communication.* Cambridge University Press.

Taylor, J. (1993). Some Pedagogical Implications of Cognitive Linguistics. In R. A. Geiger & B. Rudzka-Ostyn (Eds.), *Conceptualizations and Mental Processing in Language* (pp. 201–223). Mouton de Gruyter.

Taylor, J. (2003). *Linguistic Categorization,* Oxford: Oxford University Press.

Taylor, J. R. (2012). *The Mental Corpus: How Language Is Represented in the Mind.* Oxford University Press.

Wardhaugh, R. (1970, March 18–21). *The Contrastive Analysis Hypothesis.* Paper Presented at the Fourth Annual TESOL Convention.

Weedon, C. (1999). *Feminism, Theory and the Politics of Difference.* Blackwell.

Wolff, P., & Holmes, K. J. (2011). Linguistic Relativity. *Wiley Interdisciplinary Reviews: Cognitive Science,* 2(3), 253–265.

第2章 "周围的视野窄了些。故事感觉不同了":识解和第二语言学习

2.1 引言

如第一章所示,认知语言学的核心主张之一是,用以谈论某一现象的表达永远无法反映人们对该现象的纯粹客观看法,因为根本不存在纯粹客观性。因此,语言反映了普遍认知。当观察特定的场景或事件时,我们总是从特定视角进行观察。场景的某些方面会更引人注意,原因在于观察的角度或者因为我们可能对这些方面更感兴趣。语言还能以不同的方式将注意力引向所谈论对象的某些方面,并反映出不同的视点(viewpoint)。认知语言学将该现象称为识解。场景中最突显的元素称为图形(figure),其余部分称为背景(ground)。Evans 和 Green(2006:536)将识解定义为:言者选择"包装"和"呈现"概念表征的方式,进而影响话语在听者大脑中唤起的概念表征。

识解在两个层面上运作。Evans 和 Green 的定义强调了在识解事件时言者选择的重要性。的确,就如何表述事件而言,我们通常具有一定的选择权。例如,报道事故时,比起"我们打破了你的一只镜片","镜片碎了一只"可能更符合我们的利益。然而,在第二个层面上,语言本身有其固有的、规约的方式识解事件和现象,有时我们根本没有办法不使用它们。这意味着,即

便我们想尽可能保持客观,我们所使用的语言有时也会迫使我们只强调现象的某些方面,或者可能迫使我们从特定的视角描述现象。不同的语言识解事件和现象的惯用方式不同,因此表达方式也不尽相同,这意味着学习一门新语言通常让我们以不同的方式看待事物,包括从外部和语言的角度。虽然我们使用某种语言并不一定强制我们以某种方式思考某种现象,但这确实意味着我们倾向于以某种方式关注和呈现信息,而这些方式总是体现了特定的立场。因此,在某种程度上,学习一门新语言伴随着学习如何从略微不同的视角呈现现象,无法做到这一点往往会导致表达听起来非常不自然。

我们将在本章中看到,不同的语法结构也代表了诠释同一情景的不同方式,这表明在一定程度上,学习一门外语意味着学习如何从不同的角度以不同的方式呈现和组合信息。本章将探讨识解现象和事件的不同方式及其对不同语言如何表达意义的影响与对语言学习的启示。

认知语言学家发现,识解现象或事件有四种不同的方式,这些方式转而影响我们谈论现象或事件的方式,分别是:注意/凸显(attention/salience,现象中最突出或我们最感兴趣的部分);视角(perspective,我们观察现象的立场);构成(constitution,我们观察现象的深度);以及范畴化(categorization,我们如何对现象进行分类)。尽管本章同时考察了这四种识解类型,但着墨最多的是范畴化(包括本章和第三章),因其是认知语言学中研究成果最丰富的研究领域之一,在语言学习和教学方面的应用潜力也最大。笔者讨论了在第二语言习得中更普遍存在的认知过程,并在最后一部分探讨了在第二语言识解系统的显化教学中如何利用这些过程。

2.2 注意与凸显

在交谈时,我们经常提及事件或现象中最凸显的部分,将其作为表达整个事件或现象的便捷通道。例如,当我们说某人"fell asleep at the wheel(在方向盘上睡着了)"时,我们知道这里的"the wheel"实际上是指汽车的方向盘,而在方向盘上睡着了意味着在驾驶时睡着了。司机在睡着时,方向盘是汽车最凸显的部分(让人们模拟开车的动作便不言而喻)。另一方面,有人可能会用"一套精美或惊艳的轮胎(a 'nifty' or 'amazing' 'set of wheels')"(柯林斯英语语料库)描写汽车。事实上,从柯林斯英语语料库和英国国家语料库(British National Corpus)中提取的例句表明,人们几乎总是在买车或赞车的背景下使用 set of wheels 指代整台汽车。这些例子说明我们如何不断地凸显现象的某些特征,而忽视了其他特征。

不同的语言在识解同一现象时常常凸显不同的方面,其他方面从而沦为背景,这给语言学习者带来了挑战。例如,一些语言习惯介绍人的名字(first name),而其他语言则习惯介绍人的姓氏(surname)。日本等国家还会提供其他突显身份的信息,如所在公司:This is IBM's Mr Tanaka(这是 IBM 公司的田中先生)。若我们对比哪些信息在哪些语言中是必要的,在哪些语言中是非必要的,就会发现注意和凸显具有显著差异。

越来越多的实证研究表明,注意和凸显的跨语言差异确实会影响认知。例如,在英语中,"insert a CD in a CD player(把光碟插入播放器里)"指的是将一个物体放入另一个物体中。在形容"putting fruit in a fruit bowl(把水果放在果盘中)"时,同样用的是介词 in。而韩语侧重的则是贴合度。因为光碟和播放器贴合度相对较高,韩语使用的是动词 kkita(紧贴),而当形容把水果放在果盘里时,用的则是动词 nehta(东西散落其中或四周),表明其贴合度较低(Choi & Bowerman,1991)。因此,韩国聚焦于贴合度,而贴合度在英语中的重要性较低,因此其凸显程度也更低。韩语对贴合关系的凸显意味着,韩国幼儿自幼时起往往比母语为英语的同龄人更容易注意到这些关系(Bowerman & Choi,2003)。Choi、Bowerman(1991)及 Choi(1997)发现,即使在不涉及语言使用的情况下,17 至 20 个月大的英语儿童也能系统地区分涉及抑制的行为和涉及支持的行为,而同龄的韩国儿童则能系统地区分贴合度高、贴合度低和非密切接触的事件。此外,McDonough 等(2003)发现,当要求根据贴合度对动作进行分类时,英语成年母语者遇到了诸多困难,而这些问题并没有出现在韩语成年母语者身上。上述发现表明,我们所说的语言致使我们更加关注场景和事件的某些方面。认知语言学将该现象视为固化(entrenchment)的一种形式。

那么问题来了:讲英语的韩语学习者或讲韩语的英语学习者如何处理注意力中的不同侧重点呢？事实上,当我们对比与英语"put on"或"put in"对应的五个韩语单词时,问题变得更加复杂。这五个韩语单词分别强调了"put in/on"关系的不同方面。如前文提及的 nehta,可以大致翻译为"把东西松散地放在里面或周围",可用以描述把苹果放进碗里以及把书放进包里。第二个词 kkita 的意思是"紧紧相扣",可形容把光碟放进盒子里,把戒指戴在手上,把一块乐高固定在模型上或者拼拼图。第三个词 pwuchita,其大致意思是"并置垂直面",可用以形容将磁铁置于冰箱表面。第四个词 nohta,大致翻译为"放在一个水平面上",可用来描述把杯子放在桌面上。第五个词 ssuta,大致意思是"把衣物放在头部",用于描述戴帽子或围巾。母语为英语的韩语学习者是否能接触到足够多的语言输入,从而发现这些词的不同含义呢?或者我们是否有外显教学(explicit teaching)的案例教授这些差异呢?目前尚未出现有关该领域的实证研究,但我们可以推测这些凸显差异会对第二语言的学习产生影响。本章的后续部分将讨论第二语言学习者如何从输入中学习、外显教学如何发挥作用。在讨论的过程中,值得我们反推学习韩语的英语母语者如何学会区分这五个不同的焦点。

2.2.1　注意、凸显和运动方式动词:Slobin 言为心声假说

研究发现,在注意及凸显模式的跨语言差异中,有一个领域对二语习得具有显著影响:即"运动方式(manner-of-movement)"动词。在描述运动时,我们可以关注运动的方向或者运动的方式。基于语言识解运动方式的习惯,Talmy(1985,2000)将语言分成两类。Talmy 表示,"卫星框架(satellite-framed)"语言(如英语)关注的是方式,所以用动词表示运动方式,而位移方向则是通过介词表达,例如 *to dash in*,*to slip out*,*to creep up* 和 *to eat away*。他认为方式在该构式中的地位之所以如此突出,是因为在理解(或"分析")句子时,我们常常先关注动词,接着才确定句子中的其他成分与动词间的关系(Rost,2002)。因此,动词是句子的关键成分,其包含的任何信息都被认为是至关重要的。在英语中,运动方式通过动词表达,因此动词在传递信息方面起着核心作用。在"动词框架(verb-framed)"语言中(如西班牙语),只有运动的实际方向是用动词表达,而运动方式则是通过非限定动词表示,例如"entro en la casa *corriendo*"("他跑进了房子[he entered the house *running*]")和"Sali *corriendo* a la calle"("我跑到了街上[I exited *running* into the street]")。因此,西班牙语侧重的是运动方向而非方式。由此可见,动词框架

语言和卫星框架语言的注意焦点存在差异。

Slobin(2000)认为,卫星框架语言的使用者与动词框架语言的使用者倾向于以不同的方式对运动事件进行认知编码。于是他做了一个测试,要求 14 名西班牙语母语者和 21 名美国英语母语者口述伊莎贝尔·阿连德《幽灵之家》的英文翻译段落。如下文所见,该段落的翻译非常直白,因此几乎不包含英语常有的方式编码动词:

> 他在圣卢卡车站下了火车。这是一个荒凉之境。清晨时分,木制的站台上渺无人烟,站台的屋顶被恶劣的天气和蚂蚁腐蚀得不成样子。从车站放眼望去,他可以透过从夜雨浸泡的土壤中升起的飘渺薄雾看到整个山谷。他搜寻着圣卢卡镇的方向,梳理了一遍地形后,只能依稀辨认出远处的一个小村庄,在清晨的雾气中若隐若现。他绕着车站走了一圈,唯一的办公室大门上了锁,门上钉着一张铅笔写的告示,但字迹已经模糊不清。他听见火车从身后驶出,留下一柱白烟,留他一人在寂静之中。他拎起行李,开始行走在通往村路的土石路上。他走了十多分钟,庆幸没有下雨,因为提着沉甸甸的行李箱走这条小路本就够费劲的,如若下雨,这条小路很快便变成无法通行的泥潭。临近村庄时,他看到有几个烟囱炊烟升起,便松了一口气,因为一开始他以为这里是一座荒城。他在村口停了下来,没有看到一个人。(Slobin,2000:127-8)

当他们对这个段落进行口述时,美国英语者添加了大量的运动方式动词,如 stumble(蹒跚)、stagger(踉跄)和 trudge(跋涉),例如:

> 躲避山路上偶尔闪现的障碍;笨拙地移动;摇摆着前行;摇摇晃晃地走过;踉跄;挣扎;跌跌撞撞,行动迟缓,被

路上的石头绊倒;慢慢地沿着山路挪动;放慢步伐;每一步都缓慢而艰辛,极其疲惫和漫长;长途跋涉;匍匐前进[原话]穿过泥路;费力前行;缓慢跋行。(同上:128)

此外,95%的受试者表示在脑海里出现了各种运动画面。可以看出,他们似乎非常关注运动方式。

相比之下,在西班牙人和南美洲人的报告中,他们虽然也将道路、周围环境的细节、人物的内心状态还有运动轨迹视觉化,但并不关注运动方式,并且只有14%的人在脑海中出现了人物运动时的画面。下面是西班牙语者最具代表性的评论:

"我看见他寸步难行,小心翼翼生怕滑倒,动作十分缓慢,像是要费很大力气才能迈开双腿,或者像是腿上绑了重物,艰难地穿过泥潭。我没有看到他下火车的过程,只看到他静站在站台上的画面,也没有看到他一路跋涉到达村庄,相反,我看到他在远处眺望村子。再说一次,我看到的更像是定格在照片上的静态图,脑海里并没有他朝着村庄移动的动态画面。"(智利人)(同上:129)

"他似乎在移动、行走,但我没有联想到他有什么具体的动作。我知道他走路的时候,石路一定使他脚步沉重,但我看到的是石头和小路,而不是他走路的方式……似乎有时像坐在马车里一样摇晃着。"(墨西哥人)(同上:129)

有趣的是,实验中有几位双语受试者用两种语言描述了截然不同的画面,英语描绘的运动方式画面比西班牙语的更多,但仍远少于英语单语者:

"我仍然看不到有什么运动方式,但我看到了更具体的行走方式,我可以想象到他迈出的步伐。周围环境的画面少了一些,这个故事给我的感觉不一样了,关于风景的细节比较少了。"(墨西哥双语者)(同上:130)

Slobin的发现表明,语言对运动方式的编码方式对人们会侧重语境中的哪些要素有着深刻影响,并且使人们难以想象被母语淡化的语境。在Slobin这项原创性研究的启发下,大量研究者探讨了使用动词框架语言和卫星框架语言识解运动事件的差异。这些研究的结果表明,即使在四至五岁的儿童中,个人所说的语言能改变自身对运动方式的识解(Ozcaliskan,2007)。

在语言和思想之间的关系上,Slobin的见解颇为独特。在他的言为心声假说(thinking-for-speaking hypothesis)中,Slobin提出了语言相对论假说(linguistic relativity hypothesis)的一个弱化版本。他认为,我们的大脑"在采取观点方面受过训练以实现说话目的"(Slobin,1996:91),这影响了我们在首次接收信息时对其进行编码的方式,因为我们关注的是信息中与话语相关的元素。因此,尽管我们所说的语言催生了不同的识解方式,但只有当我们真正尝试将思想转化为语言或自言自语时,这些方式才会被激活。对事件的不同识解不代表我们所说的语言体现了基本的、一成不变的世界观,而是代表着看待事物更浅显的方式,使我们能够交流和组织想法。尽管语言对事件的识解方式会迫使相应的语言使用者以某种方式感知事件以便交流想法,但这并不妨碍我们以不同的方式看待事物。当说话时,我们所使用的语言仅仅突出某些语义域,其他的语义域则较不引人注意(Slobin,2003)。因此,世界呈现的并不是被语言客观编码的"事件"。相反,经验通过两种方式被过滤成可描述的事件:(1)视角的选择;(2)所说的语言提供的一组选项。言者必须根据交际目标和语言中可供选择的形式范围,构建必要的过滤器,将任何经验组织成对该经验的口头描述(Berman & Slobin,1994:9,12)。

2.2.2 Slobin 的"言为心声"假说与第二语言学习

Slobin 的言为心声假说与第二语言学习相关。Schmidt (1993:34)认为,应对新的"言为心声(thinking for speaking)"方式需要关注语境中不相关或在目标语言中定义不同的特征。因此,这是一个打破"认知习惯"的问题(参见第一章)。认知习惯越根深蒂固,学习第二语言就越困难。这意味着当目标语言以不同的方式识解事物时,语言学习者可能会在此时遇到困难。的确,研究表明卫星框架语言和动词框架语言之间的类型学差异会给语言学习者造成极大的困难。有证据表明,母语和第二语言表现出这些类型学差异的学习者和双语者描述运动事件的方式中存在相当大的双向跨语言影响的现象(Aveledo & Athanasopoulos 2016;Hijazo-Gascón,2018;Park,2020;Wang & Wei,2022)。

Choi 和 Lantolf(2008)发现,韩国英语学习者和英语国家的韩语学习者在使用 L2 表达运动方式时都存在困难,并且所伴随的手势说明它们基本上还是在 L1 的场景概念(conceptualization of the scene)中运作。研究还表明,第二语言习得会对第一语言中运动方式的编码方式产生影响。例如,Brown 和 Gullberg (2008)发现,英语达到中等水平的日语母语者在用日语描述运动方式时所使用的手势是日语和英语手势的混合(参见第七章)。在研究学习者母语 L1 识解系统对二语 L2 产出的影响时,我们发现学习者的母语背景和学习发展阶段至关重要。Cadierno 及其同事(Cadierno,2004,2017;Cadierno & Lund,2004;Cadierno & Robinson,2009;Cadierno & Ruiz,2006)研究了母语为卫星框架语言(satellite-framed languages)的人在习得动词框架语言(verb-framed languages)时是否会在表达动作方式时遇到困难,反之亦然。正如有关假设,他们发现,第一语言识解系统更有可能对低水平学习产生影响,但对于高级学习者而言,第一语言的干扰则不那么明显。他们得出结论,问题最有可能在学习初期和中期阶段出现。然而,与该结果又相反的是,Larrañaga 等(2012)在对西班牙语高级英语学习者所产出的故事文本中对运动句(movement sentences)内路径(path)和方式(manner)的分析发现,虽然西班牙语动词合并了动作(motion)和路径(path),仿佛较早即能被掌握,但即使是高水平的大学生在被要求将方式与路径分开进行遣词造句时,也会不断出现大量语法错误,并且,即使他们在西班牙语国家学习了一段时间,仍然会犯这些错误。他们的结论是,母语迁移不仅在第二语言习得的早期阶段产生影响,而且如果没有足够的正面证据来促进学习者的语言进展,这种影响在后期仍会存在。

在《国际应用语言学与语言教学杂志》最近的一期特刊中,Treffers-Daller、Aveledo(2023)及其同事报告了一系列研究,这些研究探讨了第二语言学习者学习以及教授第二语言中的动作事件的方式。他们专刊中所有论文的核心问题都是:动作事件的识解是否可以教授或重构? 从专刊中呈现的各种研究中可以得出这个问题的答案,即基本上是可以的。Aveledo 和 Athanasopoulos(2023)发现了英语和西班牙语双语使用者中动作事件概念化存在双向跨语言影响的证据。他们观察到双语者第二语言中的重组、融合和第一语言迁移模式,而在双语者的第一语言中,他们发现了似乎是与第二语言的接触而产生的语法结构和概念化模式。这些发现受熟练程度和习得年龄的影响。

从语言教学的角度来看,Stam 等人(2023)报告了一项研究,该研究在很大程度上借鉴了"基于概念的语言教学"这一理念(Lantolf,Xi & Minakova,2020;Lantolf & Zhang,2017)。在这种方法下,学习者会接触到语言概念的图式,即行动定向基础模式(SCOBAs)。这些图式随后会用于学习支持。研究者发现,这种教学方法能够增加目标语言风格结构和手势行为的使用,如随着方式动词的数量增加,学习者会更多地使用路径手势。

言为心声假说能在一定程度上解释年幼学习者通常会在第二语言学习的大多数领域超越年长学习者的现象(Singleton, 1995),因为与成年人相比,前者的言为心声模式固化程度较低。此外,该假说还能说明为何"歧义容忍度高"的学习者在某些领域往往比学习风格更死板的学习者表现更佳(Ely,1989)。从更积极的角度来看,学习新的言为心声模式可能会带来更广泛的认知和社会效益。正用如 Gentner 和 Goldin-Meadow 所指出的(2003:12):

> language acts as a lens through which we see the world; it can provide us with tools that enlarge our capabilities; [learning a second language] can help us appreciate groupings in the world that we might not have otherwise grasped.
>
> (语言是我们观察世界的镜头;语言能为我们提供拓展能力与视野的工具;[第二语言学习]帮助我们更好地欣赏世界上我们可能未曾领悟的分类方式。)

因此,二语或三语习得可能会扩展和丰富我们感知、描述和构建现实的方式,因为根据 V. Cook(2002)的多能力(multicompetence)观,双语者的语言知识会在大脑中重新建构,形成整合 L1 和 L2 元素的系统,新元素由此产生。关于如何帮助二语学习者学习描述运动的不同方式,现有许多建议。其中,最重要的是 Laws、Attwood 和 Treffers-Daller(2021)的研究,他们发现采用一种以输入为重点的方法时,成功率很高,该方法包括:明确指导,向学习者提供关于目标形式的明确信息，并让他们意识到潜在问题；参照性的结构化输入活动，要求给出正确答案或错误答案，迫使学习者处理目标结构，以建立形式与意义的适当联系；情感性结构化输入活动，学习者接触大量目标结构，并通过指导性任务对现实世界发表意见或看法。

2.3 视角

本节将探讨识解模式差异的第二大成因：视角（perspective）。视角与注意和凸显相关，指的是个体谈论事件时所持的立场。在现实世界中，个体对事物的看法取决于观察事物时的立足点，这一点也体现在语言之中。例如，英格兰北部的居民可能会说"下（down）"伦敦，因为伦敦位靠南方，在地图即为"下（down）"；南方居民则会使用"上（up）"伦敦。然而，如果北方居民将所在地与伦敦的地位进行比较，也许会认为北方在某种程度上更小、更偏远、地位更低，因此也会使用"上（up）"伦敦。两种表达并无对错之分，而是反映了人们看待同一事件的两种不同视角。检索柯林斯英语语料库后发现，*up to London* 出现了 161 次，*down to London* 出现了 204 次，两者的搭配变形相对较少。

上述现象可能会对语言学习者造成困难，因为不同的语言有其不同的观察视角。的确，当两种语言间缺乏直接对等的翻译时，通常是因为观察事件或现象的习惯性视角各有不同。例如，语言描述地点的方式存在差异。包括英语在内的大多数语言可以通过物体相对于自己或其他物体的位置（"树的左边"；"你的右侧"），或绝对位置（"北、南、东或西"）来描述物体。但有些语言，如昆士兰北部的 Guugu Yimithirr[①] 语，只能使用绝对

[①] 澳大利亚的一种土著语言。

方位(Levinson，1996)进行描述。因此，Guugu Yimithirr 母语者在学习英语时需要掌握全新的视角系统，而这绝非易事。对于英语母语者而言，要学会 Guugu Yimithirr 语则需要获得绝佳的方向感！

视角中的语言"自我中心(ego-centricity)"程度也可能会给语言学习者带来问题。例如，日语的视角通常以自我为中心(Ikegami，2000)，因此可以省略第一人称，因为言者一定是在谈论自己。如例(8)：

(8) Asokoni Bigguben ga mieru

  Over there Big Ben（particle）see

在那边大本钟（助词）看到

("I see Big Ben over there")

("我在那边看到大本钟")

在日语中，自我中心视角的重要性也体现在例(9)—(10)表示"给予"的动词 ageru 和 kureru 中。

(9) *ageru*

Watashi wa kare ni puresento wo ageru

我（助词）他（助词）礼物（助词）给

("I give him a present")

("我给他礼物")

(10) *kureru*

Kare wa watashi ni puresento wo kureru

He (particle) me (particle) present (particle) give.

他（助词）我（助词）礼物（助词）给

("He gives me a present")

("他给我礼物")

ageru 和 *kureru* 的用法取决于谁为给予者。虽然两者均表示

"给予",但 *ageru* 强调的是给予者,而 *kureru* 则是接收者。日语是以自我为中心的语言,所以无论言者是否为句子的主语,焦点都在其身上。因此,例9使用 *ageru* 的原因在于言者是给予者,而例10使用 *kureru* 是因为言者为接收者(Kuno,1987)。对于母语为非自我中心的语言(如汉语)的日语学习者而言,学习 *ageru* 和 *kureru* 时往往会格外困难(Liu,2015)。

日语的这种主观视角也体现在动词 *iku*(去)和 *kuru*(来)的用法上。在日语中,*iku* 表示远离言者所在地,而 *kuru* 则表示靠近言者所在地,如例(11):

(11) Mother:Daidokoro ni kina-sai

母亲:Daidokoro ni kina-sai

Kitchen(particle) come-(imperative)("Come into the kitchen")

厨房(助词)来了—(祈使语气)("到厨房来")

Daughter:Ima iki-masu

女儿:Ima iki-masu

Now go-(polite)("I'm going")

现在去—(礼貌用语)("我来了")

在这个例子中,女儿使用的是 *iku*(去)而非 *kuru*(来),因为去厨房是远离当前所在地。由此,我们可以推测日本英语学习者可能会过度使用 *go*,如例(12):

(12) Are you coming to my birthday party? Yes, I will *go* to the party.

你来参加我的生日派对吗?是的,我会去参加派对。

或者英语国家的日语学习者会过度使用 *come*(Oe,1975)。事实上,研究表明,日本英语学习者的确经常在这方面遇到困难,并且在采取英语母语者惯用的视角时表现出一定程度的僵化(Kusuyama,2005)。

对视角重视程度的差异也会影响名词和动词的用法。例如,在英语中,单词"corner"用于描述建筑物或广场的角落。而西班牙语则分别使用两个单词表示"角落":*el rincon*(大意为"角落的内部")和 *el esquina*(大意为"角落的外部"),反映出言者对角落的不同观察视角。由于英语不将个人视角置于单词 *corner* 的中心,因此英语国家的西班牙语学习者可能不会敏锐地注意到 *el rincon* 和 *el esquina* 的差别。除非有人明确指出两者的差异,否则学习者最开始可能会难以理解它们的确切含义。当学习者在与西班牙语母语者交流时使用了错误的单词时,可能会使对方感到困惑,但进而能获得纠正。这种情形属于 Gass(1997)提出的交互和反馈式学习。

最后,我们再看一组语言对:英语和土耳其语。英语和土耳其语在谈论所目睹的事件时,对言者视角的重视程度有所不同。在土耳其语中,个人在组织语言描述事件时必须说明自己是否亲眼目睹,而在英语中,言者可以不需要清楚地告知听者自己是否在场(Gentner & Goldin-Meadow,2003)。那么,这种差异是意味着土耳其的英语学习者会倾向于阐明自己是否在场,还是会能够接受此类歧义的存在呢? 当被问及该问题时,一位在土耳其某大学教英语的英语母语者(Richard Spiby,个人通讯)表示:

> 精通英语的学习者可能可以更敏锐地感觉出英语中的歧义。他们有时会询问言者是否亲身经历过该事,而且在说明某事发生而自己不在现场时,更有可能用英语进行具体说明,或者(当土耳其语母语者也在场时)在英语句末加上土耳其语动词后缀"mi§"表示信息是转述的。后一种策略可能会引人发笑,但确实有助于实现有效沟通!

在动词方面,鉴于前文对运动方式动词进行了讨论,因此建议后续研究可以更系统地探讨土耳其英语学习者和英语为母语的土耳其语学习者在目标语言和母语中分别如何处理此类动词。

2.4 构成

识解的第三个要素是构成(constitution),指的是个体与某一现象的距离以及对其描述的细致程度。例如,Croft 和 Cruse (2004)指出我们可以用 *leaves* 和 *foliage* 描述同样的事物,但两者代表了不同的构成方式。从远处看,叶子们(leaves)看起来像是一团绿油油之物,因此 *foliage* 是不可数名词。

研究表明,语言的规约构成方式会影响人们对物体的观察方式。例如,Lucy(1992)发现,当可数物体和不可数物体的数量发生变化时,使用带有语法数字标记的语言(如英语)的人更容易判断出可数物体的变化。而使用缺乏语法数字标记语言(如尤卡坦语)的人则没有表现出这一倾向。尤卡坦语中的名词往往不表示有界单位(bounded units),而是代表"物质"或"本质",因此"香蕉"一词用于指代任何与香蕉有关的物体(如树、树叶或水果)。Lucy 发现,在分类任务中,英语使用者倾向于按形状或功能进行分类,而尤卡坦语使用者倾向于按原材料划分。此外,在涉及构成的非语言任务中,Lucy 还比较了日语和英语使用者的表现。与尤卡坦语一样,日语也是不区分可数和不可数物体的非复数标记语言。Lucy 通过一系列照片考察英语和日语使用者是否能同时注意到可数和不可数物体的小幅增多。他发现,比起不可数物品,英语使用者更能注意到照片上可数物品的增多,而日语使用者能同时注意到两类物品数量上的变化。

Athanasopoulos(2006)将 Lucy 的研究扩展到日本英语学

习者身上，将英语/日语单语者与英语为第二语言的日语母语者进行比较。他发现，中级的日本英语学习者表现出与日语单语者类似的特征，当看到物品的图片时可能会同时注意到可数和不可数物品数量的增加。相反，高级英语学习者表现得更像英语单语者，更有可能注意到可数物品而非不可数物品的增多。Athanasopoulos 认为，这些发现论证了语法表征可能以特定的方式影响认知的观点，并表明 L2 习得可能会改变由 L1 建立的认知倾向。因此，当要求某语言的高级学习者执行此类非语言任务时，他们表现得更像该语言的母语人士。这一发现意义重大，因其表明第二语言学习影响着语言以外的认知过程。下面将更详细地讨论这一观点。

2.5 范畴化

如第一章所述，认知语言学的一大关键主张是：语言习得与理解世界所涉及的认知过程基本相同。人们在处理关于世界的信息时，第一步便包括对信息进行分类，这一点也体现在我们所使用的语言之中。的确，范畴化引起了认知语言学界的密切关注，因其为人们试图理解周围世界时所迈出的第一步。儿童在面对新事物时会如此（他们会想：这个可以吃吗？可以玩吗？还是既可以吃也可以玩？）；即使成年后，尤其是置身于一个全新的环境、面临着陌生的刺激时，人们也仍然在对事物进行分类。本节首先概述认知语言学中有关范畴化的早期研究，接着介绍不同语言如何对空间进行分类的相关著述。第三章将聚焦于范畴化的近期研究，并将单词、语素语音特征以及语调模式置于辐射化范畴中进行讨论。

大多数英语使用者都能接受将猫、狗和羊列入"动物"范畴，但将成员归类至相应的范畴并非总是如此轻而易举。范畴是灵活的,其边界模糊,成员之间在原型性上也有高低之分。为阐明范畴的这些特征,我们以"宠物"范畴为例。大部分人都会认为猫、狗和金鱼是宠物,但大象是吗？在某些情况下它可能是,但大多数人认为与上述动物相比,大象离"宠物"范畴的中心更远。用认知语言学家的措辞,它不属于"宠物"范畴的"原型"。因此,宠物范畴可被视为一个"辐射式范畴(radial category)",因为在某种程度上某些成员比其他成员更接近范畴中心,或者说更加具有原型性。现在,我们再思考片刻如何归类"网络宠物"(受儿童欢迎的电子宠物)。是属于宠物还是玩具？它们可能会被放置在"宠物"范畴的边缘(Croft & Cruse, 2004)。这个例子表明,范畴没有明确的边界,其界限常常模糊不清,也就是认知语言学家所认为的"模糊边界(fuzzy boundaries)"。

当我们从第二语言学习的视角探讨不同语言如何以不同的方式归类语义时,上述现象变得更加耐人寻味。尽管对母语者而言,这些归类有时似乎是唯一合理、明智的方式,但范畴基本上不可能是完全客观的,有时可能是高度主观的。回到第一章中的例子,与法语相比,英语中的"鞋子(shoe)"更容易被纳入"靴子(boot)"范畴,但这两种语言本质上在"客观"或"理性"方面并无优劣之分。因此,对界限位置的不同判断往往易催生语言的多样性。虽然范畴非常灵活并且容易随着语境发生变更,但范畴一开始便是围绕着原型(如最"典型"的靴子)而成形。对于第二语言学习者而言,掌握目标语言范畴化系统的工作原理及其与第一语言系统的差异非常关键。在动态系统理论的视角下,个体现有的范畴和原型系统可被视为一种"吸引子状态(attractor state)",如 Larsen-Freeman 和 Cameron(2007)所指出,这是系统暂时保持稳定的阶段。当接触到新的范畴时,语言学习者需要改变自己的范畴化系统,转向新的吸引子状态。

在范畴化模式的跨语言差异研究中,研究较为充分的领域是可数和不可数之物。在英语中,物体往往被分为可数或不可数两类,并用不同类型的标记符标示。例如,面粉、糖和盐通常是不可数的,而豌豆和豆子通常为可数。然而,日语并不如此区分物体,而是常常根据细长(由 hon 或 pon 标记)和圆扁(由 mai 或 pai 标记)两个标准进行划分。在其意义重大的研究中,Imai (2000)分别向一组英语母语者和一组日语母语者展示了许多物品,如袋装糖、几盘豌豆、铅笔和几根糖果等,并要求各组受试将物品分成两类。结果发现,日语母语者倾向于将物品分为细长和圆扁两类,而英语母语者则倾向于按照可数和不可数的标准分类。该研究表明,对于受试者而言,范畴化过程不仅仅关乎语言表达,在某种程度上还是一种真实存在的认知现象。目前,已经有实证研究揭示了日本英语学习者在掌握可数名词和不可数名词概念时遇到的困难(Nakao,1998);大多数为英语母语者编写的日语教材在前几章中也都区分了细长物体和圆扁物体在计数方式上的差别,这表明至少在教材编者看来,这种差异可能会带来一定的困扰。

有证据表明,学习一门新语言能使个体以不同的方式划分事物。例如,日语通常根据物质进行分类,而英语更倾向于根据形状。Cook 等人(2006)在对比日语单语者和日语/英语双语者时发现,双语受试者倾向于同时使用英语和日语的范畴化系统进行分类,而单语受试者只能使用单一的系统。他们认为该发现为"双语者的心智有别于单语者"这一假设提供了支持。后续章节会再次探讨这个问题。

同一个现象所属范畴的数量也因语言而异。例如,英语中有树林(woods)和森林(forests)两个单词,并且通常认为前者比后者略小。在德语中，仅有一个范畴，由 Wald 代表且没有大小之分。这意味着德国的英语学习者需要学会拆分这个范畴，而英语国家的德语学习者必须学会合并范畴，并设法表示大小 Wald（Walker，2008）。再比如，动词"吃"在英语中用"*eat*"一词表示，而德语将吃划分为两个独立的动词：如果人吃，就使用 *essen*，如果动物吃，则使用 *fressen*。诸如此类的区分在一定程度上取决于识解事件的方式。

有证据表明，L1 的范畴化系统会影响学习者对 L2 表达是否自然的感知。例如，Elston-Guttler 和 Wiliams（2008）研究了一语的多义词在二语中由几个独立词表示的案例，如德语单词 *Blase* 所占据的语义空间在英语中由单词 *bubble* 和 *blister* 占据。他们要求一组德国英语学习者在部分涉及德语范畴化系统迁移的英语表达中找出其中的异常用法。研究发现，学习者们对直译于德语但听起来不自然的英语一致地不敏感。与动词相比，这种效应在名词中更加显著。上述发现表明，在母语中建立起来的范畴化系统使人们形成了认知习惯，当遇到具有不同范畴化系统的语言时，人们往往难以打破这些思维定势。然而，如下文所示，涉及 L2 范畴化系统的习得时，L1 迁移可能仅仅是众多因素之一。

对语言学习者而言，当一个概念在母语中被划分为两大范畴，而在目标语中被分为例如三大范畴时，问题将变得更加复杂。例如，商界的"领导力（leadership）"概念在英语中主要有三种表达方式：个人可以*运营（run）*，*管理（manage）*或者*领导（head）*某个部门；而在德语中，该概念仅由两个主要动词表示：*leiten* 和 *führen*。此时，语言学习者们所面临的任务比前文提到的例子难度更大，他们不仅需要合并或划分范畴，还需思考 *leiten* 和 *führen* 分别涵盖了 *run*，*manage* 和 *head* 的哪些方面

(Walker,2008),因此可能需要学习者具备相当高的认知灵活度,以及强大而敏锐的"注意(noticing)"技能(Schmidt,1990)。

2.5.1 空间范畴化的跨语言差异

受范畴化影响的关键经验领域是语义空间(semantic space)。换言之,不同语言可以以不同的方式划分同一个意义域。例如,Bowerman 和 Pederson(1992)以及 Bowerman 和 Choi(2001)指出,不同的介词在不同的语言中具有不同但重叠的意义。他们研究了 38 种语言,发现它们就如何划分在英语中由介词 *in* 和 *on* 覆盖的语义空间存在显著差异。例如,英语用 *on* 表示杯子在桌子上(cups being on tables),照片在墙上(pictures being on walls)和用 *in* 表示水果在碗里(fruit being in bowls);而荷兰语会用三个不同的介词(*op*,*aan* 和 *in*)表示这三种不同的情况,西班牙语仅用 *en* 一个介词表示。最后,在柏柏尔语中,介词 *x* 用于表示杯子在桌子上和照片在墙上,但用介词 *di* 表示把手在门上(handles on doors)以及水果在碗里。这些差异如图 2.1 所示。

	杯子在桌子上 A	膏药在腿上 B	画在墙上 C	把手在门上 D	苹果在树枝上 E	苹果在碗里 F
英语	On					In
日语	Ue	Ni				Naka
荷兰语	Op	Aan				In
柏柏尔语	X			Di			
西班牙语	En					

图 2.1 不同语言之间空间范畴划分方式的部分差异。经作者及剑桥大学出版社许可,改编自 Bowerman 和 Choi(2001:485)

由于介词的用法容易因语言而异,因此不易被语言学习者掌握。类似于图 2.1 的图表可能会给第二语言教学者带来一定的帮助,因为它们可以使语言间的差异一目了然,还有助于我们预测学习者可能会遇到的困难。例如,学习荷兰语的西班牙人在介词方面可能会比学习西班牙语的荷兰人(只需学习一个介词)面临更多的问题。然而,现实可能并非如我们想得那般简单。Bowerman 对 L1 受试者的研究表明,在学习其第一语言时,儿童更有可能过度外延大范畴而非小范畴。此外,有学者认为学习者可能会在语义空间的边界区域遇到更多的困难。例如,在学习母语时,荷兰儿童在 *ann* 范畴遇到的问题往往比其他两个范畴要多。事实上,Ijaz(1986)发现,英语学习者们(六种语言的母语人士)对于介词 *on* 和 *over* 的使用在很大程度上受到这些介词在其母语中的用法所影响。

L1 范畴系统对 L2 习得影响的相关研究表明,一般而言,L1 范畴会产生强烈的启动效应(priming effect),该效应随后还会迁移至 L2 中(如,Lucy,1992;Lucy & Gaskins,2003;Pederson 等,1998)。然而,这层关系并非总如人们想得那么简单。已有不少研究探讨了二语学习者在归类某个概念域时会如何兼顾两个语义系统的问题(Bowerman,2008)。其中有两项研究特别有意思,揭示了二语学习者如何将母语范畴系统与二语范畴系统融为一体,分别是 Ameel 等人(2005)对荷兰语和法语双语者容器名称习得的研究,以及 Ervin(1961)对纳瓦霍母语者英语颜色术语习得的研究。Ameel 等人考察了法语/荷兰语双语受试者对杯子、盘子和碟子等容器的分类方式,发现他们所使用的命名模式趋同,介于荷兰语和法语之间,但又不像任何一方。由此可见,范畴界限彼此靠近,并偏离了两种"第一"语言的界限。换言之,双语或者多语者所掌握的语言之间会相互影响,他们的范畴化系统亦有别于单语者的范畴化系统。Ervin(1961)对学习英语的纳瓦霍人研究也证实了这一点。

上述研究表明,第二语言的学习过程会导致 L1 和 L2 范畴化系统的融合。这一发现与双语和认知语言学领域的最新研究推论一致:双语或多语者不会在大脑开发出两个独立的语言系统。相反,这两个系统会相互重叠、彼此影响,合成一个新的范畴化模式(Bialystok,2002;Singleton,1999)。

研究还发现,双语或多语者比单语者表现出更高的认知灵活度。即使是在非语言任务中,双语者也能够更轻松地在不同类型的信息之间切换,并专注于与任务最相关的信息(Gass,2008)。换言之,双语者发展出了除语言外且单语者所不具备的某些认知能力。研究表明,在涉及范畴化系统转换的非语言任务中,双语儿童比单语儿童表现更佳。例如,在 Bialystok(1999)的研究中,学前儿童需要执行一项由 Zelazo 和 Jacques(1996)设计的任务:将卡片分类到由不同目标刺激物(如红色正方形和蓝色圆圈)标记的两个隔间中。这些卡片上印有形状和颜色完全与隔间标记相反的组合:蓝色正方形和红色圆圈。受试儿童首先需要按照颜色维度进行分类;随后按照形状维度重新分类卡片。结果显示,即使在收到第二个指令(形状)后,单语儿童仍然坚持按照第一个维度(颜色)进行分类,与之相比,双语儿童则能够更快地适应新规则并解决问题。这些发现表明,人们的范畴化系统因学习另一门语言变得更加灵活,这有力地论证了语言与更普遍的认知领域存在关联的观点,而该观点是诸多认知语言学研究的理论基础。回到语言上,Slobin(2000)的研究表明,当双语者所掌握的两种语言具有不同的识解模式时,他们能够将这两种识解模式储存于同一个系统中,并且能在两者之间轻松转换。

如前所见，L1 识解模式有可能影响 L2 习得，但前文提到的部分研究也表明，L2 识解模式在学习者心智中的发展是一个更为复杂的过程。在第二语言学习的过程中，学习者的确在一定程度上依赖于第一语言，但不仅限于此。学习者还会尝试学习新规则，在习得新规则后还需要有机会在相对不具威胁性的环境中使用目标语言进行互动，在此过程中使用这些规则并了解它们的适用范围（例如参见 Block，2003；Gass，1997）。因此，L2 知识的发展取决于多层因素，比如偶遇的表达，在何种语境下遇到，以及学习者自身的语言学习风格和能力。也就是说，感知和改变 L1 识解模式的能力仅仅是第二语言学习所涉及的众多认知过程之一（Kaufman，2004；Lantolf & Appel，1998；Larsen-Freeman，2006）。

2.6 迁移之外：影响 L2 识解模式习得的其他认知过程

到目前为止，本章主要探讨了语言识解场景和事件的不同方式，并推测 L1 识解模式如何影响 L2 习得。虽然有许多研究证实了 L1 的迁移作用，但全貌可能更为复杂，而第二语言习得的对比分析也只能提供部分的解答。Bylund 和 Athanasopoulos（2015 年）在对该领域相关研究的综述中指出，第二语言使用者的言语、共同言语和非言语行为在多大程度上采用了第二语言中使用的识解模式，存在着相当大的差异。他们指出，这方面的成功与否取决于多种因素，如所描述的感知领域、概念在两种语言中的相似程度，以及与学习者个人经历有关的因素，如学习第二语言的年龄、使用第二语言的频率和熟练程度。在随后的章节中，我将讨论认知语言学中除识解之外的其他概念，这些概念对第二语言的学习方式有着重要的影响；但首先，在本节中，我将重点讨论除迁移之外的其他认知过程，这些过程可能会影响自然学习环境中第二语言识解模式的习得。

在认知语言学理论和第二语言习得研究中，人们越来越认识到语言学习是以使用为基础的。也就是说，语言学习源于语言的使用，并以语言的使用为基础。认知语言学家（如 Tomasello，2003 年）指出，学习第一语言的儿童能够从周围听到的语言中提取表达。他们利用自己的意图阅读能力（即从上下文中推测出与他们交谈的人究竟想表达什么意思的能力）来推断形式—意义配对，并利用自己的模式发现能力来推断不同类型表达之间的关系。因此，由于儿童头脑中并不存在预先存在的"通用语法"，"语法"的习得是一种自下而上的现象，由儿童在其所接触的语言数据中发现的模式组成。

我们没有理由认为 L1 学习者运用的模式识别技能不能为第二语言学习者所用，因此 Tomasello 的许多发现也可能适用于第二语言学习。第九章将探讨这些发现中涉及构式学习的内容。但请谨记第一语言学习和第二语言学习在两个重要方面有所不同：首先，第二语言学习者已经学会一种语言；其次，第二语言学习者已经在学习该语言时习得许多必要的概念或"现世知识"。因此，人们自然认为学习者会利用现有的语言和概念知识学习第二语言。事实上，已有研究证明，在学习的早期阶段，第二语言与第一语言之间可能存在密切的甚至是寄生的关系（Ellis，2006c；MacWhinney，1997）。随着学习者不断地接触第二语言，其他不依赖于第一语言的认知过程将发挥更突出的作用。

Nick Ellis（2002，2006a，2006b，2006c）详细描述了第二语言学习者将 L2 输入转化为习得的各种认知过程，其中一些认知过程与L2识解系统尤其密切相关,包括固化(entrenchment)、干扰(interference)、过度外延与外延缩小(over- and under-extension)、概率处理(probabilistic processing)、关联学习(contingency learning)、习得(不)注意[learned (in)attention]、凸显(salience)和感知学习(perceptual learning)。本节将逐一考察这些认知过程,并评估它们与新识解系统(对成功习得L2而言不可或缺)的形成之间有何关联。如下文所见,对这些认知过程的研究均是基于教育以外的学习环境,因此这些过程很容易就能与第二语言习得是基于使用的观点相联系。本书的后续章节还将考虑基于课堂学习的情境。

Ellis归纳的前两个因素(固化和干扰)与上一节中关于迁移的讨论密切相关。如前所述,由于各种第一语言的工作方式各异,不同语言的人们往往习惯于以不同的方式、从不同的角度观察现象,并用不同的方式进行划分。这导致某些记忆痕迹经过反复激活而得到强化,认知语言学家将该过程称为固化。如前所见,在某种程度上,学习第二语言需要关注场景和事件的不同方面,或者以不同的方式对其进行划分并克服第一语言的固化模式。

干扰是指源自L1的固化模式对L2的影响,包括语音干扰、语用干扰等。在前面的章节中,许多例子说明识解模式的差异可以帮助我们预测,但不能完全解释语言学习者可能会遇到哪些类型的困难。因此,第二语言学习者面临的挑战包括如何克服Odlin(2005:17)所说的L1识解系统的"约束力(binding power)",以及如何打破第一章讨论的"认知习惯"。应当指出的是,L1迁移可能是正迁移或负迁移,因此将其称为"影响(influence)"可能比"干扰(interference)"更恰当。

然而如前所述,克服L1的固化模式仅是语言学习过程的一部分——为了更全面地阐释 L2 的习得模式,我们不能将视线仅停留在 L1 迁移上。基于此,本文还将探讨 Ellis 提出的可能影响着第二语言习得的其他因素。首先,Ellis 认为,第二语言学习可能涉及过度外延和外延缩小的认知过程。过度外延和外延缩小现象已在文献中得到充分论述。例如,一位英语学习者掌握了过去分词以词素-*ed* 结尾的规则后,可能会将其过度外延至所有的过去分词上,并没有意识到部分过去分词是不规则的。过度外延和外延缩小的概念也适用于词汇学习;例如,以下是国际英语学习者语料库(the International Corpus of Learner English)波兰语子库中(http://www.staff.amu.edu.pl/~przemka/picle.html)波兰英语学习者对*相当地*(*considerably*)的使用例句,它们表明该学习者了解但过度延伸了*相当的*(*considerable*)的英语意义,将计算机性能的概念也包括在内:

  某位天才认为超市顾客等待结账的时间过长,便研发了一台相当的便民计算机。它能够称重,撕下待付款商品上的特殊小标签,并将它们传输到机器上再次称重。

尽管以往关于过度外延和外延缩小的讨论都集中在语法和词汇的习得上,但这一对概念其实也适用于 L2 范畴的习得。在习得过程中,除了迁移 L1 范畴外,学习者还可能过度或过少地外延 L2 范畴。例如,一旦讲英语的荷兰语学习者明白 *aan* 这个词占据了介词的大部分语义空间,就可能会开始在应该使用 *op* 或 *in* 的地方使用 *aan*。同样,学习者可能对 L2 某个范畴的用法外延不足。例如,参照上面的图 2.1,英语国家的柏柏尔语学习者可能会对介词 *di* 外延不足,知道用 di 描述苹果在碗里或在树枝上,但不会用它表示把手在门上。日本的英语学习者知道物品可分为可数或不可数后,可能会将物品过多或过少地归纳至对应的范畴中。

Ellis 提到的另一个因素是概率处理,意味着在所接收的输入物中,学习者对特定语境下某些形式的相对使用频率高度敏感,以及学习者能够根据自身判断使用合适的内容匹配输出。换言之,概率处理可被视为一种"直觉统计(intuitive statistics)"。就识解而言,本文的观点是学习者会逐渐适应目标语言所偏好的识解模式,并将其与遇到它们时的情境相匹配。因此,学习者能够学会正确地使用这些模式,且无需完全意识到这一过程。这一观点也许能解释 Cadierno(2004)关于运动方式动词的研究发现(参见 2.2.1 节)。无需专门的指导,高级学习者似乎已经能够根据 L2 输入的证据掌握新的识解模式。

与概率处理相关的概念是关联学习,意味着某个词素越频繁地对应一个特定的意义,学习者便能越快掌握。例如,复数"s"每次听起来都不大相同,关联频率较低,因此学习起来更慢。定冠词(在英语中常用于许多不同的情形)与介词等多义词同样如此。因此,Ellis 认为,介词的多义性意味着它们不适用于关联学习。就识解系统而言,关联学习意味着如果某种形式经常与一个特定的场景或事件的识解方式相关联,那么与对应于几种不同识解模式的形式相比,学习者更容易掌握前者而非后者。第九章探讨二语构式的习得时,我们会再次回到关联学习的问题上。

在 Ellis 归纳的认知过程中,与 L2 识解模式习得尤为相关的是习得(不)注意。L1 的识解模式如此根深蒂固,意味着在许多情况下,学习者根本不会注意到目标语言中的新识解模式。例如,英语国家的西班牙语学习者没有区分角落两边的习惯,可能会简单地认为西班牙语中有两个词表示"角落"且可相互替换。而母语中有此区分的西班牙语学习者更有可能注意到西班牙语中的这种区分。注意(noticing)对第二语言的学习和教学而言至关重要,稍后将再次谈及此问题。

与注意相关的是凸显。根据 Ellis 的观点,凸显是指某个语素的*显著性*及其对学习者的*有用程度*。语素越凸显、越有用,习得的可能性就越大。凸显(或非凸显)是 L2 识解系统习得的重要因素。识解系统的差异,尤其是视角和范畴化存在差异时,往往难以被发现,Kellerman(1995)的"无处迁移(transfer to nowhere)"原则便强调了这一现象。Kellerman 认为,L2 识解模式的习得难度极大,因为它们难以被感知,没有任何具体的证据能够让学习者感受到它们的存在。他认为:

> 学习者可能不会寻找(目标)语言特有的视角;相反,他们可能会寻求能使其保持 L1 视角的语言工具。这种情况正体现了基于语言差异的无意识假设:"无处迁移"。(Kellerman,1995:141)

基于这些原因,本文认为(详见下文),课堂上明确教授 L2 的识解模式可能会使第二语言学习者受益。

感知学习与凸显密切相关,但涉及的是对口语中特定单词和声音的感知能力。有些词往往不如其他词那般重读,对学习者而言在感知上相对不明显,因此也更难被掌握。感知凸显与语音范畴的习得密切相关,第三章将继续探讨该问题。

所有这些过程都可能影响着目标语言识解模式的学习。特定的记忆痕迹或多或少会变得根深蒂固,这取决于接触的程度和性质。然而,复杂系统理论推断,Ellis 提出的因素很可能以一种既非线性也无法预测的方式相互作用(Ellis,2008;Ellis & Larsen-Freeman,2006),而这在很大程度上解释了语言学习者似乎很少"学会所教之物"这一事实。本书的其余章节将探讨认知语言学中除识解外的其他概念并评估它们与二语习得的关系,届时将适时回顾 Ellis 的观点。

2.7　显性教学在学习 L2 识解模式中的作用

上述讨论大多集中在隐性学习上,但同样重要的还有语言教师应如何推动学习进程的问题。以形式为重点的教学通常比仅仅接触二语输入更有效(Doughty,2003),但目前并不完全清楚这种教学应该聚焦于语言的哪些方面。De Bot 等人(2005:85)提供了部分解答:"显性教学的作用是……为注意做好'准备(prime)',并使那些因缺乏指导而无法轻易[推导出]的规则变得清晰。"这句话意味着 L2 识解模式非常适用于显性教学。前面几节陈述的研究发现表明,学习者因根深蒂固的 L1 识解模式而无法注意到新的 L2 识解模式。因此,识解的显性教学也许能使第二语言学习者受益良多。

对语言学习者 L2 范畴化系统习得的研究表明,如果学习者能在某种程度上准备好注意到这些系统,其学习效果的确更佳。例如,为研究不同母语的学生对英语范畴形成的习得,Williams(2005)在研究中向一组英语学习者展示了"新"版本英语:名词性别取决于该词是否具有生命的性别系统。受试者没有明显意识到这种区别,但他们看到了许多例子。随后,受试者接受测试,判断一组名词的性别。尽管这些名词并没有出现在练习中,受试者仍能根据有生性选择名词的性别,匹配程度显著高于随机水平。Williams 由此推论,受试者能够无意识地建立一个新的范畴化系统。然而有趣的是,他还发现测试表现与编码语法性别的已有语言知识之间具有相关性,说明了先验知识在隐性语言学习中的重要性。Williams 的研究表明,尽管语言学习者也许最终会注意到母语与目标语言范畴化系统的差异,但他们对范畴化系统的既有知识有可能会加快学习的进程。由此,我们推断:显性教学的作用之一在于使学习者注意到存在于目标语言而母语所不具备的范畴和识解系统。

那么问题是:显性教学可以以何种形式进行? 从实用的角度出发,类似于图 2.1 的图表有益于教学目的,因为学习者可以一望而知与母语相比目标语言如何划分语义空间。涉及同时教授几种语言的欧盟新政策也可能受益于此种对比分析途径。同样有帮助的是 Majid 等人(2007)提出的三维图表,显示了不同语言如何沿着不同的轴线切割语义区。如果能够以三维动态图呈现,学习者从而能从不同的角度进行观察,那么这些图表的意义更加重大。随着信息和通信技术(ICT)的发展,我们开始看到这类图表出现在语言教材中(见 Roche & Scheller,2008)。正如 Roche 和 Scheller 所指出的,ICT 在这方面大有可为,因为它可以展示从不同角度呈现的交互场景。它还提供了放大场景特定特征的机会,以提高人们对其构成的认识,它还可以用来突出不同的方面,以显示关注度和显著性,并显示事物是如何分门别类的。该领域的研究结果非常乐观。在涉及越南大学英语学习者的调查中,Verspoor 和 Nguyen(2015)研究了关注英语中可数和不可数物体的表达方式。她发现,那些通过使用例子明确意识到这种差异的学生,在测试定冠词和不定冠词时表现优于同龄人。罗氏和他的团队(如 Roche,2012;Roche & El‑Bouz,2018;Roche & Scheller,2008;Suñer & Roche,2021)展开了一系列研究调查使用动画向英语操用者教授德语语法中的识解的有效性(反之亦然)。这些研究结果为计算机生成的动画在教授第一语言和第二语言中不同的语法识解的有效性提供了令人信服的证据。

2.8 结语

本章探讨了不同语言识解物体与事件的不同方式及其对语言学习和教学的影响。我们看到,第二语言习得需要掌握灵活的识解方式,并明白除了母语外,其他语言观察事物的方式同样有效。这能一定程度上说明为什么当习得一门新语言时,学习者往往会发展出更高水平的认知灵活性,随后能更加轻松地学习另一门新语言。如前所示,根深蒂固的 L1 识解系统会影响学习者习得 L2 识解系统的能力,但母语迁移仅仅是其中的一个过程,它与许多其他的认知过程(如过度外延和外延缩小、习得注意和概率处理等)一起运行在同一个复杂的系统中。我们已经看到对 L2 识解系统的明确呈现对语言学习者是有益的。

下一章仍以范畴化为主题,但主要讨论主张语言各方面(如单词和语素、语音和语调模式)在灵活的辐射式范畴中运作的相关研究。第三章将说明该视角如何阐释一词多义等语言现象,并指出,传统的语法"范畴"往往并不"循规蹈矩"或符合任何单一、容易描述的系统。

参考文献

Ameel, E., Storms, G., Malt, B., & Sloman, S. (2005). How Bilinguals Solve the Naming Problem. *Journal of Memory and Language*, 3, 60–80.

Athanasopoulos, P. (2006). Effects of the Grammatical Representation of Number on Cognition in Bilinguals. Bilingualism, *Language and Cognition*, 9, 89–96.

Aveledo, F., & Athanasopoulos, P. (2016). Second Language Influence on First Language Motion Event Encoding and Categorization in Spanish-Speaking Children Learning L2 English. *International Journal of Bilingualism, 20*(4), 403–420.

Aveledo, F., & Athanasopoulos, P. (2023). Bidirectional Cross-Linguistic Influence in Motion Event Conceptualisation in Bilingual Speakers of Spanish and English. *International Review of Applied Linguistics in Language Teaching, 61*(1), 13–36.

Berman, R., & Slobin, D. (1994). *Relating Events in a Narrative. A Crosslinguistic Developmental Study.* Lawrence Erlbaum.

Bialystok, E. (1999). *Cognitive Complexity and Attentional Control in the Bilingual Mind. Child Development, 70,* 636–644.

Bialystok, E. (2002). Cognitive Processes of L2 Users. In V. J. Cook (Ed.), *Second Language Acquisition. Portraits of the User* (pp. 163–172). Mukilingual Matters.

Block, D. (2003). *The Social Turn in Second Language Acquisition.* Edinburgh University Press.

Bowerman, M. (2008, March). *Language Acquisition and Semantic Typology.* Paper Presented at the LAUD Symposium on Cognitive Approaches to Second/Foreign Language Processing: Theory and Pedagogy.

Bowerman, M., & Choi, S. (2001). Shaping Meanings for Language: Universal and Language-Specific in the Acquisition of Spatial Semantic Categories. In M. Bowerman & S. Levinson (Eds.), *Language Acquisition and Conceptual Development* (pp. 475–511). Cambridge University Press.

Bowerman, M., & Choi, S. (2003). Space Under Construction: Language-Specific Spatial Categorization in First Language Acquisition. In D. Gentner & S. Goldin-Meadow (Eds.), *Language in Mind. Advances in the Study of Language and Thought* (pp. 387–428). MIT Press.

Bowerman, M., & Pederson, E. (1992). Cross-Linguistic Studies of Spatial-Semantic Organization. In *Annual Report of the Max Planck Institute for Psycholinguistics* (pp. 53–56). Max Planck Institute.

Brown, A., & Gullberg, M. (2008). Bidirectional Crosslinguistic Influence in L1-L2 Encoding of Manner in Speech and Gesture. *Studies in Second Language Acquisition, 30*(2), 225–251.

Bylund, E., & Athanasopoulos, P. (2015). Introduction: Cognition, Motion Events, and SLA. *The Modern Language Journal, 99*(S1), 1–13.

Cadierno, T. (2004). Expressing Motion Events in a Second Language: A Cognitive Typological Perspective. In M. Achard & S. Niemeier (Eds.), *Cognitive Linguistics and Foreign Language Teaching* (pp. 13–50). Mouton de Gruyter.

Cadierno, T. (2017). Thinking for Speaking About Motion in a Second Language: Looking Back and Forward. In I. Ibarretxe-Antuñano (Ed.), *Motion and Space Across Languages: Theory and Applications* (pp. 279–300). John Benjamins.

Cadierno, T., & Lund, K. (2004). Cognitive Linguistics and Second Language Acquisition: Motion Events in a Typological Framework. In B. VanPatten, J. Williams, & S. Rott (Eds.), *Form-Meaning Connections in Second Language Acquisition* (pp. 139–154). Lawrence Erlbaum.

Cadierno, T., & Robinson, P. (2009). Language Typology, Task Complexity and the Development of L2 Lexicalization Patterns for Describing Motion Events. *Annual Review of Cognitive Linguistics, 99*(1), 245–276.

Cadierno, T., & Ruiz, L. (2006). Motion Events in Spanish L2

Acquisition. *Annual Review of Cognitive Linguistics*, 4, 183–236.

Choi, S. (1997). Language-Specific Input and Early Semantic Development: Evidence from Children Learning Korean. In D. I. Slobin (Ed.), *The Crosslinguistic Study of Language Acquisition (Expanding the Contexts)* (Vol. 5, pp. 414–434). Lawrence Erlbaum.

Choi, S., & Bowerman, M. (1991). Learning to Express Motion Events in English and Korean: The Influence of Language-Specific Lexicalisation Patterns. *Cognition*, 41, 83–121.

Choi, S., & Lantolf, J. P. (2008). Representation and Embodiment of Meaning in L2 Communication. *Studies in Second Language Acquisition*, 30(2), 191–224.

Cook, V. (2002). Background to the L2 User Perspective. In V. J. Cook (Ed.), *Portraits of the L2 User* (pp. 1–32). Multilingual Matters.

Cook, V., Bassetti, B., Kasai, C., Sasaki, M., & Takahashi, J. (2006). Do Bilinguals Have Different Concepts? The Case of Shape and Material in Japanese L2 Users of English. *International Journal of Bilingualism*, 10(2), 137–152.

Croft, W., & Cruse, D. A. (2004). *Cognitive Linguistics*. Cambridge University Press.

de Bot, K., Lowie, W., & Verspoor, M. (2005). *Second Language Acquisition. An Advanced Resource Book*. Routledge.

Doughty, C. (2003). Instructed SLA: Constraints, Compensation and Enhancement. In C. J. Doughty & M. Long (Eds.), *The Handbook of Second Language Acquisition* (pp. 256–310). Blackwell.

Ellis, N. (2002). Frequency Effects in Language Processing. A Review with Implications for Theories of Implicit and Explicit Language Learning. *Studies in Second Language Acquisition*, 24, 143–188.

Ellis, N. (2006a). Language Acquisition as Rational Contingency Learning. *Applied Linguistics*, 27(1), 1–24.

Ellis, N. (2006b). Selective Attention and Transfer Phenomena in L2 Acquisition: Contingency, Cuecompetition, Salience, Interference, Overshadowing, Blocking, and Perceptual Learning. *Applied Linguistics*, 27(2), 164–194.

Ellis, N. (2006c). Cognitive Perspectives on SLA. *AILA Review, 19*, 100–121.

Ellis, N. (2008). Usage-Based and Form-Focused Language Acquisition: The Associative Learning of Constructions, Learned Attention, and the Limited L2 Endstate. In P. Robinson & N. Ellis (Eds.), *Handbook of Cognitive Linguistics and Second Language Acquisition* (pp. 372–405). Routledge.

Ellis, N., & Larsen-Freeman, D. (2006). *Language Emergence: Implications for Applied Linguistics. Applied Linguistics*, 27(4), 558–589.

Elston-Guttler, K. E., & Williams, J. N. (2008). First Language Polysemy Affects Second Language Meaning Interpretation: Evidence for Activation of First Language Concepts During Second Language Reading. *Second Language Research*, 24(2), 167–187.

Ely, C. (1989). Tolerance of Ambiguity and Use of Second Language Strategies. Foreign Language Annals, 22(5), 437–445.

Ervin, S. M. (1961). *Semantic Shift in Bilingualism. American Journal of Psychology*, 24, 233–241.

Evans, V., & Green, M. (2006). *Cognitive Linguistics: An Introduction.* Edinburgh University Press.

Gass, S. (1997). *Input, Interaction, and the Second Language Learner.* Lawrence Erlbaum Associates.

Gass, S. (2008, March). *Interaction: From Description to Explanation.* Paper Presented at the LAUD Symposium on Cognitive Approaches to Second/Foreign Language Processing: Theory and Pedagogy.

Gentner, D., & Goldin-Meadow, S. (2003). Whither Whorf. In D. Gentner & S. Goldin-Meadow (Eds.), *Language in Mind. Advances in the Study of Language and Thought* (pp. 3–14). MIT Press.

Hijazo-Gascón, A. (2018). Acquisition of Motion Events in L2 Spanish by German, French and Italian Speakers. *The Language Learning Journal*, 46(3), 241–262.

Ijaz, I. H. (1986). Linguistic and Cognitive Determinants of Lexical Acquisition in a Second Language. *Language Learning*, 36, 401–451.

Ikegami, Y. (2000). *Nihongo-ron e shoutai (An Invitation to Theories of Japanese Language)*. Kodansha.

Imai, M. (2000). Universal Ontological Knowledge and a Bias Toward Language-Specific Categories in the Construal of Individuation. In S. Niemeier & R. Dirven (Eds.), *Evidence for Linguistic Relativity* (pp. 139–160). John Benjamins.

Kaufman, D. (2004). Constructivist Issues in Language Learning and Teaching. *Annual Review of Applied Linguistics*, 24, 303–319.

Kellerman, E. (1995). Cross Linguistic Influence: Transfer to Nowhere? *Annual Review of Applied Linguistics*, 41(3), 251–269.

Kuno, S. (1987). *Functional Syntax: Anaphora, Discourse and Empathy*. University of Chicago Press.

Kusuyama, Y. (2005). The Acquisition of Deictic Verbs by Japanese ESL Learners. *NUCB Journal of Language, Culture and Communication*, 7(2), 31–43.

Lantolf, J. P., & Appel, G. (Eds.). (1998). *Vygotskyian Approaches to Second Language Research*. Ablex.

Lantolf, J. P., & Zhang, X. (2017). Concept-Based Language Instruction. In S. Loewen & M. Sato (Eds.), *The Routledge*

Handbook of Instructed Second Language Acquisition (pp. 146 – 165). Routledge.

Lantolf, J. P. , Xi, J. , & Minakova, V. (2020). *Sociocultural Theory and Concept-Based Language Instruction. Language Teaching,* 54 (3), 1 – 16.

Larrañaga, P. , Treffers-Daller, J. , Tidball, F. , & Ortega, M. C. G. (2012). L1 Transfer in the Acquisition of Manner and Path in Spanish by Native Speakers of English. *International Journal of Bilingualism,* 16(1), 117 – 138.

Larsen-Freeman, D. (2006). The Emergence of Complexity, Fluency, and Accuracy in the Oral and Written Production of Five Chinese Learners of English. *Applied Linguistics,* 27(4), 590 – 619.

Larsen-Freeman, D. , & Cameron, L. (2007). *Dynamic Systems Theory and Applied Linguistics.* Oxford University Press.

Laws, J. , Attwood, A. , & Treffers-Daller, J. (2021). Unlearning the Boundary-Crossing Constraint: Processing Instruction and the Acquisition of Motion Event Construal. *International Review of Applied Linguistics in Language Teaching,* 60, 1089 – 1118.

Levinson, S. C. (1996). Relativity in Spatial Conception and Description. In J. J. Gumperz & S. C. Levinson (Eds.), *Rethinking Linguistic Relativity* (pp. 177 – 202). Cambridge University Press.

Liu, X. (2015). Language transfer in learning Japanese and interlanguage development. *US-China Foreign Language,* 3(4), 236 – 244.

Lucy, J. (1992). *Grammatical Categories and Cognition: A Case Study of the Linguistic Relativity Hypothesis.* Cambridge University Press.

Lucy, J. , & Gaskins, S. (2003). Interaction of Language Type and Referent Type in the Development of Nonverbal Classification Preferences. In D. Gentner & S. Goldin-Meadow (Eds.), *Language in Mind* (pp. 465 – 492). MIT Press.

MacWhinney, B. (1997). Second Language Acquisition and the Competition Model. In A. M. B. De Groot & J. F. Froll (Eds.), *Tutorials in Bilingualism: Psycholinguistic Perspectives* (pp. 113–142). Lawrence Erlbaum.

Majid, A., Bowerman, B., Van Staden, M., & Boster, J. S. (2007). The Semantic Categories of Cutting and Breaking Events: A Crosslinguistic Perspective. *Cognitive Linguistics, 18*(2), 133–152.

McDonough, L., Choi, S., & Mandler, J. M. (2003). Understanding Spatial Relations: Flexible Infants, Lexical Adults. *Cognitive Psychology, 46*(3), 229–259.

Nakao, K. (1998). The State of Bilingual Lexicography in Japan: Learners' English-Japanese/Japanese-English Dictionaries. *International Journal of Lexicography, 11*, 35–50.

Odlin, T. (2005). Crosslinguistic Influence and Conceptual Transfer: What Are the Concepts? *Annual Review of Applied Linguistics, 25*, 3–25.

Oe, S. (1975). *Nichi Eigo no Hikaku Kenkyu: Syunkansei o Megutte (A Contrastive Study of Japanese and English: With a Focus on Subjectivity)*. Nanundo Press.

Ozcaliskan, S. (2007). Metaphors We Move By: Children's Developing Understanding of Metaphorical Motion in Typologically Distinct Languages. *Metaphor and Symbol, 22*(2), 147–168.

Park, H. I. (2020). How Do Korean–English Bilinguals Speak and Think About Motion Events? Evidence from Verbal and Non-Verbal Tasks. *Bilingualism: Language and Cognition, 23*(3), 483–499.

Pederson, E., Danziger, E., Wilkins, D., Kevinson, S., Kita, S., & Senft, G. (1998). Semantic Typology and Spatial Conceptualization. *Language, 74*, 557–589.

Roche, J., & El-Bouz, K. (2018). Raum für Grammatik. *Zeitschrift fur*

Interkulturellen Fremdsprachenunterricht, 23(2).

Roche, J., & Scheller, J. (2008). Grammar Animations and Cognition. In *Handbook of Research on Computer-Enhanced Language Acquisition and Learning* (pp. 205–218). IGI Global.

Rost, M. (2002). *Teaching and Researching Listening.* Longman.

Schmidt, R. (1990). The Role of Consciousness in Second Language Learning. *Applied Linguistics, 11*, 17–46.

Schmidt, R. (1993). Consciousness, Learning, and Interlanguage Pragmatics. In G. Kasper & S. Blum-Kulka (Eds.), *Interlanguage Pragmatics* (pp. 21–43). Oxford University Press.

Singleton, D. (1995). Introduction: A Critical Look at the Critical Period Hypothesis in Second Language Acquisition. In D. Singleton & Z. Lengyel (Eds.), *The Age Factor in Second Language Acquisition* (pp. 1–29). Multilingual Matters.

Singleton, D. (1999). *Exploring the Second Language Mental Lexicon.* Cambridge University Press.

Slobin, D. (1996). From "Thought and Language" to "Thinking for Speaking". In S. Gumperz & S. Levinson (Eds.), *Rethinking Linguistic Relativity* (pp. 70–96). Cambridge University Press.

Slobin, D. I. (2000). Verbalized Events. A Dynamic Approach to Linguistic Relativity and Determinism. In S. Niemeier & R. Dirven (Eds.), *Evidence for Linguistic Relativity* (pp. 108–138). John Benjamins.

Slobin, D. (2003). Language and Thought Online: Cognitive Consequences of Linguistic Relativity. In D. Gentner & S. Goldin-Meadow (Eds.), *Language in Mind: Advances in the Study of Language and Thought* (pp. 157–192). MIT Press.

Stam, G., Urbanski, K., Lantolf, J., & Smotrova, T. (2023). How Concept-Based Language Instruction Works in Teaching Thinking for

Speaking in an L2. *International Review of Applied Linguistics in Language Teaching, 61*(1), 111–153.

Suñer, F., & Roche, J. (2021). Embodiment in Concept-Based L2 Grammar Teaching: The Case of German Light Verb Constructions. *International Review of Applied Linguistics in Language Teaching, 59*(3), 421–447.

Talmy, L. (1985). Lexicalisation Patterns Semantic Structure in Lexical Forms. In T. Shopen (Ed.), *Language Typology and Syntactic Description (Grammatical Categories and the Lexicon)* (Vol. III, pp. 93–121). Cambridge University Press.

Talmy, L. (2000). *Toward a Cognitive Semantics (Typology and Process in Concept Structuring)* (Vol. II). MIT Press.

Tomasello, M. (2003). *Constructing a Language. A Usage-based Theory of Language Acquisition.* Harvard University Press.

Treffers-Daller, J., & Aveledo, F. (2023). Approaching Motion in a Second Language: How Bilinguals Restructure Motion Event Expressions Inside and Outside the Classroom. *International Review of Applied Linguistics in Language Teaching, 61*(1), 1–12.

Verspoor, M., & Nguyen, H. T. P. (2015). A Dynamic Usage-Based Approach to Second Language Teaching. In *Usage-Based Perspectives on Second Language Learning* (pp. 305–328). Walter de Gruyter GmbH & Co KG.

Walker, C. (2008). *A Corpus-Based Study of the Linguistic Features and Processes Which Influence the Way Collocations Are Formed.* Unpublished PhD Dissertation. University of Birmingham.

Wang, Y., & Wei, L. (2022). Multilingual Learning and Cognitive Restructuring: The Role of Audiovisual Media Exposure in Cantonese-English-Japanese Multilinguals' Motion Event Cognition. *International Journal of Bilingualism, 27*(3), 13670069221085565.

Williams, J. N. (2005). *Learning Without Awareness. Studies in Second Language Acquisition, 27*(2), 269-304.

Zelazo, P. D., & Jacques, S. (1996). *Children's Rule Use: Representation, Reflection and Cognitive Control. In R. Vasta (Ed.), Annals of Child Development, vol. 22* (pp. 119-176). Jessica Kingsley Press.

3 范畴之外：作为辐射范畴的词语、语素、"语法规则"、语音特点以及语调模式

3.1 引言

在上一章中，我们开始着眼于"语言范畴"的认知语言学研究路径。在认知语言学中，语言范畴的概念一直惯用于解释单个的词、语素、词性、甚至语调模式的多义性。学习目标语言话语社区使用的规约范畴是二语习得一个关键要素，从而使产出的语言读起来、听起来都会比较自然(Tyler，2012)。

根据认知语言学家的观点，一个词的不同意义在同一个辐射范畴内运作，通过隐喻和转喻等过程相联系。是否掌握一个词的不同意义及其有关方面的知识是衡量词汇深度(vocabulary depth)的重要标准之一(Read，1993)，也是无论在一般场合(Read，1993)还是在学术场景(Read & Dang，2022)中语言学习的一个重要方面。本人曾提出(Littlemore & Low，2006)，语言学习者应注意目标语言中对词义进行修辞化拓展的规约方式。例如，大多数英语学习者很早就能明白"*hand*（手）"是指身体的一个部位。而逐渐地，他们会在其他语境中遇到该词的隐喻拓展义，例如"时钟的指针(hands of a clock)"或指南针的指针(hands of a compass)，或使用其转喻拓展义，如当有人请求"递给他们一支笔(hand them a pen)"或"搭把手(give them a hand)"。认知语言学的观点是,"*hand*"一词所有可能的词义在同一个辐射范畴中相互关联,其中 *hand* 的基本意义是该范畴的原型。

如第二章所示,人类大脑本能地倾向对外界刺激加以分类,从而理解其意义并将其与先验知识相联系。人们所形成的范畴本质上是灵活和辐射性的,因为一部分成员比另一部分成员更靠近范畴的中心。我们将在本章中看到,这一现象对语言学习具有重要启示,因为灵活范畴的概念不仅适用于单个的词和语素,也适用于"语法规则"、语音特征和语调模式。为了简单起见,我们先来看单个的词。

3.2 作为辐射范畴的单个的词和语素

认知语言学中,认为单个单词的不同意义构成了一个辐射范畴,最基本的意义位于范畴中心,修辞性的意义向边缘伸展(Taylor,2002)。例如,在以下来自柯林斯英语语料库的例句中(图 3.1),我们可以看到单词"*through*"从更中心或"更原型"(如示例 4、5 和 18)的位置过渡至更边缘或更抽象(如示例 1、2、14 和 20)的用法。

不难发现,图 3.1 的 *through* 有多处均用作隐喻或转喻。事实上,隐喻和转喻是意义拓展的两个主要过程。第五章和第六章将深入探讨隐喻和转喻,但现在我们先回到范畴这一概念上。图 3.1 的例句其可能所在的辐射范畴如图 3.2 所示。目前有关辐射范畴中多义词项的意义如何相互关联、尤其是短语动词方面已有大量研究(如 Mahpeykar,2018;Mahpeykar & Tyler,2015;Tyler,2012)。

```
1      as a `recovery" movement sweeps through the talk shows of middle America.
2         of thinking about values comes through in this quote from Kohlberg (1984,
3         of intercultural understanding through games and multicultural
4      including Barents, on the way back through what is now called the Barents
5      and are quite capable of diffusing through metal films. Because it so readily
6        by decree. <p> Valdema Veronin: (Through translator) We've already had
7         pledged to help the Soviet Union through the upcoming difficult winter,
8      but
9      so schmaltzy that you have to wade through it with hip boots." It's typical
10              There are efforts ongoing through the good offices of Ambassador
11     Repeated </subh> Henry was eased through by a cunning flick from Kanu but
12     Chelsea's dominance. <p> By mid-way through the second half, Chelsea were in
13     we showed sheer determination right through to the end." <p> Ferguson was
14     HQ. <p> The letters were dropped through the front door of Chris's Surrey
15           Brown is now out for a month through injury so Cregan is trying to get
16      the end of November. But he played through the pain barrier in a vain bid
17     to
18         Skopje -- said: `We have been through the worst experience of our lives.
19           as cheeky Tony charmed viewers through the years. His joy at becoming
20     a
       raced in and fired a drive that spun through the air, round the wall and curled
       bit. `You mean - she'll have to read through all those? Why?" <p> Don't you
       trying several times I failed to get through to either of them. <p> Desperatio
```

图 3.1　柯林斯英语语料库中"through"不同但相关的意义

不同语言在词义拓展的方式上具有较大差异。因此,尽管许多词的基本意义高度相似,但指向范畴边缘的修辞意义往往相去甚远。例如,我们(Littlemore & MacArthur,2007)就英语和西班牙语中的词——*thread*(*hilar*)和 *wing*(*letear*)展开了详细的语料库研究,发现有证据表明两对单词在各自语言中都是辐射范畴,但范畴的性质却非常不同。我们发现,在柯林斯英语语料库中,方式—运动的动词 *to thread* 经常用作及物动词,例如,一名足球运动员在几位对手之间"穿插(threading a pass)"传球。它还用以表示"穿行"于林中小道(paths "threading" their way through a forest);同时,谈及文学时还用作极为抽象的意义:"友谊、残酷、纯真和记忆,回望中思绪万千(threading the nostalgia with reflections on friendship and cruelty, innocence, memory)"。在西班牙语语料库(The Corpus de Referencia del Español—"CREA"—http://corpus.rae.es/creanet.html)中,*hilar*("穿针引线")经常出现在习语 *hilar fino* 里,大致翻译为"精纺",意思是做事一丝不苟。*hilar* 在西班牙语中经常用来指动作或事件接二连三地发生,但是这种用法在英语中并不常见。如这一小型语料库研究所示,尽管不同语言中词的修辞意义时有重叠,但更多时候大不相同。在以下的 3.2.1 节中,我将探讨这些差异在多大程度上对语言学习者造成困难,并提出相应的建议以帮助他们应对这些问题。

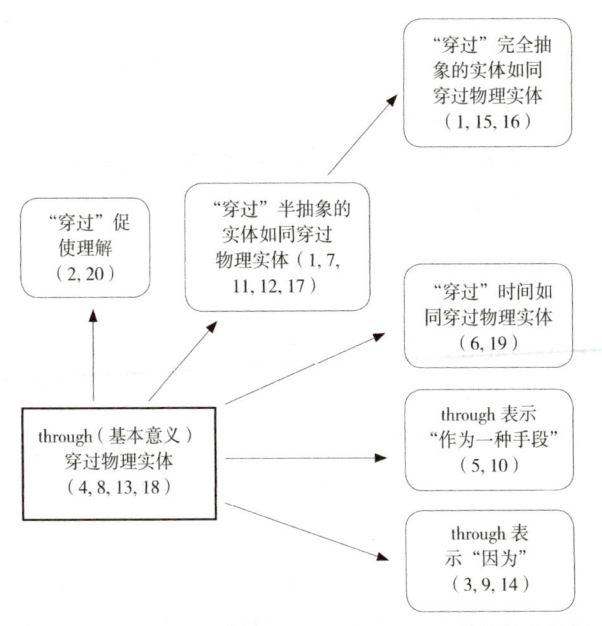

图 3.2 **through** 的辐射范畴图式,基于图 3.1 的语料库数据
(括号内的数字指图 3.1 的示例)

我们展开的这项研究中(ibid)还发现,越是修辞性的用法(也许被视为位于辐射范畴的边缘)其短语特征模式的标记性尤为显著。这些短语模式与特定的意义紧密关联。例如,柯林斯英语语料库中有许多表示虚拟运动的例子(即,将路或道等静态事物描述得似乎会移动一般),其中许多都是通过短语"*its way through*"来表示,如"The river threaded its way through the hills(河流在山间穿行)"。这种特殊短语模式的缩写形式通常表示虚拟运动的一种抽象性拓展,如"Slavery threaded its way as an issue, a concern, and eventually a threatening problem through the fabric of American democracy"(奴隶制作为一个问题、一种忧患贯穿于美国的民主结构中,最终还会成为威胁),而另一种抽象用法与"together"一起出现,如"He manages to thread his ideas together(他设法把他的想法串在一起)"、"Threading two words together"(把两个词串联在一起)。另一种抽象用法是使用被动语态标记,如"The novel is threaded with the effects of slavery(小说以奴隶制的影响为线索)"、"Threaded into the book is the sense that…(书中的主线是……)"。

这些发现与Deignan(2005)基于语料库数据的观察结果一致,即词的修辞意义通常由特定的短语特征模式来标记。Gries(2006)指出,处于范畴中心更加原型的意义不太可能表现出固定的短语模式。正如我们下面会看到,处于范畴边缘、越是抽象的意义越有可能有固定的短语特征模式,这对语言学习和教学也有重要意义。

除了整个单词,单个的语素也在辐射范畴内运行。正如Evans和Green(2006)指出,意大利语的指小词缀"cchiare"有多种相关的意义。它们都带有微缩的意思,但实际意义取决于指小词缀所附加的单词。例如,当附着到意大利语单词"睡觉"(*dormire*)时,它有"打盹"(*dormicchiare*)的意思;当附着到单词"工作"(*lavorare*)时,它有"敷衍地工作"(*lavoricchiare*)的意思;当附着到单词"说话"(*parlare*)时,它的意思是"口出恶言"(*parlucchiare*)。因此,对于语言学习者来说,试图确定意大利语指小词缀的单一含义可能是无益的,视其具有一系列互不关联的意义也可能不合适。从语言学习的视角来看,看待意大利语指小词缀最有用的方式是依据辐射范畴,它的所有意义在某种程度上(但不完全)都是由"小"或"缩小"的概念所驱动的。

日语中的语素 *hon*(意为细长的物体)也依据辐射范畴机制。我们在第二章中看到,在日语中,细长的物体构成了一个范畴。这里,我们可以看到范畴"*hon*"如何从其基本意义基于修辞拓展从而包括了更多"隐喻性"的细长物体。Lakoff(2007)列出了以下物体,均可以用这个语素表示:

铅笔
柔道比赛
棒球中的击球
篮球中的投篮
磁带卷
打电话
广播和电视节目
电影
医疗注射

在这些物体中,只有铅笔的原型是细长的,其余的则需要借由隐喻或转喻拓展过程才能理解为什么它们也属于细长类的物品。例如,过去,电影储存在长胶片上(这种识解可能已延伸至广播和电视节目中），电话靠细长的电线接通，医疗注射需要长的注射器。柔道比赛和广播节目也用 *hon* 表示，也许是因为它们既有开头也有结尾。有趣的是，日本新潟的柔道学院表示，过去的柔道比赛时间比现在长得多，有时长达两个小时，这为 *hon* 在该语境下的用法提供了历史的视角。隐喻与转喻是人们用于形成和维系辐射范畴的关键认知过程，也是理解新的范畴化系统时所需要的认知灵活性的核心要素，因此第四章和第五章将更详细地探讨隐喻与转喻的认知过程。

Taylor(2008)对*所有*单词都可被视为具有可识别原型的辐射范畴的观点持一定的怀疑态度。Taylor 援引的例子是单词 *cardinal*，该词从原意"主要的"[如"cardinal sins（重罪）"]演变成指一个教会官员，再到其长袍的深红色，最后到指具有同样颜色的蝴蝶。Taylor 指出，对于英语母语者而言，上述意义不太可能都存在于具有同一心理现实性的范畴中。如果从历时而非共时的角度来看，*cardinal* 的意义只构成一个辐射范畴，对于语言学习者而言，通过该词的原始意义理解其他意义并不容易。然而，将如下文所见，还有许多词汇其不同意义之间的确存在明确关联并且符合描述为辐射范畴的标准。事实上，认知语言学认为，部分单词比其他单词更适合被视为辐射范畴，因为辐射式范畴本身可以以不同的原型程度呈现。

Taylor 引用的第二个例子是 *long*，该词既有空间意义，也有时间意义。Taylor 认为，这两种意义对英语使用者来说可能同样重要并具有核心作用，不太可能存在能兼有两者的同一个"心理现实"范畴。相反，他认为，这两种意义可能会形成彼此独立但同等重要的范畴。事实上，收录了母语者和非母语者的英语口语表达的密歇根大学学术口语语料库（MICASE）(http://quod.lib.umich.edu/m/micase/)(1,848,364 词)中，*long* 一词的绝大多数用法与时间有关,而非距离,因此将这两种意义视为在同一个范畴中运作可能会过于理想(artifical)。这支持了 Taylor 的观点,即人们可能会形成"局部"的原型,而这些原型本身就是规约的。这一质疑与 Lakoff 对 *hon* 的分析有一定关系,因为此处所涉及的范畴可能不止一个。上述例子既指物理空间上的长,也指时间上的长,或兼而有之。尽管 *long* 的例子揭示了将单词视为辐射范畴的潜在问题,但还是建议将其视为一个特例,因为如下文所见,的确有许多其他单词围绕同一个原型形成簇集。

3.2.1 单词和语素在辐射范畴中运作的观点对第二语言学习者和教师有何帮助?

上一节的讨论表明,在认知语言学范式下,单词和语素通常在辐射范畴内以位于范畴中心基本的原型意义向位于边缘的修辞意义拓展。而隐喻和转喻是推动意义拓展的最常规的原则。那么,这对第二语言学习者意味着什么,又如何帮助他们学习语言呢?

人们注意到非母语者不太使用词语的隐喻意义,更多时候只愿意使用字面意义,也就是认知语言学所描述的位于范畴中心的意义(Danesi,1992)。事实上,如果我们观察 *saw* 一词在 MICASE 中的用法,并将母语者和非母语者进行对比,会发现母语者更多地使用边缘的、修辞的意义,例如:

按照我的	看法	我们会拥有一切
所以某个部门	认为	他们是一种威胁
还是管理层	视为	其目标? 是吗
然后在六十年代	见证	了巨大努力
美国	经历	了一系列的经济发展

相比之下，非母语者对 *saw* 的使用更加直白：

种植园，就像你之前	看到	的那个，但实际位置
你刚刚	看到	的那个种植园在这边
在你	看到	的画在这里的圆圈里……
在电子上，我们实际上	看到	了缪子等粒子
非常令人兴奋的时刻，你如果	看到	这些图片就会……

有意思的是，该语料库中的非母语者大多数为在美国大学学习的高年级学生，每天沉浸在母语输入的环境中。也许这种情况属于习得不注意(learned inattention)(见第二章)。尽管学生不乏身处大量语言事实表明的 *saw* 最常见于其修辞意义，但学生们似乎没有注意到这一点，说明可能出于某种原因，这个词在输入中并不明显。另一种可能是，他们理解这些修辞用法，但是没有信心使用它们。无论如何，词义的修辞性拓展也许更适用于显性教学。

有实证研究也发现，语言学习者倾向于避开使用比喻意义，而更热衷于使用原型意义。例如，Alejo(2008)基于语料库的研究中发现，即使是在目标语言环境中生活和工作的高水平英语学习者也比母语学习者更依赖原型意义。该研究结果也说明了母语迁移是重要的影响因素。Alejo 使用 MICASE 学习者语料库(见上文)比较了母语为卫星框架语言(如英语)的英语学习者和母语为动词框架语言(见第二章)的学习者在短语动词使用模式上的差异，重点关注与 *out* 搭配的短语动词。他发现，没有证据表明前者具有避开使用这些短语动词的倾向，但后者的确回避比较明显。因此，人的母语似乎是影响这个方面二语产出的主要因素。然而，当他更仔细地观察所使用的短语动词、搭配以及小品词的含义时，发现非母语者(不论一语背景如何)都倾向于选择原型(方位)意义,并且所使用的短语动词类型比母语者更少。这表明,即使是日常生活中处在英语环境下的高水平英语学习者也倾向于避开范畴边缘。除迁移外,同样值得探讨的是习得注意和频率效应,因其可能会成为影响这类语言习得的潜在变量。

从某些方面来看,语言学习者比母语者更依赖辐射范畴中心并不意外,因为在一个以用法为基础的系统中,母语者会通过在多个话语情境中所接触的单词来构建其语义拓展的潜在知识。学习者没有机会进行如此频繁、有意义和多样的交际互动,因此上述表现也实属正常。我们的一项实证研究(Littlemore & MacArthur,2012)发现,感知范畴边缘的意义时,即使是高水平的英语学习者也低于母语者。这项研究在前文已有提及("threaded"/"threading";"winged/winging")。我们比较了母语为英语和西班牙语的学习者有关以上词汇范畴感知的直觉思维,基于语料库的对比研究发现:

- 与母语者相比,即使高水平语言学习者对靠近范畴边缘的意义及其相关知识的掌握也比较有限;
- 相较于语料库数据,母语者和非母语者的直觉数据都相对匮乏;
- 即使在母语者中也存在较大差异,年轻的比年长的母语者掌握的语言知识更少;
- 在语料库数据和直觉数据中,均体现出不同的单词形式催生不同的意义和短语结构;
- 母语者的直觉数据很大程度上反映了参与者的背景;
- 流行文化对直觉数据影响较大,表明这种知识是动态和不稳定的;
- 固定的短语结构模式似乎可以帮助母语者获得更多的意义。

这些发现表明,辐射范畴知识需要终身积累。比起脱离语境的、受控制的场景,人们在自然交际语境中更容易获得这些知识,这也强调了语言加工与产出"以使用为基础的"本质。此外,同样重要的是,类似于词汇学的所有方面,辐射范畴知识随时间的推移会发生明显的波动,因此即使达到相当高的水平的学习者也会缺乏这种知识。

详细的语料库研究揭示了学习者可能避免使用的不仅仅是范畴边缘的意义,有时还包括整个意义分支。Mahpeykar(2008)对 MICASE 中母语者和非母语者使用 out 一词所进行的深入研究发现,后者对 out 的修辞/边缘意义的使用频率明显较低,而且母语者和非母语者使用的意义范畴存在着显著的不对称性,甚至有些意义在非母语者的数据中完全缺失。Mahpeykar 的研究旨在使用语料库数据检验最初由 Rudzka-Ostyn(2003)提出的 out 的意义范畴,并提出了一组略微不同的范畴。Mahpeykar 的新范畴系统和统计数据显示了英语母语者和非母语者对 out 不同范畴的使用情况,详见图 3.3(a,b)。在此图中,Mahpeykar 使用了认知语言学术语"轨迹(trajector)"和"边界(boundary)",分别指代正在离开的东西以及所离开的容器的边缘。

有趣的是,在 Mahpeykar 的研究中,非母语者更频繁地使用基本意义,以及第 2 种意义(人们从容器内移动到容器外)和第 3 种意义(将集合和群体概念化为容器),而对第 4 种意义(视身体、思想和嘴巴为容器)和第 7 种意义(轨迹变强到或超过最大边界)的使用较少。虽然 Mahpeykar 没有说明这些发现是否具有统计学意义,但她指出母语者和非母语者之间存在的差异确实显著,值得深入探究。在她的研究中,前者使用了后者较少使用的范畴,并且研究数据源自相同的语境,这表明非母语者肯定经常接触这些范畴。用 Ellis(Ellis,2006a,2006b,2006c;见本书第 2.6 节)

"out"的语义范畴	图示图
1. "out"的基本意义：实体移出物理容器 　　例如：*come out*（出来）、*take out*（取出）、*pop out*（弹出） 　　（1a）转喻延伸：例如：*hew out*（凿出）、*carve out*（开辟出） 　　（1b）对（1a）的转喻延伸：*print out*（打印出来）、*make out*（制作出来）	
2. 人们从容器内移动到容器外 　　例如：*go out*（出去）、*invite out*（邀请）、*push out*（推出去）	
3. 将集合和群体概念化为容器 　　例如：*filter out*（过滤掉）、*take out*（取出）、*pick out*（挑选出）	
4. 视身体、思想和嘴巴为容器 　　例如：*say out loud*（大声说出来）、*look out*（展望）、*throw out*（扔出）	
5. 视状态/情况为容器 　　例如：*come out (of a situation)*［走出（一种情况）］	
6. 发生或看到一种行为 　　例如：*check out*（核实）、*find out*（找出）、*make out*（辨认出）	
7. 轨迹变强到或超过最大边界 　　例如：*sent out*（发出）、*put out*（拿出）、*splash out*（飞溅） 　　（7a）边界被占领，但未越过：*draw out*（绘制）、*fill out*（填写）、*write out*（写下）	
8. 轨迹变弱到或超过最小边界 　　例如：*run out*（用完）、*cancel out*（取消）、*phase out*（淘汰）	

图3.3 (a)"out"的意义

范畴	1	2	3	4	5	6	7	8
非母语者	23%	5%	14%	1%	3%	38%	11%	5%
母语者	11%	1%	4%	11%	4%	35%	30%	4%

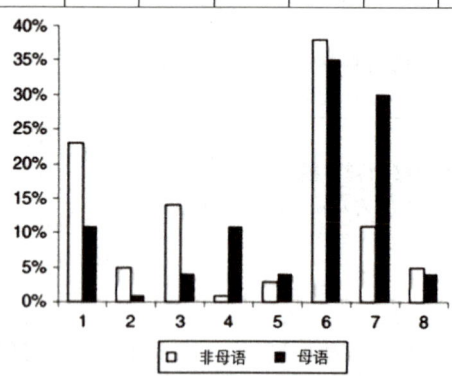

图3.3 (b)统计数据分别显示了英语母语者和非母语者对out不同范畴的使用情况(Mahpeykar,2008)(经作者许可转载)

的观点,即,他们应该有足够的数据进行概率处理和附带学习。因此,为找到某些意义在语料库中使用频率相对较低的原因,我们需要考虑Ellis提出的其他因素,如习得不注意、一语干扰以及固化等概念。对学习者来说,这些意义完全有可能存在于学习者的接受性词汇中,但却没有演变为产出性词汇。这也值得我们将其作为案例展开进一步的研究,探讨学习者只能习得英语介词某几种意义的原因。

Mahpeykar的研究结果可能部分归因于母语迁移现象。所有语言中的单词均可通过修辞拓展的方式发展出多种含义,尽管一种语言中某个术语的修辞拓展义可能在另一种语言中找不到对等的表达。Mahpeykar研究中,高水平的学习者倾向避免使用词汇的某些意义的现象表明,语料库中学习者的第一语言可能并不存在这些义项,是否如此还有待进一步证实。不论成因如何,她的发现表明,学习者在二语文化中生活和学习一段时间后,学习者并不会自动掌握范畴中的所有词汇义项,某些义项会被系统性地规避。这意味着,显性教学在发展学习者对二语词汇和语素在辐射范畴中灵活使用的敏感性方面可能扮演重要角色,也有助于帮助学习者更细致地探索这些语言项目在范畴中的意义。

将辐射范畴明确纳入第二语言教材的方式之一是编写语法教学大纲,从原型表述开始,逐渐聚焦位于范畴边缘的真实世界中的语言(Shortall,2002)。也就是说,可以先让初学者学习单词的原型意义,再系统地将非原型义项引入教学大纲中。某种程度上,先引入较为基本、原型的含义,接着过渡至范畴的边缘。不过也需要向学生介绍一些特例,如位于范畴边缘的高频义项,以及非典型却实用的固定表达。

诚然,此类教学大纲有其价值,但可行性却不高,因为如果每个单词或构式都以这种方式呈现,就会导致一些教学内容过于刻意。同时,语料库语言学研究也表明,范畴是围绕语素而非单个单词形成,例如,*eye*(单数)的意义模式与 *eyes*(复数)相去甚远。即使认知语言学家设计课程时再认真,要达到这种精度也属实不易。更重要的是,Shortall 的观点建立在词的不同义项位于同一个连续统上这一假设。然而,对多义词的语料库研究表明,情况并不一定如此,意义可能向不同的方向延伸并经常重叠。例如,我们在研究中(Littlemore & MacArthur,2007)提出了英语单词"*threading*"的意义模式(如图 3.4 所示)。尽管图 3.4 中的意义相关程度高,但它们的确似乎沿着不同的分支平行发展,因此难以被同时纳入一个完全线性的教学大纲中。因此,与其试图寻找意义发展的某种"顺序"并依次展开教学,不如向学习者同时介绍几种意义,并让他们自己捋清意义之间的隐喻和转喻关系。因此,辐射范畴的概念将有助于解释单词的

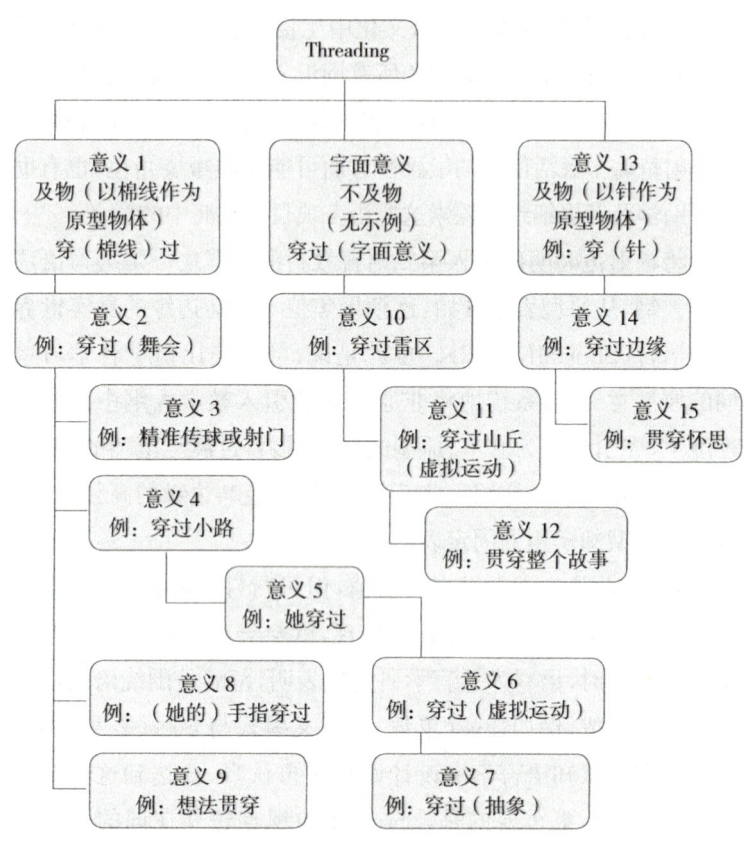

```
                    Threading
         ┌─────────────┼─────────────┐
      意义 1         字面意义         意义 13
    及物（以棉线作为    不及物         及物（以针作为
     原型物体）      （无示例）       原型物体）
     穿（棉线）过    穿过（字面意义）    例：穿（针）
         │             │             │
      意义 2          意义 10         意义 14
    例：穿过（舞会）  例：穿过雷区    例：穿过边缘
         │             │             │
      意义 3          意义 11         意义 15
    例：精准传球或射门 例：穿过山丘   例：贯穿怀思
                    （虚拟运动）
         │             │
      意义 4          意义 12
    例：穿过小路     例：贯穿整个故事
         │
      意义 5
    例：她穿过
      ┌──┴──┐
   意义 8   意义 6
  例：（她的）例：穿过（虚拟运动）
   手指穿过
   意义 9   意义 7
  例：想法贯穿 例：穿过（抽象）
```

图 3.4　柯林斯英语语料库中 *threading* 的意义
（Littlemore & MacArthur, 2007）

具体意义与更抽象的修辞意义之间的关系，也可以说明修辞意义为何通常出现在某些固定的短语结构中。这是我在早期的研究中就提出过的想法，特别有关 *this* 和 *that* 的教学。在我们的另一项研究中（2006），我们建议可以将几种用法一起呈现，并且在课堂上利用"近"和"远"这一对基本义解释抽象和比喻的表达，例如"what's that?（那是什么?）"、"that was delicious(那很好吃)"、"you're going to love this(你会喜欢这个)"。事实上，研究表明，在抽象词汇的教学中，向学习者介绍该词的原型意义比聚焦语境线索的长期记忆效果更佳(Boers，2004)，并且最好教授原型意义而非抽象意义(Verspoor & Lowie，2003)。

　　Tyler 和 Evans(2004)对 *over* 一词辐射范畴机制的教学方法进行了实际描述。他们认为，首先应该介绍其原型意义，并且可以利用图表和肢体动作来阐述原型意义与该范畴中其他义项的关系。在他们看来，上述方式应该有助于克服语言学习者避免使用短语动词的倾向。事实上，几项研究已经证实了这样的预想(如 Kohl-Dietrich 等，2016；Kohl-Dietrich，2019；Kövecses & Szabo，1996)。与接受传统教学的学生相比，接触过整个范畴的学习者对短语动词意义的记忆时间似乎更持久。事实上，现在有大量证据表明让学习者注意到概念范畴在增强词义之间关系上的作用带来了教学上的积极优势。Andrea Tyler(2012)的专著《认知语言学与第二语言学习：理论基础与实验证据》对这类研究做过非常全面的综述，特别是在介词和情态动词的教学方面。在这本书中，Tyler 报告了她自己的研究结果，是对引导学习者注意介词和情态动词所处的多义网络的规则性特征以助力教学强有力的支持。Castañeda Castro(2004)也概述了类似的西班牙语情态动词教学方法。

　　让学习者同时了解所有意义的另一种方法是使用语料库。该方法有时也被称为"数据驱动的学习"(Johns，1991，1994)，指的是向学习者展示来自真实语言的语料库中多个目标语言实例，并要求他们对其中的语项可能具有的意义形成自己的想法(此处，我特意避免使用"规则"一词)。例如，通过观察图 3.1 中单词 *through* 的语料库数据，学习者可能会形成一个类似于图 3.2 的辐射范畴图，或自己制作一张不同的图。鼓励学生自己制图可能会比由教师直接展示效果更佳。制图方法没有对错之分，对语言学习者而言，带有个人风格的图（只要能反映词的真实意义）可能比只由老师展示的图更有意义，更便于记忆。在语言课堂上使用语料库帮助学习者以这种方式建立范畴可以加快范畴知识的习得，因其可以使学习者一次性接触到一个单词的所有形态、促进他们形成灵活的理解方式，以及在不同意义之间转换的能力。通过这种显化的教学习得语言是否可以轻松地转化为隐性知识，这个方面的研究还有待进一步展开（见第3.3.1节）。

MacArthur 和 Littlemore（2008）研究了这种基于语料库的方法对学习者了解英语和西班牙语的名词动用（denominal verbs）（即源于名词的动词）的效果。选择名词动用的原因是它们的多义性程度较高，而且不同意义之间具有明显的隐喻或转喻关系。隐喻和转喻是多义词中词义扩展的两个基本过程（Verspoor，2008）。在研究中，我们选取了一些英语和西班牙语中的名词动用用法，并要求两组中高水平的学生（11名英语学习者和6名西班牙语学习者）在语料库中查找它们。随后，学生需要使用语料库数据找出名词动用的意义。西班牙语学生需要使用 CREA 当代西班牙语参照语料库找出动词 *monear*（"to monkey"，意为"爬"）、*torear*（"to bull"，意为"躲"）和 *ningunear*（"to nobody"，意为"忽视"）的意义；英语学习者需要使用英国国家语料库（http://www.natcorp.ox.ac.uk/）找出诸如 *to snake*、*to worm* 和 *to mushroom* 等动词的意义。我们感兴趣的是学生如何使用语料库中的实例来理解这些单词的意义以及哪些因素有助于记忆的强化。由于分组样本较小以及所用的例子并非平行，该研究得出的结果并不具备普遍意义；不过，研究提供的定性数据非常丰富，让我们了解到这些学生如何处理语料库数据的信息。我们的主要发现是，在多数情况下，学生能够基于基本意义去理解更为边缘的意义，而且他们注意到了经常与边缘意义共现的特定短语。当然,还需要加大研究力度以证实接触二语语料库是否的确有助于学习者习得通常来自内隐式学习所习得的那种灵活范畴。

在本节最后,笔者想引述 Isabel Cisneros(1992)《三个月学会西班牙语》的部分内容。该书专门设有一个章节讲解西班牙语中的增强语(augmentative)和指小词(diminutive),如上文提到的意大利语词一样,它们在辐射范畴中运作,不同意义之间存在明确关联。Cisneros 在介绍这一节时写道(第136页):

> Certain augmentative and diminutive endings are added to nouns, to qualify their meaning. As the use of these terminations can present considerable difficulties, without a thorough knowledge of the language, the student is advised to employ adjectives instead.
>
> (名词后添加某些增强语和指小词缀,以限定意义。如果语言知识储备有限,使用这些词缀会造成相当大的困难,因此建议学生使用形容词来代替。)

这种介绍方式不尽如人意,因为学生甚至还没开始学习就要被劝退。更理想的方式是将各种词缀作为重叠的辐射范畴加以呈现,或者给学生自己解决该问题的机会。这种方法更能激发学生的积极性和主动性,而不是简单地说:"这有一系列的内容,但你可能会觉得它们太难学了,如果我是你,就不这么费事"。作为语言教育工作者,我们可以做得更好。

3.3 作为辐射范畴的语法规则

认知语言学家认为,辐射范畴的概念也适用于"语法"层面。这也并不奇怪,因为在认知语言学家和语料库语言学家看来,语法和词汇不可分割。语法特征之所以在辐射范畴中运行,很大程度上是因为大部分语法成分最初以词汇的形式出现在语言中。经过"语法化"过程,它们变得去词汇化,在意义上更具语法性,这一观点将在第八章中深入讨论。

为说明"语法规则"在辐射范畴中运行,我们以 Lakoff(1970)的及物动词为例。及物动词通常至少具有三种定义特征。首先,它们通常可以被名词化,如 *drive* 名词化为 *driver*, *teach* 名词化为 *teacher*,*write* 名词化为 *writer*,等等;其次,它们通常具有动词 + able(可)的构式特征,如 *readable*、*countable*、*manageable* 等;其三,大多数可以进行被动语态转换(passivization),如"her great uncle was eaten by cannibals(她的叔叔被食人族吃了)"、"nothing has been delivered yet(什么都没有交付)"、"the proposal was attacked by the unions(该提案受到了工会的攻击)"(英语柯林斯语料库)。同时具备这三个特征的及物动词更有可能出现在范畴的中心位置。与所有辐射范畴一样,这些动词也可能是最具体和最直白的。

Lakoff 认为,并非所有及物动词都同样适合这些过程,有些及物动词(即更靠近范畴边缘的动词)就无法做到。他列出了以下编号为(13)—(15)例子,认为它们在英语中是"不可能"这样使用的:

(13) *(sic) John was the knower of that fact (Lakoff, 1970:20)

(原文如此)John 是事实的知情者

(14) *(sic) The lighthouse is spottable (Lakoff, 1970:32)

(原文如此)灯塔可以看见

(15) *(sic) Two pounds are owed by John (Lakoff,

1970:19)

（原文）两英镑被 John 拥有

Lakoff 的观点可能会引起语言教师的兴趣，因为它提供了教授及物性的课堂教学方法。该观点说明了及物性是一个程度问题，并非"非此即彼"。然而，这里我们也需要谨慎。尽管这一观点确实有其合理性，但他所援引的人为例子却存在问题。语料库数据表明，这一类型的用法的确存在，但所生成的意义范围可能要比预期的小。例如，*knower* 在英语语料库中出现了 54 次。其中，至少有 30 次似乎与宗教或哲学相关，指的是某种程度上理解或接近上帝的人。在剩下的 24 次中，3 次涉及商业，2 次涉及教学，5 次与描述语法的方式有关，其余 14 次则是一般用法。因此，名词 *knower* 在英语中似乎并不是"不可接受的"，只是有一定的限制，属于某个话语领域。这种意义的缩小在很多方面都与关联理论家提出的典型窄化（stereotypical narrowing）相对应（Wilson & Sperber, 2004）。当典型窄化发生时，词语在某些语境中获得了比其基本意义更有限的特殊意义。例如，在某些语境中，"I'm dying for a drink"意味着说话者需要的是酒精类的饮料，如果收到的是橙汁，他/她会觉得很扫兴。有趣的是，法语动词"知道（to know）"（*connaître*）在转换为名词形式时也经历了一个典型窄化过程，如 *connoisseur* 也有一个限制性的、但不同的意义，即某方面的专家。因此，当单词的形式发生变化时，它们似乎会经历一个典型窄化过程，这对语言学习者来说至关重要，窄化的方向可能因语言而异。学习者需要了解这一点。

Lakoff 的第二个例子 *spottable* 也出现在英语语料库中，虽然只有两例。两个例子都与事物容易被发现有关，但仅仅两个例子不足以证明其含义经过了典型窄化。

(16) under government control, or easily spottable.

Mr Irwin cites Singapore, a

……在政府管控下,或容易被发现。欧文先生引用了新加坡,一个……

(17) greenhouse effect should still be spottable. But there is no denying that if

温室效应仍然显而易见。但不可否认的是,如果……

在谷歌上搜索 *spottable* 一词后,显示 6,950 个结果。即使部分网页重复出现,以及有些内容似乎是关于 *spottable* 一词本身,但 6,950 仍然是一个不小的数字,由此我们可以推断,英语中有 *spottable* 的用法。简单分析这些检索结果后发现,*spottable* 经常与 *easily* 搭配使用,所以此处也可能出现了典型窄化,虽然这个过程没有 *knower* 的例子显著。

据称开发商	欠了	几乎 20 亿美元
美国跨国公司	所欠的	大额补助金
消除第三世界国家	欠	我们的债务
所以我们	欠	你两个大大的感谢
…	欠下了	多大的业债
东帝汶人认为这个世界	欠	他们的
比如俄罗斯,前苏维埃保护国	欠	其一笔巨款
用这种方法,他们将得到他们	应得的	一切
法律规定,至少偿还他们	所欠的	
他认为霍利	欠	他和其他人的钱
让我记得大多数冲过浪的人	欠了	他们多少

图 3.5　英语语料库中"are owed by"这一短语的示例

其他相同词类变化的例子也有力证明了典型窄化过程,或者至少证明了存在某种意义上的变化。例如,动词 *consider* 衍生出的形容词 *considerable*,其意思显然不是"能够被考虑的",而是"大的"或"重大的"。同样的,这种意义上的变化可能是 *consider* 位于及物动词辐射范畴边缘造成的结果。第三个例

子,如(18):

(18)(sic) Two pounds are owed by John

(18)(原文如此)两英镑被约翰欠了

上例是 Lakoff 为说明并非所有及物动词都同样有被动形式时而援引的例子,然而该例句也存在问题。虽然该例子的构式在编造的语境中听起来非常奇怪,但在英语语料库中搜索"*are＋owed＋by*"字符串后,还是发现了 11 条示例(详见图 3.5)。在图 3.5 中,被动构式"*are＋owed＋by*"只在表达近似或模糊值时使用。这也可以看作是典型窄化的例子,其结果是产生了一个更具体的含义。

因此这三个例子的情况比 Lakoff 想呈现的更加复杂。与其认为这些词语的句法变化在英语中"不可能存在",不如说当我们试图改变范畴边缘词的句法结构时,该词往往经过典型窄化过程而发生了语义的变化。虽然仔细研究后会发现 Lakoff 把及物性视为一类辐射范畴的做法存在问题,但总的来说,该方法对语言教师助益良多,因其能让学习者认识到动词之间在及物性方面有高低之分而不是非此即彼的关系。典型窄化的研究发现也能引起人们的兴趣,因为它似乎也是语言存在较大差异的领域之一。此外,语法范畴边缘的意义差异也是特定话语共同体的语言特征之一,因此,特定目的语言学习者应该会对此感兴趣(Deignan 等,2013)。这些很可能是学习者通过接触和概率处理自然获得的语言特征。然而,正如下文所示,也有一些情况需要通过显化教学来习得。

3.3.1 "语法规则"在辐射范畴内运作的观点对第二语言学习者和教师有何帮助?

教授语法规则时,传统的方法是将按总体的规则予以呈现,同时罗列出一些所谓的例外情况。几乎没有任何理论能解释这些例外的存在,大多都被认为是无规律的,因此需要死记硬背。但是,语言学习者可能会觉得将语法"规则"视为辐射范畴的帮助更大。如果辐射范畴能引起语言学习者的注意,学习者可能会更好地掌握目标语言中通常被认为难以理解的内容。

在语言教学方法中存在两个对立阵营:一种观点认为可以通过语法规则和例外情况教授语言,另一种观点认为规则不起作用,语言学习的最佳方式是习得预制语块(prefabricated chunks)。这一争议持续了四十多年。认为语法规则在边界模糊的、灵活的辐射范畴中运行的观点具有重要意义,因为它能为针锋相对的两个观点提供一个中间地带。该观点认为,"规则"在语言中确实在起作用,但是这些规则灵活且易变。根据 Maldonado(2008)的观点,辐射范畴特别有助于教授往往学习难度最大的"细碎"的语言规则。在第九章中,我们会看到辐射范畴这一概念同样适用于语言学习和教学中广泛应用的词汇语法(lexico-grammar)。

语言课堂上介绍"语法规则"时使用辐射范畴概念的另一原因是可以用它来解释学习者"不全错但也不全对"的表达。大多数语言教师都有一致的看法:学生有时会产出一些听起来略微有误的表达,但就是无法确切指出其错误的原因。这类表达最有可能出现在辐射范畴的边缘,从而出现奇怪、陌生的用法,以及由句法的直接变化所造成的意义上的微妙改变(如上文提到的典型窄化)。因此,有学者认为应该让语言学习者熟悉辐射范畴的概念,同时熟知哪些因素影响着词或用法在范畴的中心地位。如果学习者更加了解语言在辐射范畴边缘的运行方式,他们可能会更能接受语言的"任意性",因为在这种任意性的背后的确存在一个体系,尽管该体系高度灵活。

为说明如何使用辐射范畴方法教授语法点，Verspoor 等 (2008)以定冠词(Ellis,2006a)为例,认为定冠词不适用于附带学习。Verspoor 建议,应该让学习者知道定冠词系统构成了一个辐射范畴,并且,位于中心位置的成员具有高度的"已知性和独特性"。因此,可以先向学习者介绍该范畴中更原型的成员,即说话者和听话者都明了意义中确定的方面,如 the sun(太阳)、the moon(月亮),随后逐渐过渡至较为边缘的成员,其具体所指不一定能被说话者和听话者清晰辨认,但听话者可以推断出说话者所指的是在其心中具有特殊意义的事物,如 Beware of the dog!(小心狗!)。学习者甚至可以从范畴的可视化表征中受益。

但是,无论采取何种方式,我们都需要改变课堂上显性教学的组织方法,从过去僵化的"规则加例外"转变为更加灵活、务实的"辐射范畴规则"途径。Roehr(2008)指出了语法教学传统方法中存在的一个根本性问题。作为论证的基础,她引用二语习得(SLA)中所明确的两种类型的学习和知识:第二语言知识可能是隐性的(即学习者通常没有意识到目标语言知识)和/或是显性的(即学习者有所意识到、且在必要时可加以描述的陈述性知识)。显性知识是学习者拥有的关于语言的知识,是其在任务中有时间加以反思的知识。隐性知识往往更加程序化,学习者不会清楚地意识到自己拥有这些知识,也无法用语言描述它们。显性知识和隐性知识相辅相成才最有可能产生持久的学习效果(Ellis & Larsen-Freeman,2006)。

Roehr 认为,学习者可能拥有第二语言范畴中灵活、并具有原型性质的相关隐性知识,而这些知识是通过比较、以学习者接触众多语例的概率而习得的。这种语言知识来自于认知语言学家描述的基于使用的学习,并蕴含于灵活的、基于范例的辐射范畴。相比之下，更显性的元语言知识往往由固定的范畴、规则和例外情况组成。这类知识通过"规则"习得，因而产生的范畴很稳定，互相分离且界限分明。最重要的是，这些范畴很大程度上是人为的，因为它们并不反映语言的真实情况。Roehr 还认为（2008:68），语言的显性和隐性知识在思维中的表征和获取方式存在着根本的差异：

> 隐性语言知识的存储和提取源自于在平行分布、基于相似性处理过程中的语义网络，而显性的元语言知识则是在基于规则的算法的帮助下依照顺序来处理的。

因此，在面临包含许多边缘义项的范畴以及意义因语境发生急剧变化的情况下，主要接受显性教学的学习者可能会遇到困难。秉持教师仍将继续教授这些"语法规则"的设想，Roehr 提出了涉及隐性与显性知识关系的很多假设，其主要论点是："语法规则"知识需要稳定性和离散性为前提条件，而这些条件在真实的语言环境中不易捕捉。

虽然 Roehr 的假设耐人寻味，值得深入探究，但它们似乎还是预设了显性的语法教学仍继续通过"规则加例外"的形式进行。以辐射范畴取代这种教学方式不失为一种更好的语法教学方法。与其将语法看作是一系列僵化、死板并伴有一系列例外情况的规则的总和，不如让学习者看到，语法规则本身可以表现为对语境敏感的灵活的辐射范畴。这将是一种更准确的语言表述方式，能使学习者更好地为应对语言可能具有的可预知性做好准备。

3.4 作为辐射范畴的语音特征

语音层面也存在辐射范畴。在快满一周岁时，婴儿已经能够按照母语的语音结构组织自己的语音—声音辨别模式,并对与母语中不一致的语音现象变得不再敏感(Werker & Tees,1999)。例如,英语母语者将/l/和/r/分为两个独立的范畴,而日语母语者则合二为一。研究发现,日本学习者难以分辨两者之间的差别,而且越年长,辨识难度就越大(McClelland 等,2002)。这一结果进一步表明,第二语言学习时间越迟,就越有可能在学习的早期阶段其二语与母语存在密切、甚至是寄生的关系(参见第二章)(Ellis,2006c;MacWhinney,1997),受母语的影响可能因此更大。

研究表明,当婴儿学习第一语言时,他们已经围绕着一系列母语的原型构建起自己的语音系统,这些语音系统在许多方面充当引子状态(参见第二章 2.5 节),并影响婴儿辨别母语间以及外语语音的能力。在对该领域研究的综述中,Bohn(2000:9)指出:迄今为止的研究表明,感知模式剧烈、深刻的变换会使婴儿在满周岁前在诸多方面形成特有的语言知觉。Kuhl 等(1992)发现,学习英语的婴儿对英语/i/(如"eat")形符的辨别和学习瑞典语的婴儿对瑞典语/y/形符的辨别存在感知磁效应(perceptual magnet effect),但在感知属于"外国"元音的范畴时,并没有发现这种效应。换言之,当某个语音在某种语言中特别显著时,就会成为一种原型,而相似的语音会被感知为与原型相同。因此,与母语中缺乏此特定原型的说话者相比,说该语言的人则更难以区分接近原型的语音。Taylor(2008:53)在讨论这些发现时推论:"随着对周围语言接触的不断增加,元音的空间被重组或被扭曲"。因此,对第一语言的接触迫使我们以特定的方式对语音进行分类,若想成功掌握第二语言,不建议内化这种分类方式,或者至少将其视为仅仅是划分声音的一种方式。

研究发现,部分语音范畴的形成时间相对较迟。例如,

Butcher(1976)发现部分元音的感知空间在童年后期和成年早期发生了变化。当要求英语母语者和德语母语者评估元音/e/(如"bet")和/ə/(如"about")之间的感知差异时,他发现前者往往能比后者感知到更大的差异,因此推论:英语元音在元音空间的排列使英语母语者对低前元音之间的差异感知更加*灵敏*(*sensitize*),而德语元音的排列则使德语母语者对低前元音的*差异脱敏*(*de-sensitize*)。Bohn 对该领域进行了广泛的调查并得出结论:母语元音系统在婴儿期趋于稳定,但在成年后随时都有可能出现微小的调整:"选择性(语音)注意被过度习得,并且对于准确有效地感知母语中的语音不可或缺,但有可能导致忽视非母语语言用以音段划分为功能范畴的声学维度和模式"(Bohn,2000:15)。

3.4.1 语音特征在辐射范畴内运作的观点对第二语言学习者和教学者有何帮助?

上述讨论大多与第二语言学习和教学相关。教师有时会抱怨学生"似乎听不进去我在说的话"。这很有意思。学习者真的能听出平时注意不到的差异吗? 在很大程度上,成人学习者是在注意力而非感官方面遇到困难(Werker & Tees,1984)。换言之,成人外语学习者在学习第二语言发音时遇到的困难并没有明确的生理基础,更多是他们已经习惯于注意某些特征而忽略其他特征所导致。学习第二语言需要学习者注意到可能被忽略的语音特征。

因此,经由第一语言习得的语音系统可能会影响第二语言语音系统的习得方式。然而,迁移并不是影响第二语言语音系统习得的唯一因素。二语的接触频率、个体感知学习的能力、以及个体对二语群体的态度等其他因素也会影响语音系统的习得

(Rost,2002)。还有一个重要的因素是一语和二语的相似程度。Flege(1995)在研究说德语的英语学习者习得英语语音系统的能力时发现,与习得德语中无对等的发音相比,学习者更难以习得德语含有的类似的英语发音。由此他得出结论,当一语存在近似的语音时,二语语音的感知学习可能会受阻。而对比二语其语音是"新的"时候,且在学习者的一语中没有易于辨认的对应的语音时,与二语的接触最有可能导致感知学习。Flege继而提出"语音学习模型(speech learning model)",提出 L2 与 L1 的语音相似程度越高,其习得难度就越大。Aoyama 等人(2004)的研究发现为该模型提供了依据,他们发现,即使高水平的日本英语学习者也认为/l/的发音和感知比/r/音更困难,因为日语中存在与/l/音比较近似的发音。

如第二章所示,感知凸显也可能会影响语言习得。Pisoni 和 Lively(1995)的研究表明,相比于元音前位置,当/r/音和/l/位于元音后位置时,日本的英语学习者更有可能感知到两者的差别。这是因为先行元音会对音素的发音方式产生显著影响。另一个影响因素是学习者采取的注意策略。Flege 等人(1997)发现,当被要求解释/i/—/ɪ/的差异时,英语本族语者的划分依据是实际发声或"频谱(spectral)"差异,而德国、韩国、中国及西班牙的英语学习者只根据元音的长短进行区分。换言之,英语母语者听到的是确切的语音,而非英语母语者只是简单地认为/i/音比/ɪ/音的发音时间更长。由于非英语母语者的第一语言均不会根据时长来区分语音,Flege 等人推测,相对于母语者,注意发音的时长很可能是语言学习者所采取的一种语言外策略。

该发现对语言学习的启示是:我们应当使学习者注意到通常有别于一语原型的二语原型。这一方法在汉语学习者语气教学的过程中被认为尤为有效(Li，2016)。为此，Paganus等人(2006)提出了关注二语语音特征辐射范畴性质比较新颖的方法。他们利用计算机绘制出了基于计算机的元音图表，加深相应的部分以呈现某一特定的语言中，整个元音空间如何被划分为各类原型范畴。当语言学习者发出某一语音时，元音图表会亮起，显示出该语音与目标语言中原型语音的关系。该活动可以提供针对性训练并有望随后辅之以更具交际性的方法。然而，Paganus等人也承认该技术的有效性仍待验证，在囊括不同的发音风格和声音变化类别方面还需要展开大量的研究。

3.5 作为辐射范畴的语调模式

鉴于语言的其他特征都运行于辐射范畴内，语调模式也呈现出此类行为特征也就不足为奇。Brazil(1985)已表明，语调模式的意义因语境而异。Brazil认为语调本质上是有意义的，说话者的语调选择取决于话语双方对共享知识的理解：这些理解与两者共同的经历有关，也与他们在特定语境下交流的目的相关。

因此，我们可以预期认为语调模式与词汇项目高度相似，事实也似乎的确如此。例如，Cruttenden(1981，引自 Taylor，2003)观察了分别与降、升语调相关的不同意义，发现它们代表了不同但明显相关的意义。下降语调和陈述、结束和保证有关，而上升语调与质疑、开放和安抚有关。其中一些意义(如下降语调表示结束，上升语调表示质疑)似乎比其他意义更具有原型性，并且与下降和上升的物理过程存在隐喻关联。因此，不难发现，与不同语调模式相关的意义存在于灵活、边界模糊的原型范畴中。这种意义观有助于解释常见于澳大利亚英语中的上升语调模式，以及部分由上升语调演变而来的英式英语变体。这里的上升语调并不表示疑问，因此不是一种原型用法。Guy 和 Vonwiller(1989:30)的表述如下：

> 在我们看来，最好将澳大利亚式的疑问语气（Australian Questioning Intonation，AQI）理解为在陈述句中使用升调作为提问的手段……AQI 不是质疑命题内容，而是对听话者的理解状态提问。

通过对对话者表示关切，这种语调模式为使用它的话语群体成员提供了重要的建立关系的功能。对理解状态的质疑与对内容的质疑相关联，并且很好地诠释了辐射范畴的扩展意义。

3.5.1 语调模式在辐射范畴内运作对第二语言学习者和教师有何帮助？

用辐射范畴概念教授语调模式所带来的优势可能与本章讨论到的其他语言现象一样。与其在某些语调模式和相应的意义之间寻找明确的关系，不如让学习者意识到同一个语调模式可以传达不同但相关的意义。意义的选择将取决于语境因素。如果能辅之以听觉工具，呈现一语和二语语调模式之间重叠和差异之处的图表将具有重要用途。

就发生在非课堂环境中的二语习得而言，语调模式的习得很可能与其他语言类型的习得类似，因为形式—意义的匹配与频率、凸显以及注意等因素相关。事实上，第一语言习得的研究发现，婴儿往往在很小的时候就能理解不同语调模式的交际功能，即使在词汇并未全部出现的情况下，也能有效地运用这些模式。只有了进入后期学习阶段，他们才能真正将对应的单词与语调模式扣合起来(Peters,1977)，这一发现引起了对程式语(formulaic sequences)(Wray,2002)以及近期有关构式(constructions)的研究,它们通常伴随特定的语调模式。第九章将对此展开论述。

3.6 结语

本章探讨了单词、语素、语法规则、语音特征和语调模式辐射范畴的运作及其对第二语言学习和教学的影响。我们得出的结论是:由于语言特征会随语境发生显著变化,与其将它们视为固定范畴并列出例外情况,不如将其呈现为灵活的辐射范畴更加有效和准确。这种方法将在过于僵化的"语法—翻译"分析方法(所罗列的规则并不总是奏效)和记忆为主的高强度"词汇"方法(罗列出需要死记硬背的固定短语)间获得平衡。灵活的辐射范畴方法表明,语言是系统的,但是系统的内部存在较大的灵活性,向语言学习者介绍灵活的辐射范畴确实是很有益的,尽管运用这种方法教授二语语音特征的优势还需大量探索。

虽然本章逐一针对语言的各个方面作专门的解释,但是不能忘记的重要的一点是单词和语素、语法规则、语音特征和语调模式并非在孤立的语言系统中运行。相反,语言的不同方面是互动的、彼此依赖的,在教授的时候不宜单独分开进行。因此要让学习者意识到辐射范畴普遍存在,并适用于语言的所有方面。

参考文献

Alejo, R. (2008, March). *The Acquisition of English Phrasal Verbs by L2 Learners: A Cognitive Linguistic Account*. Paper Presented at the

LAUD Symposium on Cognitive Approaches to Second/Foreign Language Processing: Theory and Pedagogy.

Aoyama, K., Flege, J. E., Guion, S. G., & Akahane-Yamada, T. (2004). Perceived Phonetic Dissimilarity and L2 Speech Learning: The Case of Japanese /r/ and English /l/ and /r/. *Journal of Phonetics, 32*, 233–250.

Boers, F. (2004). Expanding Learners' Vocabulary Through Metaphor Awareness: What Expansion, What Learners, What Vocabulary? In M. Achard & S. Niemeier (Eds.), *Cognitive Linguistics and Foreign Language Teaching* (pp. 211–232). Mouton de Gruyter.

Bohn, O.-S. (2000). Linguistic Relativity in Speech Perception. An Overview of the Influence of Language Experience on the Perception of Speech Sounds from Infancy to Adulthood. In S. Niemeier & R. Dirven (Eds.), *Evidence for Linguistic Relativity* (pp. 1–28). John Benjamins.

Brazil, D. (1985). *The Communicative Value of Intonation in English: Discourse Analysis, Monograph No. 8*. University of Birmingham: English Language Research.

Butcher, A. (1976). *The Influence of the Native Language on the Perception of Vowel Quality*. University of London Press.

Castañeda Castro, A. (2004). *Una visión cognitiva del sistema temporal y modal del verbo español* (pp. 55–71). Estudias Linguistica.

Cisneros, I. (1992). *Spanish in Three Months*. Hugo's Language Books Ltd.

Cruttenden, A. (1981). Falls and Rises: Meanings and Universals. *Journal of Linguistics, 17*, 77–91.

Danesi, M. (1992). Metaphorical Competence in Second Language Acquisition and Second Language Teaching: The Neglected Dimension. In J. E. Alatis (Ed.), *Language Communication and*

Social Meaning (pp. 489–500). Georgetown University Round Table on Languages and Linguistics.

Deignan, A. (2005). *Metaphor and Corpus Linguistics.* John Benjamins.

Deignan, A., Littlemore, J., & Semino, E. (2013). *Figurative language, genre and register.* Cambridge University Press.

Ellis, N. (2006a). Language Acquisition as Rational Contingency Learning. *Applied Linguistics, 27*(1), 1–24.

Ellis, N. (2006b). Selective Attention and Transfer Phenomena in L2 Acquisition: Contingency, Cuecompetition, Salience, Interference, Overshadowing, Blocking, and Perceptual Learning. *Applied Linguistics, 27*(2), 164–194.

Ellis, N. (2006c). Cognitive Perspectives on SLA. *AILA Review, 19*, 100–121.

Ellis, N., & Larsen-Freeman, D. (2006). Language Emergence: Implications for Applied Linguistics. *Applied Linguistics, 27*(4), 558–589.

Evans, V., & Green, M. (2006). *Cognitive Linguistics: An Introduction.* Edinburgh University Press.

Flege, J. (1995). Second-Language Speech Learning: Theory, Findings, and Problems. In W. Strange (Ed.), *Speech Perception and Linguistic Experience: Theoretical and Methodological Issues* (pp. 565–577). York Press.

Flege, J., Bohn, J., & Jang, S. (1997). The Production and Perception of English Vowels by Native Speakers of German, Korean, Mandarin and Spanish. *Journal of Phonetics, 25*, 437–470.

Gries, S. T. (2006). Corpus-Based Methods and Cognitive Semantics: The Many Senses of to Run. In S. T. Gries & A. Stefanowitsch (Eds.), *Corpora in Cognitive Linguistics: The Syntax-Lexis Interface* (pp. 57–99). Mouton de Gruyter.

Guy, G., & Vonwiller, J. (1989). The High Rising Tone in Australian English. In P. Collins & D. Blair (Eds.), *Australian English: The Language of a New Society* (pp. 21–34). University of Queensland Press.

Johns, T. F. (1991). Should You Be Persuaded: Two Examples of Data-Driven Learning. In T. F. Johns & P. King (Eds.), *Classroom Concordancing* (pp. 1–13). English Language Research.

Johns, T. F. (1994). From Printout to Handout: Grammar and Vocabulary Teaching in the Context of Data-Driven Learning. In T. Odlin (Ed.), *Perspectives on Pedagogical Grammar* (pp. 293–313). Cambridge University Press.

Kohl-Dietrich, D. (2019). *Cognitive Linguistics in the English as A Foreign Language Classroom: An Empirical Study on Teaching Phrasal Verbs.* Waxmann.

Kohl-Dietrich, D., Juchem-Grundmann, C., & Schnotz, W. (2016). Conceptual Motivation as a Tool for Raising Language Awareness in the English as a Foreign Language Classroom—Does It Enhance Learning Outcomes? Insights from an Empirical Study. *Yearbook of the German Cognitive Linguistics Association*, 4(1), 193–210.

Kövecses, Z., & Szabo, P. (1996). Idioms: A View from Cognitive Semantics. *Applied Linguistics*, 17(3), 334–355.

Kuhl, P., Williams, K., Lacerda, F., Stevens, K., & Lindblom, B. (1992). Linguistic Experience Alters Phonetic Perception in Infants by 6 Months of Age. *Science*, 255, 606–608.

Lakoff, G. (1970). *Irregularity in Syntax*. Rinehart and Winston.

Lakoff, G. (2007). Cognitive Models and Prototype Theory. In V. Evans, B. Bergen, & J. Zinken (Eds.), *The Cognitive Linguistics Reader* (pp. 130–167). Equinox.

Li, X. (2016). Application of Radial Categories to the Second Language

Learning of Chinese Learners. *Theory and Practice in Language Studies, 6*(5), 972.

Littlemore, J., & Low, G. (2006). *Figurative Thinking and Foreign Language Learning.* Palgrave Macmillan.

Littlemore, J., & MacArthur, F. (2007). What Do Learners Need to Know About the Figurative Extensions of Target Language Words? A Contrastive Corpus-Based Analysis of Thread, Hilar, Wing and Aletear. *Culture, Language and Representation: Cultural Studies Journal of Universitat Jaume I, 5,* 131–150.

Littlemore, J., & MacArthur, F. (2012). Figurative Extensions of Word Meaning: How Do Corpus Data and Intuition Match Up? In D. Divjak & S. Gries (Eds.), *Frequency Effects in Language Representation* (pp. 195–233). Mouton de Gruyter.

MacArthur, F., & Littlemore, J. (2008). A Discovery Approach to Figurative Language Learning with the Use of Corpora. In F. Boers & S. Lindstromberg (Eds.), *Cognitive Linguistic Approaches to Teaching Vocabulary and Phraseology* (pp. 159–188). Mouton de Gruyter.

MacWhinney, B. (1997). Second Language Acquisition and the Competition Model. In A. M. B. De Groot & J. F. Froll (Eds.), *Tutorials in Bilingualism: Psycholinguistic Perspectives* (pp. 113–142). Lawrence Erlbaum.

Mahpeykar, N. (2008). *An Analysis of Native and Non-Native Speakers' Use of the Word Out in MICASE.* Unpublished MA Dissertation. University of Birmingham.

Mahpeykar, N. (2018). The Role of Embodiment in the Semantic Analysis of Phrasal Verbs. *Language Learning, Discourse and Cognition: Studies in the Tradition of Andrea Tyler, 64,* 111.

Mahpeykar, N., & Tyler, A. (2015). A Principled Cognitive Linguistics

Account of English Phrasal Verbs with Up and Out. *Language and Cognition*, 7(1), 1-35.

Maldonado, R. (2008). Spanish Middle Syntax: A Usage-Based Proposal for Grammar Teaching. In S. De Knop & T. De Rycker (Eds.), *Cognitive Approaches to Pedagogical Grammar* (pp. 155-196). Mouton de Gruyter.

McClelland, J., Fiez, J., & McCandliss, B. (2002). Teaching the /r/ /l/ Discrimination to Japanese Adults: Behavioural and Neural Aspects. *Psychology and Behavior*, 77, 657-662.

Paganus, A., Mikkonen, V. P., Mantyla, T., Nuuttila, S., Isoaho, J., Aaltonen, O., & Salakoski, T. (2006). The Vowel Game: Continuous Real-Time Visualization for Pronunciation Learning with Vowel Charts. In Lecture Notes in *Computer Science: Advances in Natural Language Processing* (Vol. 4139). Springer.

Peters, A. (1977). Language Learning Strategies. Does the Whole Equal the Sum of the Parts? *Language*, 53, 560-573.

Pisoni, D., & Lively, S. (1995). Variability and Invariance in Speech Perception: A New Look at Some Old Problems in Perceptual Learning. In W. Strange (Ed.), *Speech Perception and Linguistic Experience: Theoretical and Methodological Issues* (pp. 433-459). York Press.

Read, J. (1993). The Development of a New Measure of L2 Vocabulary Knowledge. *Language Testing*, 10(3), 355-371.

Read, J., & Dang, T. N. Y. (2022). Measuring Depth of Academic Vocabulary Knowledge. *Language Teaching Research*. 13621688221105913.

Roehr, K. (2008). Linguistic and Metalinguistic Categories in Second Language Learning. *Cognitive Linguistics*, 19(1), 67-106.

Rost, M. (2002). *Teaching and Researching Listening*. Longman.

Rudzka-Ostyn, B. (2003). *Word Power. Phrasal Verbs and Compounds. A Cognitive Approach.* Mouton de Gruyter.

Shortall, T. (2002). Teaching Grammar. *Developing Language Professionals in Higher Education Institutions (DELPHI) Project.* http://www.delphi.bham.ac.uk/modules.htm

Taylor, J. (2002). *Cognitive Grammar.* Oxford University Press.

Taylor, J. (2003). *Linguistic Categorization.* Oxford University Press.

Taylor, J. (2008). Prototypes in Cognitive Linguistics. In P. Robinson & N. Ellis (Eds.), *Handbook of Cognitive Linguistics and Second Language Acquisition* (pp. 39–65). Routledge.

Tyler, A. (2012). *Cognitive Linguistics and Second Language Learning: Theoretical Basics and Experimental Evidence.* Routledge.

Tyler, A., & Evans, V. (2004). Applying Cognitive Linguistics to Pedagogical Grammar: The Case of Over. In M. Achard & S. Niemeier (Eds.), *Cognitive Linguistics and Foreign Language Teaching* (pp. 257–280). Mouton de Gruyter.

Verspoor, M. H. (2008). Cognitive Linguistics and Its Applications to Second Language Teaching. In J. Cenoz & N. H. Hornberger (Eds.), *Encyclopaedia of Language and Education (Knowledge About Language)* (Vol. 6, 2nd ed., pp. 79–91). Springer Verlag.

Verspoor, M., & Lowie, W. (2003). Making Sense of Polysemous Words. *Language Learning, 53*(3), 547–586.

Verspoor, M., Lowie, W., & Seton, B. (2008). *Conceptual Representations in the Multilingual Mind. In Cognitive Approaches to Second/Foreign Language Processing: Theory and Pedagogy.* Papers from the 33rd International LAUD symposium, Landau, Germany (pp. 928–945). LAUD Linguistic Agency.

Werker, J., & Tees, R. (1984). Phonemic and Phonetic Factors in Adult Crosslanguage Speech Perception. *Journal of the Acoustical*

Society of America, 75, 1866–1878.

Werker, J. F., & Tees, R. C. (1999). Experiential Influences on Infant Speech Processing: Toward a New Synthesis. *Annual Review of Psychology*, 50, 509–535.

Wilson, D., & Sperber, D. (2004). Relevance Theory. In L. Horn & G. Ward (Eds.), *Handbook of Pragmatics* (pp. 250–271). Blackwell.

Wray, A. (2002). *Formulaic Language and the Lexicon.* Cambridge University Press.

4 剩女与猫的背后：百科知识与第二语言学习

4.1 引言

第一章中我们已经看到，"*bachelor*"和"*spinster*"两个词远远超出了"未婚男子"和"未婚女子"的含义。"*bachelor*"还意味着自由和放荡不羁，而"*spinster*"对许多人而言还意味着年老色衰和孤独（可能还养了许多猫）。可以说，这些内涵意义与独身状态对个人而言都属于"词义"的一部分，因而反映了个人的百科知识。百科知识指的是储存在大脑中的所有信息，构成了"一个庞大的结构化知识清单"（Evans & Green，2006:206）。清单的不同领域通过不同的单词和短语的使用而激活。清单内容远远超出外延信息的范围，还囊括了人们接触这些单词和表达的过程中与之相关的所有内涵意义。因此，"语言知识"的理解离不开"现世"知识，"语义"知识的理解也不能脱离"语用"知识（同上）（参见 Hanks，2013）。百科知识是一个由不同概念连接而成的复杂网络。

关注百科知识对第二语言学习的主要作用之一在于推动词汇教学。二语词汇知识通常分为两类：词汇广度（学习者的词汇量）和词汇深度（学习者对单个词汇的了解程度）（例如，Schmitt，2000）。然而，Meara 和 Wolter（2004）以及 Read（2004）等研究者近来认为，"词汇深度"是一个过于宽泛的概念，其衡量标准也只是考察学习者对小部分去语境化词汇的了解程度。他们指出,探讨二语词汇在学习者头脑中是如何相互联系的对教师和研究人员更有价值。他们将该概念称为网络知识(network knowledge),并使用网络构建(network building)这一术语来描述学习者为适应新词不断重建其语义网络的过程。

与其把二语词汇知识作为一个互不相关的词汇表(学习者对这些单词的掌握程度不一)来学习,将其视为一个整合的网络更加实际(Haastrup & Henrikson, 2000)。这一观点的有力论据在于,对"深层"词汇知识的测试总是要求学习者用目标语言中的其他词语描述这些单词,从而涉及词汇联想。因此,Meara 和 Wolter(2004)使用了"词语联想网络(word association networks)"这一概念。他们认为,一语和二语词汇联想网络存在两点区别:网络的规模和网络中单词间的联系数量。简单而言,母语者认识的单词以及单词之间的联系可能更多,因此其词语联想网络比语言学习者的更广泛、更密集。这一观点得到了词汇联想测试相关研究的支持(Meara, 2007; Wilks & Meara, 2002)。因此,在第二语言词汇学习的过程中,学习者不仅要学习更多的词汇,还需要学习词库中词汇之间的联系方式。事实上,对 Meara 和 Read 而言,"学习"本身就等同于在"巨大的多维蜘蛛网"上纺丝,而这个蜘蛛网就是心理词汇。换言之,词汇量的增长"需要在心理词汇的词项之间建立更广泛的联系"(Read, 2004: 221),这些联系可以是聚向(paradigmatic)或横向(syntagmatic)的。聚向联系涉及来自同一语义场的词语,例如,刺激项 *chair*(椅子)可能会引起聚向联想反应,如 *furniture*(家具)或 *table*(桌子)。横向组合指的是与提示词有关的顺序关系或搭配关系。例如,对"*chair*"一词的横向组合反应可能包括顺序反应,如 *sit*(坐),或搭配反应,如 *a meeting*(开会)。本章后续部分将再次谈及这些内容。

词语联想网络和百科知识之间具有明显的相似之处。语言知识与世界知识密不可分,因此"百科知识"和"心理词汇"在某种程度上相当于一枚硬币的两面。对母语者而言,两者间的关系相当直接明了,但对语言学习者来说,情况则变得更加复杂。除非是非常年幼的儿童,否则第二语言学习者通常早已建立起一个复杂的百科知识网络,这点体现在他们一语的心理词汇上。学习第二语言时,他们并不需要重新建立百科知识。至少在二语习得的早期阶段,他们更有可能尝试将二语心理词汇映射至现有结构上,从而建立起类似于一语所使用的联系。若想成功习得二语,他们需要重组自己的心理词汇,以囊括类似于二语的关联,从而使自己的心理词汇更接近于真正的二语母语者。这意味着,随着目标语言水平的提高,学习者的百科知识组织方式将发生变化,心理词汇中的词汇关联类型也开始改变。许多单词之间的联系与母语趋同。例如,英语 *table* 和 *chair* 的关联可能与法语 *table* 和 *chaise* 的关联相同。而在其他情况下,这些关联将会在方向上或强度上有所不同。

例如,在一项未发表的研究中,Littlemore 和 Boers 向 15 名英语母语者和 15 名荷兰语母语者展示了 10 个英语单词,并要求每人提供 10 个联想表达。英语母语者的数据中记录了各种联想,而荷兰语母语者此类数据则相对较少,反之亦然。例如,英语母语者在看到单词 *glass*(玻璃)时联想到了 *ceiling*(天花板),而荷兰语母语者则没有这样的联想。同样,英语母语者在看到单词 *boat*(船)时联想到了 *race*(比赛),而荷兰语母语者则没有。这些例子可能反映了有关 "*glass ceiling*(玻璃天花板)"作为英语中的常见搭配,常指女性在机构中往往难以晋升到某个层级,以及牛津大学与剑桥大学之间年度划艇比赛等百科知识。这些例子说明了百科知识影响词汇联想网络结构的方式,同时也暗示了语言和文化之间的关系。

百科知识的认知语言学研究揭示了这种知识的建构方式以及推动其发展的过程。如果百科知识和心理词汇是一枚硬币的两面,那么百科知识的认知语言学研究可能有助于我们理解第二语言学习者心理词汇构建和发展的方式。本章剩余部分将概述百科知识的认知语言学观点,并探讨该观点如何帮助我们理解二语心理词汇。首先,我们将着眼于"框架(frames)"和"理想化认知模型(idealized cognitive models)"(ICMs)的研究。接着讨论已确定的百科知识的各种分类,这一部分将探讨这些领域如何推动词汇联想研究的现有发现,并就语言教师如何帮助学生用目标语言建立百科知识提出建议。

4.2 什么是"百科知识"?

认知语言学家认为,与其认为单词表示不同的"概念",不如将其看作是促使听话者"激活"知识网络中特定区域的工具,且在不同的使用情境下,不同区域的激活程度各异。因此,认知语言学家将单词和短语视为进入复杂知识网络的"通道",称其为"切入节点(access nodes)"(Langacker,1987:163)。单词和短语只是"意义建构的提示(prompts for meaning construction)"(Evans & Green,2006),本身并不包含任何完整的意义。Lee(2001:206-7)称之为不充分赋值(underspecification):

> 通常而言,任何话语对所汇报的内容都存在严重的不充分赋值。而这种不充分赋值必不可少,因为对某个情景的所有特征进行编码不但不可行,而且说话者和听话者也对此不感兴趣。不充分赋值之所以有效,是因为听话者的

知识基础构成了意义建构任务的主要部分,而该过程必然导致的结果则是意义逃脱了说话者意图的控制。

任何典型语言交流中的语言内容通常是不充分的,而百科知识则是我们借以推断说话者意图的资源之一,因此百科知识既参与语言产出,也参与语言理解的过程。如果话语双方所拥有的百科知识网络不匹配,可能会导致交流失败。这种情况在说同一种语言的说话者之间可能(也确实)会发生,但更常见于跨语言的交际者之间。因此,语言教学的目标之一就是帮助学习者扩展和重塑百科知识网络(以及相应的词汇联想网络),使其类似于该语言母语者的网络。为此,我们需要注意百科知识中最容易受语言差异影响的领域,而了解百科知识在头脑中的组织方式能够有效地识别这些领域。

4.3 百科知识和框架语义学

百科知识网络庞大而复杂,但并非随意排列而成。认知语言学家认为,百科知识网络围绕某些框架构建而成。Charles Fillmore(1975)率先提出了框架语义学(frame semantics)的概念,下面的例子能很好地诠释这一概念。如果有人要求我们解释*goal*(球门)的含义(字面意义),我们回答说这是一个两侧有立柱、顶部一根横杆和背部一张网的结构。但是,除非对方熟悉足球、曲棍球或手球等比赛,否则这样的解释并不能让他们真正地理解球门的实际意义。为真正地理解球门的含义,我们需要对这些运动的内容、规则和地点具备丰富的背景知识。因此,"足球"、"曲棍球"和"手球"构成了可以理解球门一词的潜在框架。在其他文献中,经常用以诠释框架语义学的例子还包括:需要在"cricket(板球)"的框架中理解*wicket*(三柱门);需要在"亲属关系"的框架中理解uncle；以及需要在"直角三角形"框架中理解hypotenuse（斜边）(Lee, 2001)。许多单词可以通过多个框架理解。为说明这一点，认知语言学家经常使用的例子是mother（母亲）一词，如引自Lakoff(1987:74)的例(19)：

(19) 尽管这两起悲剧都给我带来了不可估量的创伤，但发现我的母亲不是我亲生母亲更让人崩溃。

Lakoff指出，上述两处"母亲"涉及人们对该词通常所具备的百科知识的不同方面，或者用Fillmore的话来说，它们利用了人们能用母亲一词激活至少两个不同框架的能力。第一处利用的框架是"作为照顾者的母亲"，即提供爱与温暖的角色，第二处则是"生物学上的亲子关系"。因此，同一个词可以激活不同的框架，而语境则起消除歧义的作用。

因此，框架为我们提供了一种理解单词内涵意义建构方式的机制。它们能够帮助语言教学者解释单词不同内涵含义背后的原理。上述例子表明，对于英语使用者而言，想要充分理解mother一词，则需要明白它所利用的是为人父母和照料的框架。尽管大多数语言的"mother"的对等词可能都是如此，但其他单词在不同语言中通常会涉及不同的百科知识领域。例如，对于大多数西欧和美国人而言，weekend（周末）一词指的是非工作日，即周六和周日，而在伊斯兰国家，weekend更有可能指的是周五和周六，并且与大多数西方人不同的是，该词对伊斯兰国家的人民而言仍然具有强烈的宗教内涵。即使所说的语言相同，weekend激活的百科知识框架也会有所不同。对于兼职者而言，weekend可能始于周三。对于通常于周末漫步乡间的人而言，weekend可能激活的百科知识将会包括乡间散步的习惯，而对于周末躺在床上玩填字游戏的人而言，可能被激活的则是不同的百科知识领域。请注意，这里的措辞是"可能被激活"，因为实际被激活的百科知识领域也取决于刺激词的使用语境,如例(20)—(24)的 television(电视)一词(来自英国国家语料库):

(20) 电视与此相符。

(21) 他妈妈去开电视了。

(22) ……在电视使世界变得更小之前,他们如往常一样分享生活……

(23) 游戏《超级任天堂导弹》的瞄准镜光枪——可以让你在电视机屏幕上射击……

(24) ……每人每日平均看大约三个半小时的电视。

在这些例子中,television 的所指不尽相同,并且可以通过不同的框架理解。一些情况下,它指的是实际设备,如电视"机",而在其他例子中,它大概指的是电视从业人员、电视节目的制作过程或电视提供的服务。为推断出真实意义,我们需要同时利用自己对 television 的百科知识以及具有使用语境线索的能力。语境可以包括不同的形式,如紧邻目标词的表达(即"上下文")、话语双方的关系、交流媒介以及所运用的语调模式。

最后一个例子,正是因为拥有相应的百科知识以及适应相关语境的能力,我们才能够理解例(25)—(27)中 university(大学)的不同含义:

(25) 我穿过大学

(26) 大学有了新的人事政策

(27) 我们下周参加大学校队比赛

上述例句中的每一处"university"都涉及了不同的百科含义。大学被依次识解为物理场所、组织、(转喻)运动队。

因此,框架意义重大,因其既能解释词汇的内涵意义(如上文提到的 mother 例子),也能解释部分多义词的用法(如上文提到的 television 和 university 例子)。框架使我们能够灵活地使用语言,并用相同的词汇传达不同的信息。

关于第二语言词汇的大部分研究均是基于单词与头脑中的某些"概念"相对应的前提,探讨"一语概念"对"二语概念"形成的影响等内容(如 Jiang,2004;Wolter,2006)。然而如前所述,框架理论表明,单词和短语并不会简单地对应于某一概念,而是激活听话者知识网络中特定区域的工具,并且在不同的语境中可以不同程度地激活不同的区域。如果我们以此为出发点,也许能更好地理解为何深层词汇学习速度如此缓慢(Jiang,2004;Schmitt,1998)。学习者需要接触不同语境中的单词,以便了解这些单词所涉及的所有框架。这种知识不易被察觉,可能通过隐性学习习得,因此如果缺乏教师的明确指导,学习者也许难以注意到这类知识。

框架可能也潜在地影响学生在词汇联想测试中的表现。近年来,已有大量关于词汇联想测试的研究。Paul Meara 及其同事设计了一套巧妙的测试,旨在评估语言学习者掌握的词汇关联数量以及关联强度。相关研究发现,即使对水平较高的学习者而言,一语的词汇网络也会干扰二语百科知识的习得。例如,Verspoor(2008)研究了中高阶荷兰语和英语母语者对于英语单词 *abandon* 的词汇联想。她的发现表明,荷兰语母语者将 *abandon* 与 "banishment" 关联起来,而没有像英语母语人士一样联想到 "giving up"。用认知语言学的术语,荷兰语中与 *abandon* 对等的词通常激活的是一组与英语对等的词略微不同的框架。在词汇课中可以更深入地探讨这些不同的框架,使学习者能更加明确地理解它们。

同样,Verspoor 等(2008)进行了另一项研究,对英语母语者与荷兰语母语者在识别英语和荷兰语词汇联想时所花费的时间进行了对比。所有测试均以英语进行。意料之中的是,他们发现英语母语者在识别英语词汇联想时速度更快,而荷兰语母语者则是在识别典型的荷兰语联想时耗时更短。然而,这些关系仅在高频词上具有统计显著性。这一发现意味着,对一语词汇联想模式的敏感程度取决于学习者接触特定词汇的频率。他们还发现名词之间这样的关系比动词之间更加显著,这意味着与动词相比,一语中名词的百科知识网络更加根深蒂固,也更容易干扰二语系统。他们还强调,二语百科知识的发展可能是一个复杂的系统,不同类型的知识以不同的速度习得,经常还伴随着知识的耗损或习得。二语百科知识网络的发展不应被视为一种线性现象,而应被看成是不断变化的过程,即词汇之间的关联既可能形成也可能消失。

框架理论对语言教师大有裨益。例如,当学习新单词时,可以鼓励学生思考能够通过哪些不同的框架理解单词。不同语言中的单词通常涉及不同的框架,因此专门探讨框架理论有利于突显一语和二语的差异,并帮助学习者更加系统地掌握二语词汇的内涵和部分多义性质。4.7 小节将对此展开更加深入的讨论。

4.4 理想化认知模型

Lakoff(1987)进一步拓展了框架理论,提出了更具包容性的理想化认知模型(或"ICMs")理论。ICMs 是人们的世界知识相对稳定的心理表征。尽管这些模型可以非常详细,但它们需要足够抽象、模糊(这在认知语言学中也称为图式化),以便我们概括总结一系列的例子。ICMs 本身就是范畴,因此具有辐射结构(参见第三章)。比如前文大学的例子表明,人们具备大学的 ICM 并知道大学通常指获取学位的地方;大学有校园和大型行政结构;大学还会举办课外活动。其中,一些知识(例如上大学是为了获取学位)比其他知识(例如大学通常会举办课外活动)更具原型性,但不论哪种知识都能帮助我们理解人们口中的大学。Lakoff 选择使用术语"ICM"的原因是,ICMs 通常是抽象的且能应用于各种语境之中(因此它们是"理想化的"),它们存在于思维之中(因此是"认知的"),它们只是表征(因此是"模型")。

Lakoff 指出,ICM 主要有五种类型:命题 ICMs、意象图式 ICMs、隐喻 ICMs,转喻 ICMs,以及象征 ICMs。每种 ICM 都以自己的方式运作,帮助我们理解不充分赋值的语言。其中,四种 ICMs 将在后续章节中深入讨论,不在此赘述。本节的重点是第一种 ICM,即命题 ICM,因为命题 ICM 能使我们洞察百科知识的本质,并突出双语心理词汇的许多特征。

前文引用的*单身汉*、*母亲*、*电视*和*大学*的例子都可以涉及命题 ICMs,因为它们的意义取决于人们对世界或对特定情况下通常会发生特定事件的固有认知。命题 ICMs 与"场景图式(scene schemas)"、"事件图式(event schemas)"(Cook,1997)以及"文化模型(cultural models)"(Shore,1996)有诸多相似之处。它们将我们对世界的常规知识进行编码,我们则使用它们来理解语言。例如,当朋友说他们"went out last night(昨晚出去了)"时,我们可能会用 *going out*(出去)的命题 ICM,同时结合语境信息和对朋友的了解来进行推断——他们可能去了酒吧、餐馆或电影院,去喝了一杯(可能是酒精饮料),或者去见朋友等可能。尽管上述信息实际上并未出现在"went out last night"这句话中,但在朋友的认知中,我们有足够的命题 ICM 知识推断出这些信息。

当命题 ICMs 的内容存在跨文化差异时,语言学习者可能会面临一些问题。例如,在韩国,"going to the beach(去海滩)"的 ICM 通常不包括日光浴和女性穿泳衣或比基尼,因为韩国以女性白皙而非晒黑的皮肤为美。此外,五十岁以上的韩国女性不习惯在公共场合裸露肌肤,因为这在韩国的传统教育中是不被允许的。因此,如果一位年长的韩国女士告知西方人自己要去海滩,那么听话者脑海中的画面可能与说话者的意图大相径庭(Yeongsil Ko & Grace Wang,个人通讯),西方人可能无法像韩语母语者那样"理解"她的意思。

如果二语心理词汇的发展需要建立类似于该语言母语者所具有的词汇联想,那么我们可以看到不同的命题 ICMs 如何让我们以不同的方式来构建词汇(参见 Esbrí-Blasco & Ferrando,2023;Perović & Vuković-Stamatović,2021)。如前所示,一提到沙滩,许多英语母语者很快联想到"日光浴"。而韩国英语学习者则可能不太容易产生这些联想。第二语言学习包括学习利用现有输入推断该语言的母语者具有何种命题 ICMs,并以此建立起类似于目标语的词汇关联。许多情况下,这种学习或许是隐性的,因为教科书或语言课堂几乎不涉及命题 ICMs 的内容。另一个问题是,命题 ICMs 的知识需要通过语境推断得出,因此其习得难度要大于许多浅层的语言特征,如英语中的复数后缀 s。

因此,命题 ICMs 能在认知上解释心理词汇的构建方式,并在某种程度上能够预测一语与二语使用者的相对词汇结构。命题 ICMs 极有可能是单词之间的聚向组合关系的基础。例如,英国人对狗的命题 ICM 可能包括:狗有四条腿和一条尾巴,多为宠物,通常有名字,等等。为了举例说明,我们一起看看《爱丁堡词汇联想词典》(Edinburgh Word Association Thesaurus)(http://www.eat.rl.ac.uk/)中收录的英国母语者对狗一词产生的词语联想。该词库收录了由 100 名英语母语者产生的 8,400 个单词的联想。该列表显示,许多联想都涉及了此命题 ICM:

CAT(猫)	JASPER(贾斯珀)
COLLAR(项圈)	LABRADOR(拉布拉多)
BARK(吠叫)	LEAD(引导)
LEG(腿)	LEASH(绳索)
ALSATIAN(阿尔萨斯)	LEGS[腿(复数)]
ANIMAL(动物)	MAN(男人)
BERRY(浆果)	MOUSE(老鼠)
BITE(咬)	MUCK(污物)
BLACK(黑色)	OURS(我们的)
BOW(蝴蝶结)	PAW(爪子)
CARNIVORE(肉食动物)	PET(宠物)
CHEES(奶酪)	RACING(比赛)
COUNTRY(乡村)	RUN(跑)
DARK(凶恶的)	SHAME(羞耻)
DINNER(晚餐)	TAIL(尾巴)
FIGHT(打架)	TONGUE(舌头)
GUN(枪)	WHISTLE(吹口哨)
HOT(热的)	

研究发现,与母语者相比,二语学习者在词汇联想测试中产生较少聚合反应,而且出现聚合反应的可能性随着语言水平的提高而增加(Soderman, 1993)。此外,无论是母语者还是非母

语者,对某一单词产生聚向组合反应的可能性与参与者认为自己对该单词的了解程度直接相关(Wolter,2001),这是因为聚合知识与类似目标语言的命题 ICMs 的习得密切相关。例如,对许多英语者而言,圣诞节的命题 ICM 包括"以家庭为中心",而在韩国则并非如此。在韩国,圣诞节主要是年轻夫妇去庆祝,有点像英国的情人节。因此,韩国单语和单文化者通常不会产生家庭的聚合联想。韩国英语学习者需要通过接触西方文化以了解这种关联。同样,韩国人对 salad(沙拉)的理解也大不相同。在韩国,"沙拉"通常指的是抹了蛋黄酱的卷心菜丝,因此韩国英语学习者需要在沙拉、生菜和西红柿之间建立聚合关联,而英语国家的韩语学习者则需要加强与韩语"卷心菜丝"的联想。这两个例子(特此感谢 Yeongsil Ko 和 Sung Ho Lee)表明了心理词汇中的关联可以多大程度地由文化特异的命题 ICMs 决定。因此,命题 ICMs 和聚合知识之间存在明显关联,那么横向组合知识呢?

乍看之下,横向组合知识似乎比聚向组合知识更像是语言的表层特征,可能更适用于感知学习。学习者通过听觉掌握搭配,而依赖于命题 ICMs 的聚合关系则需要学习者对目标语言的文化进行更深入的分析。但事实真的完全如此吗?横向组合关系或搭配是否总是属于语言的表面特征,还是有时也反映了潜在的 ICMs?乍一见,人们可能会认为搭配只是一种表面的现象,语言学习者只需要学习即可。根据语料库语言学家的观点,搭配通常为理解特定话语群体的意义提供深刻的见解。John Firth(1957:11)的名言概括了这种情绪观照,即"从一个词的同伴知道这个词(You shall know a word by the company it keeps)"。事实上,实证研究也表明,搭配经常间接地反映潜在词义(Walker,2008a,2008b)。因此,从认知语言学的角度来看，搭配在一定程度有其"理据性"，受到其他因素的驱动且并不总是任意的。为说明这一点，我们一起看看柯林斯英语语料库中 *dog* 最常见的搭配：

a(一个)	his(他的)
like(喜欢)	cat(猫)
your(你的)	walking(散步)
my(我的)	hot(热的)
owner(s)[主人(们)]	cat(吃)
walk(遛)	her(她的)
pet(宠物)	mad(生气的)
barking(吠叫)	food(食物)
eared(有耳的)	

不难发现，这个列表中的大多数单词与我们可能对 *dog* 所拥有的命题 ICMs 相关。英美国家的本土人士对 *dog* 这个词的命题 ICM 包括：狗是宠物，狗的主人是人类(因此是我的、你的和他的)以及由人类喂养；狗戴项圈，狗喜欢被带去散步；狗经常吠叫，并追赶猫。因此我们可以看到命题 ICM 是如何影响词语联想模式的。如后续章节所示，该列表中的其他词汇(*mad*，*hot* 和 *eared*)都与隐喻和转喻的 ICMs 有关。也许是因为母语者和高水平学习者对单词和概念的 ICMs 有深入的了解，所以他们能够使用地道的搭配。因此，我们可以通过引导学习者学习 ICMs，帮助他们更好地了解词汇在目标语言中的聚向和横向组合关系，并通过扩展以提高学习者的词汇知识深度和搭配能力。

后续章节将逐一讨论由 Lakoff 提出的其他四种 ICM：意象图式 ICMs、隐喻 ICMs、转喻 ICMs，以及象征 ICMs。意象图式 ICMs 是抽象的概念表征，直接源于人们与世界的日常互动。

它们来源于感觉和感知经验,因此被认为是"具身的"(Evans,2007)。例如,婴儿知道可以把东西放进容器和从容器中取出,东西会上升和下降,或者东西可以是热的或冷的。当孩子把这些一般经验从直接经验中抽象出来,并且能够将其视为更普遍的人类经验时,可以说此时已经形成了意象图式。其他意象图式包括运动、平衡和力量,它们首先都以身体为基础。第七章将更深入探讨具身的概念,并讨论人们如何利用这些基本的身体经验谈论更为抽象的概念。这对语言学习与教学具有重要意义:尽管这些基于具身体验的隐喻及其扩展因语言而异,但基本的身体经验本身具有普遍性。人们已经提出了利用这一现象的各种语言教学方法,第七章也将讨论这些方法的相对有效性。简言之,意象图式 ICMs 与命题 ICMs 一样影响着心理词汇中的词汇关联。这些联系可以完全是字面意义上的(如"上"与"下"在词汇上的相关),也可以是隐喻意义层面的(如"热"与"激情"相关)。语言对意象图式 ICMs 的不同隐喻扩展方式会使心理词汇形成不同类型的关联。

Lakoff 还提出了隐喻 ICMs 和转喻 ICMs,第五章和第六章将对此进行深入讨论。尽管 Lakoff(1987)认为隐喻和转喻大多为静态的 ICMs,但其他研究人员(如 Ruiz de Mendoza & Mairal Uson,2007)揭示了作为动态认知过程的隐喻和转喻如何在既存的 ICMs 之中和之间运作。许多概念隐喻和转喻源于人们根据具体经验理解抽象概念的需求。已有研究探讨了概念隐喻的跨语言差异、概念隐喻(而非转喻)的潜在语言教学效果,以及概念隐喻与搭配之间的关系。这些对词汇学习具有重要意义的研究在 Littlemore 和 Low(2006)以及本书的第六章和第七章中作了深入讨论。现在,我们暂时先回到以上 *dog* 一词的词语联想与搭配列表上,可以发现它们大多数都涉及常规的隐喻和转喻扩展。例如,*奶酪*可能与热狗(hotdogs)有关,*晚餐*可能与习语"a dog's dinner(乱七八糟)"有关,*羞耻*可能与意为丢脸的习语"to be in the doghouse"有关。列表中*腿*(leg)一词可能反映了"dog leg"这一隐喻表达,指的是道路或小路的急转弯。在词组中,*mad* 可能指的是"mad dogs and Englishmen go out in the midday sun"这首歌,和/或暴力或强壮的男性的绰号,*eared* 可能指的是"dog-eared"这一表达,意思是破旧不堪。

最后,在象征 ICMs 中,Lakoff 认为语言在本质上是象征性的,形式—意义关系超越了单词层面。语法构式具有真正的认知地位,而不仅仅是由更普遍的语法规则产生的附带现象。如此一来,Lakoff 为语言的构式语法方法奠定了基础,第九章也将对构式语法在语言教学中的应用展开讨论。在本节中,我们看到 Lakoff 提出了五种"理想化认知模型"。第一种(命题 ICMs)也许能解释心理词汇中单词之间许多聚合关系和横向组合关系。第一语言和目标语言的 ICMs 差异也许可以解释为何二语学习者在词语联想任务中的反应有别于母语者。学习者需要很长时间才能习得目标语言的 ICMs,这可以说明为什么二语的词汇网络构建如此缓慢,尤其是涉及纵向聚合关系的。采用显化的教学方式教授目标语言 ICMs 在帮助学习者增强二语词汇网络密度方面具有潜在优势,可以加深他们对二语词汇知识的理解(Holme, 2009)。下一节将转向另一个视角讨论百科知识这一概念可以加深我们对心理词汇构成的理解的另一种方式,即百科知识沿着连续统分布这一观点。

4.5 百科知识的连续统

如前所示,尽管百科知识网络庞大而复杂,但仍然可以识别出一定的结构。此外,有人认为,大多数类型的百科知识都能归属于数量有限的连续统。Evans 和 Green(2006)概述了四个连续统:从通用到具体、从内在到外在、从规约到非规约,以及从典型到非典型。为说明这些连续统与词汇网络之间的关系,下文将结合《爱丁堡词汇联想词典》中提示词 *dog* 所激活的词语联想以及前文列举的 *dog* 的搭配逐一探讨这四个连续统。

通用到具体的连续统指的是知识对同一范畴中不同成员的应用程度。例如,某人知晓自己所熟悉的某只狗是白色并带有棕色斑点的,这种认识就构成了 Evans 和 Green 所说的"具体"知识,而狗通常是毛茸茸的知识则更接近该连续统的"通用"端。在第 107 页的列表中,诸如 *tail*,*tongue*,*legs* 等词反映了通用知识,而诸如 *dark*,*black*,*Jasper* 等词则代表了更具体的知识。

内在到外在的连续统指的是知识与某实体内部属性的关联程度。鉴于此,人们对狗的内在百科知识包括狗一般有四条腿、毛发和一条尾巴。外在知识则包括人类会遛狗或带它们参加狗的展览等。外在知识很可能深受文化的影响,因此可能对语言学习者带来重大挑战。狗的特征相当普遍,但个人对狗所施加的行为(是否更有可能遛狗,让狗参加表演或吃狗肉)在很大程度上取决于个人所在的文化背景。接近该连续统的外端有着狗的所谓的"典型特征",可以说这些"特征"通常具有一定的文化特性,例如,部分西方文化认为,狗应该是忠诚而友好的,是"人类最好的朋友",等等。在本书第 107 页列出的《爱丁堡词汇联想词典》中"狗"的词汇联想中,诸如 *paw*,*bark*,*legs* 等词反映了内在知识,而诸如 *collar*,*fight*,*pet*,*whistle*,*racing* 等词都反映了外在知识,因为它们是特定社会中人们赋予狗的属性或活动。外在知识给语言学习者带来的挑战可能最为严峻,因其并非总是直接源于学习者对相关实体的实际经验,而是需要根据自身对目标语言的所读和所听推断得出。这也解释了为何母语者的词汇联想网络中一些强关联的词汇联想在语言学习者的网络中却很微弱,甚至不存在。

规约到非规约的连续统指的是话语社区的不同成员对知识的了解程度与共享程度。非规约的百科知识是指个人可能具备的关于狗的特殊知识。在《爱丁堡词汇联想词典》收录的词汇联想中(参见本书第 106 页),诸如 *tail*,*bark*,*paw* 等词反映了关于狗的规约的百科知识。个人关于狗的非规约知识可能包括某天早上下楼时被自己的狗绊倒了等情形。这种知识往往因人而异,因此不太可能出现在高频词汇联想的统计结果中。然而请谨记,学习者往往具备此类知识,因为它们导致不同学生对同一任务和语言输入的反应不尽相同,同时也有助于解释为什么语言教学的效果难以完全预测。

典型到非典型的连续统是指涉及某实体知识的独特程度。典型知识是区分该实体与类似实体的要素。例如,上面的列表中,如 *bark*,*Alsatian*,*Labrador* 等词尤其适用于狗,而其他单词,如 *legs*,*paw*,*run*,则适用于任何动物。

这些连续统可以为词汇的深入学习教程提供基础框架,帮助学习者加强其词汇联想网络并关注词汇意义的文化内涵。典型到非典型的连续统可能有助于定义专业词汇和行业术语,第 4.6 节和第 4.7 节将对此进行讨论。

综上所述,我们可以将词语之间的横向组合和聚向组合关系看作是反映百科知识基本框架、ICMs 和连续统的附带现象。百科知识及其相应的词汇联想网络是基于使用的、动态的。也就是说,它们形成于人们与世界的日常互动中,并根据人们与不同现象互动的性质和程度以非线性的方式发展或缩小。在学习的早期阶段,二语百科知识网络可能与一语网络存在寄生关系,但随着语言水平的提高和网络内部新联系的形成,L2百科知识网络将逐渐形成自己的特性。然而,据观察,二语网络构建极其缓慢,几乎是"乌龟般的"速度(Aitchison,1994:179)。为了形成并巩固联系,单词需要在各种不同的语境中与不同类型的单词一起出现。Verspoor等人(2008)认为,随着时间的推移,语言学习者会发展出具有目标语言特征的关联,但他们也会保留母语拥有的关联。因此,双语词汇比单语词汇更加丰富与密集,其积累速度也非常缓慢。为加快双语词汇关联的形成,也许应该在语言课堂上明确关注框架和ICM。

4.6 应教授百科知识的哪些方面?

如上一节所示,百科知识涉及更深层次的二语词汇知识,因此是第二语言学习的重要组成部分。在学习词汇时,不仅需要考虑其外延意义,还需要考虑内涵意义以及相关的框架和ICMs。让学生在单词和"概念"之间寻找直接对等关系的做法并不值得提倡。相反,我们需要让学生了解词汇项目通常涉及的各种框架和ICMs,并引导他们接受意义的模糊范畴从而更易适应不同语境的方式。如果要学习者能够相对灵活地、富有创造性地使用所学语言,那么这种教学更加必不可少(参见Giovanelli,2014;Shamanova,2017)。百科知识也是文化素养的重要组成部分(Fisekcioglu,2022)。然而问题在于,应该教授百科知识的哪些方面以及如何教授?

无论以哪种显性的方式教授百科知识,都不可避免地要对词汇的意义和内涵进行深入探讨,即Nation(2001)所说的"丰富的教学(rich instruction)"。Nation指出,在教授学习者遇到的每个单词时,"丰富的教学"会造成学习强度过高,因此并不可行,教师需要为学生决定哪些词汇需要详细学习,哪些只需简单解释。尽管这会因语境而有所不同,但教师至少可以根据两个原则做出选择。首先,Nation 认为丰富的教学主要针对语言中的高频词。本人想补充的是,教师还需考虑这些词在学生未来涉足的某个话语群体中的使用频率。第二,Wierzbicka(1997,2006)所说的文化关键词(cultural keywords)是适合这类教学的第二类词。她认为,文化关键词是整套文化价值观的"焦点"。它们为理解不同语言所传递的不同世界观提供了窗口,将一系列文化特异价值观浓缩成一个词或表达,如果不经过深入解释,是较难甚至是不可能翻译的。因此,有些概念可以用某些语言简洁地表达出来,但在其他语言中则不然。日语单词 *monoganashii* 就是一个很好的例子,大意是"我很伤心,因为一切都转瞬即逝,没有什么是永恒的",但其确切含义的确难以用英语解释清楚。另一个例子是法语表达"Il n'est pas bien dans sa peau(他皮肤不太好)",意味着他对目前的状态感到有些不安或不适。

  文化关键词的概念也适用于形态学层面。西班牙语中的指小词 *ita* 和 *illa* 属于"文化关键词"。Ruiz de Mendoza(2008)指出,这些指小词具有独立但重叠的意义,并且这些意义具有高度的文化特异性。它们不仅表示缩小,也指的是可爱、合意、轻蔑、讽刺和模糊的概念。Ruiz de Mendoza 认为,这些概念运行于重叠的辐射范畴中。如果学习者能够恰当地使用这些意义,其西班牙语听起来也将更加真实地道。通过文化关键词研究百科知识的不同含义和领域也许有助于语言教学,为学习者提供了一条"进入"目标语言和文化同时涉及认知语言学和社会语言学的"通道"。

  Wierzbicka(1997)在其研究中将文化关键词的概念与文化

脚本(cultural scripts)的概念相联系。文化脚本指的是一系列文化价值观和观念,通常具有历史背景,或者与国家的政治或宗教有关。因为它们在文化中根深蒂固,因此也开始出现在语言中。例如,她指出,英语明显存在着与自由、自主权、顾及他人感受和观点相关的文化脚本,并认为这种文化脚本通过表示礼貌和保持距离的手段来表达。相比之下,俄语存在着表示灵魂和命运重要性的文化脚本,赋予了这些概念在英语中所不具备的伤感色彩。有学者认为(Goddard,2004),文化脚本为语言教学提供了有用的工具,能够借助它们更深入地理解目标语言中的礼貌现象。但是,在语言课堂上使用文化关键词和脚本时需加谨慎,因其容易导致以偏概全和刻板印象。一个可行的方法是利用目标语言的文学摘录,甚至是相关的艺术和音乐作品,为学生提供真实的输入,让他们利用这些信息得出自己的结论。因此,文化脚本需以第二语言使用者的原声呈现,无需语言教师的介入。

4.7 如何教授百科知识?

在简要讨论了应该教授百科知识的*哪些*方面之后,我们现在转向更加棘手的问题:*如何*教授这些知识。如前所述,隐性学习模式下的语言学习者对大部分百科知识的习得都非常缓慢,这是学习者需要在不同的语境中反复接触相关的单词才能建立起相关的百科知识的原因。然而,教师确实可以让学生注意到百科知识中更具文化特异性的领域,因此显性教学有时的确有其合理之处。在 Holme(2009)中,可以找到许多基于课堂的巧妙活动,帮助学习者建立第二语言的百科知识。这些活动包括鼓励学习者思考范畴成员特征的活动,使用视觉材料将学习者的注意力集中在单词之间的关系上的活动,以及涉及识别给定词汇的百科意义的协作性小组活动。这里,我提出了一些其他可能的想法。

刻意讨论上述的百科知识连续统也许是发展百科知识的有效途径。该方法将突显百科知识、文化内涵、词汇联想网络和搭配之间的关系,从而一定程度上将元语言意识引入课堂(Svalberg,2007)。百科知识领域的相关研究也表明,在语言课堂上重新引入对比分析和翻译的方法也许并不是不可行。事实上,最新研究显示,通过在课堂上明确讨论不同单词的百科知识网络领域的跨语言差异,教师可以在知识深度和搭配意识方面大幅提高学生的词汇学习效率(Laufer & Girsai,2008)。

帮助学习者发展目标语言百科知识的另一种方法是强化输入(enhanced input),指的是使学习者关注目标语言中特定(通常是语法)形式(Sharwood Smith,1993)的一系列方法。强化输入方法包括简单地强调或突显目标语言结构、明确解释语法规则,以及在课堂上纠错等。研究普遍表明,强化输入的确能促进习得,但对于语言不同领域的促进程度不尽相同(Han等,2008)。问题在于,强化输入是否适用于百科知识教学?如果可行,该以何种形式进行教学?

对此,Picken(2007)回应了一个相当新颖的答案,与上述讨论的文化脚本存在关联。他强烈建议将文学引入第二语言课堂中。该观点的核心依据是,文学的措辞较为特殊,能够突出文本的语言特征,从而使读者放慢速度,关注特定单词和短语。Picken认为,该方法具有"图式刷新(schema refreshing)"效应,鼓励学习者对语言进行解释性反思,进而有助于语言学习。Picken的观点非常适用于百科知识的教学。例如,以下是阿德里安·亨利(Adrian Henri)的诗歌《今夜正午时分》(Tonight at Noon)的节选。我们可以看到,通过与读者预期相反的表达,作者让我们敏锐地注意到一系列既存的ICMs,并帮助我们识别出几种存在于(英式)英语中的文化脚本：

> 今夜，正午时分
> 超市将宣传物价飙升三便士
> 今夜，正午时分
> 幸福家庭之子将被遗弃孤儿院
> 大象会谈论人间趣闻
> 美国会向苏联宣告和平
> ……
> 而你将对我说
> 你爱我
> 今夜，就在正午时分

这首诗所呈现的百科知识包括以下事实：超市通常宣传降价而非涨价；来自不幸的家庭的儿童有时会被送进孤儿院；大象有许多广为人知的趣闻；美国和俄罗斯针锋相对。尽管部分百科知识可能略显陈旧，但这首诗歌仍然可以用作讨论哪些领域的百科知识是普遍共享的，哪些更具有文化特异性。随后，还可以引导学生思考这首诗其他值得探讨的领域，甚至可以鼓励他们模仿这首诗的思路自己创作诗歌。毫无疑问，百科知识与语义网络构建的关系证明了在语言课堂中使用文学、艺术和音乐作品的合理性，它们是学习者接触单词"外来"词汇概念和目标语言文化的最佳方式(Lantolf, 1999；Niemeier, 2004)。

百科知识引入语言课堂的另一种方法是让学习者开展 Paul Meara 及其同事所使用的词汇联想任务。随后，可以让学习者阐述其选择背后的理由，鼓励他们使用上文提及的《爱丁堡联想词库》查阅母语者对同一单词的联想，并与教师讨论母语者产生这些联想的原因。此类讨论将揭示学习者和母语者 ICM

之间的重叠和差异之处,它们都是值得深入探讨的领域。

本章存在的一些不足之处在于将母语者的百科知识奉为语言学习者应该遵循的某种"规范"。该做法在近期的应用语言学研究中也饱受批评,因为许多语言学习者实际上并不以像母语者为目标,或无意与母语者互动。的确,大多数的英语互动发生在非母语者之间,而在全球,英语最普遍的作用是为母语不同、且无共同(民族)文化的人搭建起沟通的桥梁(Seidlhofer,2005)。对于这些学习者而言,将他们的词汇联想网络与母语人士的进行比较似乎无关紧要,或者更言重些,具有一定的侮辱性。根据 Seidlhofer(2004)的观点,我们应该将英语使用者视为通用语(ELF)的"语言使用者本身",同时承认"描述英语作为通用语以及英语作为一种母语各自的显著特征是合理且有必要的"(同上:209)。

问题在于:如果百科知识对网络知识构建如此重要,那么将英语作为通用语言的使用者如何建立足够相似的知识网络以相互理解?答案可能和其开启交流的原因有关。随着全球交流的增加以及跨国话语共同体的形成,个人的百科知识将愈发不受所在国家的限制,而是更多地受到居住在国外但拥有相同兴趣或从事相同职业的朋友和同事的影响。ELF 使用者将形成自己的框架和 ICMs,它们跨越国界并因话语共同体而异。对于想要为 ELF 制定语言的描述语的 ELF 研究者来说,其面临的挑战在于如何识别这些新框架和 ICMs,并研究它们如何影响不同 ELF 共同体所形成的词汇网络。

4.8 结语

在本章中,我们探讨了百科知识对词汇网络的作用,以及框架和 ICMs 如何参与网络中聚向组合和横向组合关系的形成。

百科知识连续统可以帮助我们识别语言学习者构建二语词汇联想网络时的潜在困难。如前所示,文化关键词和文化脚本为我们了解目标语言百科知识网络提供了窗口,而将它们引入教学的最佳媒介也许是目标语言的文学、艺术和音乐作品,或者是开展词汇联想任务。我们还讨论了在课堂上明确传授百科知识的一些方法。在接下来的两个章节中,我们将聚焦与百科知识密切相关的两个概念:隐喻和转喻。

参考文献

Aitchison, J. (1994). *Words in the Mind. An Introduction to the Mental Lexicon* (2nd ed.). Blackwell.

Cook, G. (1997). Schema. *English Language Teaching Journal, 51* (1), 86.

Esbrí-Blasco, M., & Ferrando, I. N. I. (2023). Thematic Role Mappings in Metaphor Variation: Contrasting English Bake and Spanish Hornear. *Poznan Studies in Contemporary Linguistics, 59.* https://doi.org/10.1515/psicl20221020

Evans, V. (2007). *A Glossary of Cognitive Linguistics.* Edinburgh University Press.

Evans, V., & Green, M. (2006). *Cognitive Linguistics: An Introduction.* Edinburgh University Press.

Fillmore, C. (1975). An Alternative to Checklist Theories of Meaning. In *Proceedings from the First Annual Meeting of the Berkeley Linguistics Society* (pp. 123–131). North Holland.

Firth, J. R. (1957). *Studies in Linguistic Analysis.* Wiley-Blackwell.

Fisekcioglu, A. (2022). Language Worldview and Action-Oriented National Folklore Elements Approach for Teaching Turkish as a

Foreign Language. *Educational Policy Analysis and Strategic Research*, 17(1), 312–329.

Giovanelli, M. (2014). *Teaching Grammar, Structure and Meaning: Exploring Theory and Practice for Post-16 English Language Teachers*. Routledge.

Goddard, C. (2004). "Cultural Scripts": A New Medium for Ethnographic Instruction. In M. Achard & S. Niemeier (Eds.), *Cognitive Linguistics and Foreign Language Teaching* (pp. 143–163). Mouton de Gruyter.

Haastrup, K., & Henriksen, B. (2000). Vocabulary Acquisition: Acquiring Depth of Knowledge Through Network Building. *International Journal of Applied Linguistics*, 10(2), 221–239.

Han, Z., Park, E. S., & Combs, C. (2008). Textual Enhancement of Input: Issues and Possibilities. *Applied Linguistics*, 29(3), 597–618.

Hanks, P. (2013). *Lexical Analysis: Norms and Exploitations*. Cambridge University Press.

Holme, R. (2009). *Cognitive Linguistics and Language Teaching*. Palgrave Macmillan.

Jiang, N. (2004). Semantic Transfer and Its Implications for Vocabulary Teaching in a Second Language. *The Modern Language Journal*, 88(3), 416–430.

Lakoff, G. (1987). *Women, Fire and Dangerous Things: What Categories Reveal About the Mind*. University of Chicago Press.

Langacker, R. W. (1987). *Foundations of Grammar (Cognitive Prerequisites)* (Vol. 1). Stanford University Press.

Lantolf, J. P. (1999). Second Culture Acquisition: Cognitive Considerations. In E. Hinkel (Ed.), *Culture in Second Language Teaching and Learning* (pp. 202–251). Cambridge University Press.

Laufer, B., & Girsai, N. (2008). Form-Focused Instruction in Second Language Vocabulary Learning: A Case for Contrastive Analysis and Translation. *Applied Linguistics, 29*(4), 694–716.

Lee, D. (2001). *Cognitive Linguistics. An Introduction.* Oxford University Press.

Littlemore, J., & Low, G. (2006). *Figurative Thinking and Foreign Language Learning.* Palgrave Macmillan.

Meara, P. (2007). Simulating Word Associations in an L2: The Effects of Structural Complexity. *Language Forum, 33*(2), 13–31.

Meara, P. M., & Wolter, B. (2004). Beyond Vocabulary Depth. *Angles on the English Speaking World, 4*, 85–97.

Nation, P. (2001). *Learning Vocabulary in Another Language.* Cambridge University Press.

Niemeier, S. (2004). Linguistic and Cultural Relativity - Reconsidered for the Foreign Language Classroom. In M. Achard & S. Niemeier (Eds.), *Cognitive Linguistics and Foreign Language Teaching* (pp. 95–118). Mouton de Gruyter.

Perović, S., & Vuković-Stamatović, M. (2021). Universality and Cultural Variation in the Conceptualisation of Love via Metaphors, Metonymies and Cultural Scripts: The Case of Montenegrin. *CÍRCULO de Lingüística Aplicada a La Comunicación, 85*, 45.

Picken, J. (2007). *Literature, Metaphor and the Foreign Language Learner.* Palgrave Macmillan.

Read, J. (2004). Plumbing the Depths: How Should the Construct of Vocabulary Knowledge Be Defined? In P. Bongaards (Ed.), Vocabulary in a Second Language. *Selection, Acquisition and Testing* (pp. 77–98). John Benjamins.

Ruiz de Mendoza, F. J. (2008). The Case of Spanish Diminutives and Reflexive Constructions. In S. De Knop & T. De Rycker (Eds.),

Cognitive Approaches to Pedagogical Grammar (pp. 121–154). Mouton de Gruyter.

Ruiz de Mendoza, J., & Mairal Uson, R. (2007). High Level Metaphor and Metonymy in Meaning Construction. In G. Radden, K. M. Kopcke, T. Berg, & P. Siemund (Eds.), *Aspects of Meaning Construction* (pp. 45–73). John Benjamins.

Schmitt, N. (1998). Tracking the Incremental Acquisition of Second Language Vocabulary: A Longitudinal Study. *Language Learning*, 48(2), 281–317.

Schmitt, N. (2000). *Vocabulary in Language Teaching*. Cambridge University Press.

Seidlhofer, B. (2004). Research Perspectives on Teaching English as a Lingua Franca. *Annual Review of Applied Linguistics*, 24, 209–239.

Seidlhofer, B. (2005). English as a Lingua Franca. *English Language Teaching Journal*, 59(4), 339–341.

Shamanova, A. S. (2017). Theoretical Aspects of Encyclopaedic Knowledge and Second Language Vocabulary Teaching. In *Актуальные исследования молодых ученых в области гуманитарных наук* (pp. 133–137).

Sharwood Smith, M. (1993). Input Enhancement in Instructed SLA: Theoretical Bases. Studies in Second Language Acquisition, 15, 165–179.

Shore, B. (1996). *Culture in Mind*. Oxford University Press.

Soderman, T. (1993). Word Associations of Foreign Language Learners and Native Speakers: The Phenomenon of a Shift Bin Response Type and Its Relevance for Lexical Development. In H. Ringbom (Ed.), *Near-native Proficiency in English* (pp. 91–182). Abo Akademi.

Svalberg, A. (2007). Language Awareness and Language Learning. *Language Teaching*, 40, 287–308.

Verspoor, M. H. (2008). Cognitive Linguistics and Its Applications to Second Language Teaching. In J. Cenoz & N. H. Hornberger (Eds.), *Encyclopaedia of Language and Education (Knowledge About Language)* (Vol. 6, 2nd ed., pp. 79–91). Springer Verlag.

Verspoor, M., Lowie, W., & Seton, B. (2008). Conceptual Representations in the Multilingual Mind. In Cognitive Approaches to Second/Foreign Language Processing: Theory and Pedagogy. *Papers from the 33rd International LAUD symposium, Landau, Germany* (pp. 928–945). LAUD Linguistic Agency.

Walker, C. (2008a). *A Corpus-Based Study of the Linguistic Features and Processes Which Influence the Way Collocations Are Formed.* Unpublished PhD Dissertation. University of Birmingham.

Walker, C. (2008b). Factors Which Influence the Process of Collocation. In F. Boers & S. Lindstromberg (Eds.), *Cognitive Linguistic Approaches to Teaching Vocabulary and Phraseology* (pp. 291–308). Mouton de Gruyter.

Wierzbicka, A. (1997). *Understanding Cultures Through Their Keywords.* Oxford University Press.

Wierzbicka, A. (2006). *English: Meaning and Culture.* Oxford University Press.

Wilks, C., & Meara, P. (2002). Untangling Word Webs: Graph Theory and the Notion of Density in Second Language Word Association Networks. *Second Language Research, 18*(4), 303–324.

Wolter, B. (2001). Comparing the L1 and L2 Mental Lexicon. *A Depth of Individual Word Knowledge Model. Studies in Second Language Acquisition, 23,* 41–69.

Wolter, B. (2006). Lexical Network Structures and L2 Vocabulary Acquisition: The Role of L1 Lexical/Conceptual Knowledge. *Applied Linguistics, 27*(4), 741–747.

5 "眉头"和"辣妈":隐喻和第二语言学习

5.1 引言

隐喻和转喻构成了人类思想与交流核心的两大认知过程。简言之,隐喻基于替代和相似关系,而转喻基于临近性关系。隐喻是指用另一件事看待某事,解读者的任务在于识别两者的相似之处,从而理解足球评论员为何将大获全胜描述为"利物浦足球队在公园里散步"等表述。转喻指的是用某物指代与其实际相关的事物,例如,"好莱坞"指代美国电影业,"华尔街"指代美国金融服务业。Jakobson(1971)提出,隐喻和转喻构成人类思想的两极,这一著名观点也得到了印证:隐喻和转喻普遍存在于艺术、语言、音乐和雕塑等符号系统中。通常情况下,隐喻和转喻共同作用,并且深深地植根于我们所使用的语言中,以至于我们常常难以察觉它们的存在。然而,语言使用隐喻和转喻的程度和方式各不相同,这对二语学习者而言可能会产生重大影响。

如第三章所示,即使是高水平的语言学习者也倾向于避免使用词汇的隐喻意义,更愿意使用字面意义。即便语言学习者所接触的语言中含有大量隐喻,情况也是如此。对此有两种可能的解释。第一种是,由于某种原因,学习者没有发现自己所接触的语言输入中存在语言的隐喻用法。词汇的隐喻意义对学习者而言并不突出,或者学习者尚未学会留意隐喻意义。第二种解释是,隐喻意义的确存在于学习者的被动词汇中,但尚未转换为主动词汇,原因可能在于学习者对正确使用隐喻意义缺乏信心。无论如何,这些发现都表明,为能在目标语言中正确地使用隐喻,语言学习者需要得到相应的帮助。

学习者在理解隐喻方面也可能需要帮助。Picken(2007)表示,日本的英语学习者在遇到英语中的常规隐喻时往往会认为其非常新奇和富有创意。他们关注基本意义,并试图借此来理解具体语境中的隐喻含义。这一发现与该领域的近期研究一致(如 Kecskes,2006)。近期研究表明,与母语者相比,隐喻表达的基本意义对于语言学习者而言往往更加显著,因此语言学习者也更有可能尝试解构隐喻表达。这项研究对语言学习和教学具有重大意义,因其表明语言学习者采取的隐喻/习语理解策略不一定与母语者所使用的相似,而且基于第一语言处理的理论不能自动迁移到第二语言教学中。如果学习者处理隐喻的方式比母语者机械,那么可以利用这一事实来达到语言学习的目的。

在 SLA 隐喻的教学和学习方面已经做了大量工作,详细概述可见 O'Reilly 和 Marsden(2021a,2021b)、Littlemore 和 Low(2006)、Nacey(2016)和 MacArthur(2016a,2016b)。本书的目的不是重复该专著所提出的观点,而是评估隐喻的认知语言学观点以及该领域的最新研究成果在语言学习中的应用,并补充自该专著出版以来的研究进展。首先,本章将简述概念隐喻理论(conceptual metaphor theory,CMT),随后探讨推动该理论不断发展和完善的挑战。全章将重点讨论这些进展与第二语言学习和教学的关系。

5.2 概念隐喻理论

概念隐喻理论主张,我们进行高阶推理和处理抽象概念的能力与我们和世界之间的直接物理互动相关,而这些互动正是通过许多概念隐喻实现。例如,我们通过概念隐喻"在时间上的运动即在物理空间上的运动(MOVEMENT THROUGH TIME IS MOVEMENT THROUGH PHYSICAL SPACE)"将时间移动的抽象概念与空间移动的物理体验联系起来。该概念隐喻延伸出多种表达,如"回顾(looking back)"、"让我们向前推进(let's take this forward)"、"继续前进(move on)",等等。通过认知的具身化(参见本书后续章节),"理解(understanding)"和"思考(thinking)"经常表述为"看见(seeing)",如"我理解你的意思(I see what you mean)"。

因此,根据概念隐喻理论,概念隐喻存在于人们的思维之中,能够使人们创造和理解抽象概念。该理论最早由 Lakoff 和 Johnson(1980)阐述,他们认为概念隐喻塑造了人们的感知方式、思维方式以及行为方式。根据 Lakoff(1993)的观点,概念隐喻代表的是习惯性思维方式,人们通常会使用更加具体的实体以识解时间、情绪、感受等抽象概念。

概念隐喻通常以大写的"A 是 B(A IS B)"结构表示。例如,在概念隐喻"时间的流逝即向前的运动(PROGRESS THROUGH TIME IS FORWARD MOTION)"中,时间的流逝(抽象概念)隐喻化为向前的运动(更加具体的实体)。"向前的运动"构成源域(source domain),"时间的流逝"构成目标域(target domain)。该概念隐喻也许是柯林斯英语语料库中例(28)—(32)所共有的基础结构:

(28) We need to *plan ahead*

我们需要提前计划

(29) *Back in the spring of 1754*

回到1754年的春天

(30) Now it's time to *move on*

现在是时候向前看了

(31) He was the right man to *take it forward*

他是推进工作的合适人选

(32) We can *look back* to Greek and Roman civilization

我们可以回顾希腊和罗马文明

  Lakoff(1993)将概念隐喻的两个领域之间的关系描述为"功能",即源域的特定属性被映射到目标域上。因此,在概念隐喻"时间的流逝即地理上前进的运动(PROGRESS THROUGH TIME IS FORWARD MOTION THROUGH A LANDSCAPE)"中,源域"前进的运动"的属性,如快或慢,困难或容易,直线或曲线等,被映射到目标域"时间的流逝"上,从而产生"time passing very quickly(时间飞逝)"、"having a supremely difficult time(处于极其困难的时期)"或"time horizon(预期时限)"等表达(柯林斯语料库)。这种关系是单向的:时间的流逝被视为前进的运动,但前进的运动不一定指时间的流逝。因此,源域是宽泛的,通常是复杂的、近似集群的范畴,可以提供丰富的映射源(Littlemore & Low,2006)。正如第四章所示,概念隐喻有时被描述为意象图式ICMs,因其是存储和获取百科知识的主要方式。概念隐喻的习得被认为植根于人们与世界的物理互动,如感知环境、移动身体、施加和体验力量等。其他人惯常选择和使用意象图式的方式也会产生影响。

  最常见的一个概念隐喻是管道隐喻(conduit metaphor),即将沟通视为从一方转移至另一方的过程，因此人们可以使用"conveying information（传达信息）"以及"getting the message across（把信息传达清楚）"等表达。同样，人们通常将"争论"视为"战争"，"理解"视为"看见"，"爱"视为"物理力量"，"观念"视为"物体"。尽管不存在一对一的映射，概念隐喻仍被认为适用于每一个抽象概念。一个抽象概念可以通过几个概念隐喻理解，而一个概念隐喻可以用于解释几个抽象概念。

尽管概念隐喻理论在认知语言学及其他领域具有重大影响力，但它也受到了某些批评，因为概念隐喻研究的数量呈激增趋势。针对这一批评，Grady（1997）提出，概念隐喻实际上并不构成最基本的映射。相反，他提出了"基本隐喻（primary metaphors）"的概念，这是一种更基本的隐喻类型（Grady & Johnson，2002）。基本隐喻源于我们在世界中的具体功能（Gibbs，2006），因此比概念隐喻更基础。它们包括一些非常基本的概念，例如，"变化就是运动"、"帮助就是支持"以及"原因就是物理来源"。一个基本隐喻通常可以作为多个概念隐喻的基础，如"经验就是宝贵的财富"可以作为概念隐喻"死亡就是小偷"、"爱人就是财富"以及"机会就是宝贵的物品"的基础。

基本隐喻是经验性的，因为它们是将基本的身体体验投射到抽象领域而产生的。因此，它们代表了人类认知的更广泛观点，体现了身体体验的核心作用。具身认知的支持者认为，我们根据自己对世界的身体体验来理解抽象概念，两者是不可分割的。因此，基本隐喻是一种界限更清晰、认知性更强的具体化现象，与概念隐喻相比，它更容易接受严格的经验测试。关于具身认知理论在语言教学和学习中的潜在应用的讨论，请参见第七章。

5.3 概念隐喻和语言隐喻：跨语言的变化与对语言学习的影响

区分概念隐喻和语言隐喻意义重大。概念隐喻深植于我们潜意识中的认知结构，而语言隐喻则是表层的语言现象。需要注意的是，用以描述概念隐喻（比如时间和金钱）两个领域的词汇是否精准并不重要，或者说至少不是关键。这与语言隐喻截然相反，因为语言隐喻必须由精准的词语构成（Littlemore & Low 2006）。事实上，概念隐喻的全部意义在于与实际范例的区别。表5.1显示了概念隐喻和语言隐喻的主要差异。

表5.1 概念隐喻和语言隐喻的主要区别

概念隐喻 例：争论即战争	语言隐喻 例：马歇尔先生向曼宁先生拔出了刀子。
涉及不协调领域的共现。	涉及不协调话语的共现。
深植于言语共同体集体潜意识中的结构。	表层语言特征。
被认为构成了一个结构化系统，许多抽象思维都以此为基础。	通常被用以表达某个观点，或执行某项功能。

有时，人们理解语言隐喻（第一次遇到时）的能力可能取决于对相关概念隐喻的成功识别，而在其他情况下则可能无须如此。然而，可以识别相应的概念隐喻本身不足以确保我们能充分理解一个语言隐喻。额外的隐喻思考通常必不可少，包括需要考虑隐喻出现的语境及其承载的功能。例如，为了理解奴隶制正在走向灭亡这一隐喻，我们可以（但并非必要）通过"时间的

流逝是前进的运动"这一概念隐喻进行理解。然而,我们需要更深入的隐喻思考,才能理解这一事件已取得相当大的进展且可能没有回头路可走。因此,概念隐喻有时能帮助我们理解语言隐喻,但它们并不总是隐喻理解的必要前提和充分条件。

对第二语言教学者而言,概念隐喻和语言隐喻既是挑战也是机遇。许多概念隐喻是普遍共享的,其他的概念隐喻则因语言而异。即使是不同语言中的同一个概念隐喻,通常也有不同的使用方式(Deignan 等,1997;Kövecses,2002)。例如,Wu(2008)指出,汉语存在以下身体部位的隐喻延伸,而英语则不然:

Car head (nose of car)	车头
Boat head (nose of boat)	船头
Brush head (tip of brush)	刷头
Eyebrow head (tip of eyebrow)	眉头
Road mouth (intersection)	路口
Sleeve mouth (cuff)	袖口
Door mouth (doorway)	门口
Carry heart (worry)	担心
Put down heart (don't worry)	放心
Open heart (happy)	开心
Small heart (careful)	小心
Hot heart (enthusiasm)	热心
Concentrate heart (concentrate one's mind)	专心

这些表达似乎都基于以下的英语概念隐喻:头部即某物的前面或上面,嘴巴即开口,心脏即情绪所在的位置,但它们都以不同的方式利用这些概念隐喻。

许多研究探讨了使用概念隐喻协助词汇教学(尤其涉及短语动词时)的优势。Littlemore 和 Low(2006)对这一领域的研究进行了系统回顾。两位作者从中得出的主要结论是,总体而言,使用概念隐喻教学比不成体系的词汇教学法效果更佳,接受前者教学方法的学习者能够利用所学知识进行推断以更好地理解新词汇。我们建议对这种方法在记忆和产出方面的长期效益进行更系统的研究。

自那以后,大量实验研究确实对语言课堂中关注概念隐喻的中长期效益进行了研究(参见 Littlemore & Juchem-Grundmann,2010;Llopis García,2012,2021)。研究的结果总体上是令人鼓舞的,研究人员发现,明确关注目标语言词汇的概念隐喻基础具有许多教学优势(O'Reilly & Marsden,2021)。在利用多模态输入来教授隐喻方面,也有一些令人欣喜的发现。例如,Martín-Gascón(2023)研究了利用基于认知语言学的多模态输入(视听媒体)来教授隐喻性动作的可能性。她重点关注了状态变化结构,例如英语为母语的西班牙语学习者对 ponerse+形容词(例如:ponerse triste"变得悲伤")的理解。她发现,使用基于认知语言学的教学材料进行教学的学生,其口语和书面语水平要高于使用基于当前西班牙语/第二语言教材的传统交际法进行教学的学生。

尽管这些发现振奋人心,但将隐喻系统地纳入语言教学大纲的尝试相对较少,MacArthur(2010,2016)指出隐喻仍然没有被充分纳入语言教学大纲和课程中,这种担忧仍然存在。

5.4 隐喻的其他方面及其对语言学习和教学的影响

隐喻还有若干方面没有被概念隐喻理论所涉及。其中一些可能对第二语言的学习和教学产生影响。在这里,笔者将讨论其中的四个方面:创造性隐喻、短语模式的作用、隐喻的动态性以及混合理论。

5.4.1 创造性隐喻

对概念隐喻的一种批评是,它们通常无法充分解释更具创造性的语言隐喻,且隐喻与创造性隐喻之间的关系并不明确。为了解决这一问题,Goatly(1997)着墨于概念隐喻更富创造性的扩展,进一步发展了概念隐喻理论。他采用了"根类比(root analogies)"来代替概念隐喻,试图通过该术语说明,原始类比通常较为隐匿,与创造性表达的关系也并不总是清晰,就像花与其根茎之间的联系一样,存在却不显眼。为阐明其观点,Goatly引用了"代数是他们之间的粘合剂"这一表达。该新奇隐喻实际上是根类比"发展即向前运动"的创造性延伸,但这层关系相当复杂且不易被察觉。根(他们可能正在努力取得进步,但被代数中的难题难住了)在此,实际却不可见。因此,尽管创造性隐喻某种程度上与概念隐喻相关,但两者间的关联并不明显。所以,为实现语言教学目的,在处理创造性隐喻时应当从语言层面而非概念层面出发。

本章引言说明,即使是高水平学习者也倾向于避免在目标语中使用隐喻,而且他们甚至认为常规隐喻具有一定的"创造性"。此外,在对挪威英语学习者使用隐喻的情况进行广泛调查后,Nacey(2013)发现创造性隐喻的例子相对较少。这表明,我们或许可以尝试帮助学习者发展能力,使其能够理解与产出个人所认为的"创造性"隐喻。为此,Azuma 和 Littlemore(2010)开展了一项小型探索性研究,探讨属性匹配和格式塔训练(详见下文)对日本大学水平的英语学习者理解和产出英语隐喻表达的能力产生哪些相对效应。我们重点关注如何帮助这些学生思考英语词义中可能存在的隐喻性拓展。我们对学生们进行了前测和后测,要求他们(a)依据从未接触过的英语隐喻提供其潜在含义,(b)对自己的日常英语单词进行隐喻拓展。学生们被分为两组,两组都参与了测试这两项能力的前测与后测。在研究后续阶段,即培训课程中,参与者被分为两组。一组接受属性匹配训练,另一组接受格式塔训练。

在属性匹配环节,学生们简单了解了属性的概念及其在隐喻中的作用。随后,他们需要思考"我的老师是个女巫"这一语言隐喻可能激活的所有属性(例如,学生们可能会联想到相关属性包括:她是女性、不友善,而且可能长相丑陋)。接下来,他们需要将三位名人与一系列的形状相匹配,并列出自己选择的理由。这一指令旨在促使他们深入思考相关属性。最后,学生们需要思考这三位名人各自会是什么颜色、动物和食物,并陈述相应的理由。格式塔训练组的学生首先需要将一系列的情绪与一系列的形状相匹配。他们只需凭借自己的"直觉"进行,无需思考选择的原因。接着,他们需要画出与另一组情绪和声音相对应的形状,同样不必进行任何形式的分析。随后,他们需要进行属性匹配组的"名人"练习,但不用解释选择的原因。我们发现,接受过属性匹配训练的学生其词义隐喻性拓展能力显著提升,但接受格式塔训练的学生则没有任何进步。因此,基于该初步研究,我们推测:属性匹配训练也许能提升二语学习者的隐喻性拓展能力。这一发现验证了本章开头提到的观点,即语言学习者处理隐喻的方式要比母语者更加机械、更具解析性。在设计指导学习者处理创造性隐喻的教学活动时,应当将该发现考虑其中。最近对真实环境中隐喻使用情况的研究开始揭示出一些创造性使用隐喻的原则性方法。例如,在我们对使用隐喻描述工作场所经历的研究中,发现(Fuoli 等,2021;Littlemore

等,2023),创造性地使用隐喻可能涉及:在规约映射中引入更多细节;将隐喻与夸张相结合;影射或再语境化某个成语熟语;改变规约隐喻的效价值;改变规约隐喻的时态或词类;以新颖方式使用与转喻互动的隐喻;结合两个或多个隐喻;使用强烈、不可能或意想不到的拟人化手法;使用扩展类比/隐喻场景;使用"重复两次的、真实的"隐喻;使用对比。很多隐喻的创造性使用还涉及上述不同策略的组合。这些策略可以以系统的方式引入给学习者,以经过反复验证的、经久不衰的概念隐喻作为起点。明确关注这些策略可能有助于学习者以新颖、富有创造性的方式在目标语言中运用概念隐喻。

5.4.2 隐喻与词组模式

虽然概念隐喻可以用于隐喻教学,但它可能无法帮助学习者掌握隐喻所伴随的、对确定隐喻含义有重要作用的措辞模式(Philip,2011)。Deignan(2005)发现,围绕单词隐喻意义的习语模式往往与围绕其字面意义的习语模式不同。因此,习语模式也许对新意义的产生起着重要作用。研究证明,习语是意义的重要载体,因此在二语课堂上进行隐喻教学时必须考虑到习语的作用。任何关注概念隐喻的方法都需要有其他方法的辅助,帮助学生通过习语的方式恰当地使用隐喻。Philip(2011)提倡"发现式学习"方法,鼓励第二语言学习者将目标语言中的单词搭配模式与第一语言中的单词搭配模式进行比较,以便他们能够找出自己可能遇到的困难。她认为这种方法还可以让他们更多地反思自己的第一语言,从而提高他们的整体语言意识。

5.4.3 隐喻作为动态过程

最近关于隐喻的研究(例如 Brdar & Brdar-Szabó,2022)强调了隐喻的动态性。人们越来越认识到,隐喻意义至少部分来自语境和互动,以及与环境之间的身体互动(Gibbs,2017)。我们经常会识别概念之间的隐喻联系,这有助于我们理解和提取四周环境的意义。与此类似,Cameron 和 Deignan(2006)关注的是话语中隐喻呈现的动态方式。他们认为,隐喻理解不仅和既存的"概念隐喻"有关,而且同样与个人对语言的既有接触相关。在他们看来,隐喻从各种社会和心理因素的复杂互动中产生。Cameron 和 Deignan 将人类互动视为一个复杂的系统,在这个系统中,个体、小事件可以产生远远超出其原始意义的变化。通过该视角,Cameron 和 Deignan 揭示了隐喻如何以一种看似随机的方式出现,这些隐喻往往具有特定且非常狭窄的语用含义和固定的习语表达,并且无法被直译成其他语言。

Cameron 和 Deignan(同上)指出,二语学习者需要对三类信息进行编码才能习得隐喻。首先,他们需要获取相关的*语言*信息,并留意通常与隐喻共现的词汇语法模式。其次,他们需要获取相关的*概念*信息,并知道它与何种概念隐喻相关。最后,他们需要获取相关的*语用*信息,并了解隐喻通常传达何种评价倾向,以及隐喻通常出现在何类语境和文体中。概念隐喻理论可以帮助二语学习者达成其中的第二个目标,但就有效沟通而言,该目标则是三者中最次要的。

不同的隐喻意义出现在不同的话语环境中,使情况变得更加复杂。并非所有语言共同体都以相同的方式使用隐喻,许多语言共同体都拥有特定的隐喻(有着相应的词组模式),这些隐喻与更主流的用法有关,但又有所不同(参见 Deignan 等,2013)。这对语言学习者来说是一个挑战,因为只有当他们的认知足够灵活时,才能理解并使用这些存在微妙不同的含义。隐喻话语并不具有完全特定且预先设立的含义;其含义需要由听者或读者根据语境线索并利用自己的百科知识进行实时的"软组装"(Gibbs,2006)。MacArthur(2016)对西班牙学生办公咨询过程中隐喻使用的情况进行了调查,发现使用隐喻达到成功交际在很大程度上取决于对话双方如何启动他们作为"合作者(collaborative partners)"的角色。因此,旨在提高隐喻能力的活动需要帮助学习者应对隐喻的动态性,并且对话双方会合作协商意义。

对语言学习者使用隐喻的互动进行的一些研究表明,隐喻可以促进理解,而且对学习者来说并不总是问题。例如,我们(MacArthur & Littlemore,2011)对母语人士和非母语人士之间的对话研究中,发现虽然母语人士使用隐喻有时会给非母语人士带来问题,但隐喻也为话题的发展提供了机会。在这些对话中,非母语人士在构建连贯的话语时,特别喜欢使用具有隐喻扩展潜力的单词。

5.4.4 概念隐喻与整合理论

另一个重要的认知语言学理论是整合理论(Fauconnier & Turner,1998,2002),对概念隐喻理论有着重要的影响。根据整合理论,隐喻的两个要素在单独领域或"整合空间"中结合在一起,其结果是产生与目标域或源域均没有明确联系的意义。该意义有时也称为**层创结构**(emergent structure)。根据整合理论,概念隐喻的源域和目标域不是进行意义映射的固定的、僵化的实体,而是在有需要时构建起的动态的、临时的"心理空间",根据上下文传达意义。因此,与概念隐喻理论相比,整合理论将隐喻视为一个更动态、"在线"的过程。整合理论应用广泛,远远超出了隐喻领域,但我们现在只专注于隐喻领域的应用。为了阐明隐喻整合理论和动态系统理论,我们一起看看以下摘录中"yummy mummies(辣妈)"一词的使用,该例句摘自英国国家语料库中《泰晤士报》部分：

> [这]将意味着 Jenner 的利润将出现轻微波动……因为聚集在爱丁堡公立学校门口的辣妈们削减了置装开支，以确保小 Mungo 和 Caledonia 能获得良好的教育。

如果以概念隐喻为分析视角，会认为该表达激活的是"渴望即饥饿"隐喻，但"辣妈"的内涵含义远不止于此。显而易见，根据这段摘录，该表达的目的在于引起读者一定程度的蔑视。成为"辣妈"并非人们所渴求的。尽管人们认为辣妈具有吸引力，但她们也被描绘成肤浅、爱攀比、过分在意孩子成绩和自身外貌的偏执狂。根据整合理论的视角，这些额外的内涵意义涌现于多个心理空间的整合之中，不仅包括欲望和饥饿，还涉及育儿、对女性和财富的刻板印象等。动态系统观则会考虑到该表达变得流行的时间点，对该上述分析起补充作用。此表达产生于各种因素的复杂的相互作用中，如时事、事件与态度，以及谐元韵（assonance）和头韵（alliteration）的运用（参见第八章）。该表达是否会继续存在于语言中将取决于这些因素继续如何相互作用。它浓缩了英国历史在特定时刻对特定群体的特定态度。下一节将讨论隐喻的此类文化因素给第二语言学习者带来的挑战。

由此可见，隐喻理解并非总是涉及从源域到目标域的直接迁移。相反，此过程还可能会出现无法归属于任何领域的新意义，而这些意义通常无法通过分析理解，因此对语言学习者来说是一个挑战。在这种情况下，学习者需要获得充足的语境线索，才能推断出隐喻的附加语义或语用内容。

整合理论也可以解释有关语言学习者使用隐喻的研究发现。Koltun（2006）在一项关于波兰英语中级学习者在学术写作中使用的隐喻研究中，发现有大量证据表明波兰的语言和概念隐喻迁移到了英语中。此外，他还发现了许多在波兰语和英语中都不存在的其他隐喻，而且这些隐喻显然源自其学习环境。他指出，这一发现也可以归因于学习者在母语和目标语言中识别出的概念隐喻存在过度扩大的现象，受环境和文化的影响。

5.5 结语

本章概述了概念隐喻理论，并提及了该领域的几项最新研究动态。笔者认为，关注概念隐喻有可能帮助语言学习者提高目标语言的隐喻能力，但同样重要的是，他们需要培养对话语限制（discourse constraints）和相关词汇语法模式的意识，这些模式表明了目标语言中词语的隐喻用法。此外，学习者还需要掌握适当的技能，能够处理语篇中出现的隐喻，并理解不同话语共同体赋予词汇的全新隐喻含义。虽然语言学习者会自然而然地利用自身对单词基本意义的知识对隐喻进行分析，但有时也需要鼓励他们更多地关注语境线索，因为在整合的过程中可能出现全新的含义。在下一章中，我们将探讨与隐喻密切相关的转喻。

参考文献

Azuma, M., & Littlemore, J. (2010). Promoting Creativity in English Language Classrooms. *JACET Kansai Journal*, 12, 8-19.

Brdar, M., & Brdar-Szabó, R. (2022). *Figurative Thought and Language in Action (Figurative Thought and Language Research)* (Vol. 16, p. 1). John Benjamins.

Cameron, L., & Deignan, A. (2006). *The Emergence of Metaphor in Discourse. Applied Linguistics*, 27(4), 671-690.

Deignan, A. (2005). *Metaphor and Corpus Linguistics*. John Benjamins.

Deignan, A., Gabrys, D., & Solska, A. (1997). Teaching English

Metaphors Using Cross-Linguistic Awareness-Raising Activities. *English Language Teaching Journal*, 51(4), 352–360.

Deignan, A., Littlemore, J., & Semino, E. (2013). *Figurative Language, Genre and Register.* Cambridge University Press.

Fauconnier, G., & Turner, M. (1998). Conceptual Integration Networks. *Cognitive Science*, 22(2), 137–188.

Fauconnier, G., & Turner, M. (2002). *The Way We Think: Conceptual Blending and the Mind's Hidden Complexities.* Basic Books.

Fuoli, M., Littlemore, J., & Turner, S. (2021). *Sunken Ships and Screaming Banshees: Metaphor and Evaluation in Film Reviews.* English Language and Linguistics, 26(1), 75–103.

Gibbs, R. (2006). *Embodiment and Cognitive Science.* Cambridge University Press.

Gibbs, R. W. (2017). *Metaphor Wars: Conceptual Metaphors in Human Life.* Cambridge University Press.

Goatly, A. (1997). *The Language of Metaphors.* Routledge.

Grady, J. (1997). Theories Are Buildings Revisited. *Cognitive Linguistics*, 8, 267–290.

Grady, J., & Johnson, C. (2002). Converging Evidence for the Notions of Subscene and Primary Scene. In R. Dirven & R. Porings (Eds.), *Metaphor and Metonymy in Comparison and Contrast* (pp. 533–554). Mouton de Gruyter.

Jakobson, R. (1971). The Metaphoric and Metonymic Poles. In R. Jakobson & M. Halle (Eds.), *Fundamentals of Language 2* (pp. 90–96). Mouton de Gruyter.

Kecskes, I. (2006). On My Mind: Thoughts About Salience, Context and Figurative Language from a Second Language Perspective. *Second Language Research*, 22(2), 219–237.

Koltun, D. (2006). *Across-Linguistic Corpus-Based Study of Metaphor Use by Intermediate Polish Learners of English.* Unpublished MA Dissertation. University of Birmingham.

Kövecses, Z. (2002). *Metaphor: A Practical Introduction.* Oxford University Press.

Lakoff, G. (1993). The Contemporary Theory of Metaphor. In A. Ortony (Ed.), *Metaphor and Thought* (2nd ed., pp. 202–251). Cambridge University Press.

Lakoff, G., & Johnson, M. (1980). *Metaphors We Live By.* University of Chicago Press.

Littlemore, J., & Juchem-Grundmann, C. (Eds.). (2010). Applied Cognitive Linguistics in Second Language Learning and Teaching. *AILA Review, 23*(1), 178.

Littlemore, J., & Low, G. (2006). *Figurative Thinking and Foreign Language Learning.* Palgrave Macmillan.

Littlemore, J., Turner, S., & Tuck, P. (2023). *Creative Metaphor, Emotion and Evaluation in Conversations about Work.* Routledge.

Llopis García, R. (2012). *Gramática cognitiva para la enseñanza del español como lengua extranjera.* Torrossa Online Bookstore.

Llopis-García, R. (2021). *Applied Cognitive Linguistics for Meaningful- and Successful!—L2 Language Teaching.* YRCL.

MacArthur, F. (2010). Metaphorical Competence in EFL: Where Are We and Where Should We Be Going? A View from the Language Classroom. *AILA Review, 23*(1), 155–173.

MacArthur, F., & Littlemore, J. (2011). On the Repetition of Words with the Potential for Metaphoric Extension in Conversations Between Native and Non-Native Speakers of English. *Metaphor and the Social World, 1*(2), 201–239.

MacArthur, F. (2016a). Using metaphor in the teaching of second/

foreign lan- guages. *The Routledge handbook of metaphor and language*, 413–425, London: Routledge.

MacArthur, F. (2016b). Overt and covert uses of metaphor in the academic mentoring in English of Spanish undergraduate students at five European universities. Review of Cognitive Linguistics. *Published under the auspices of the Spanish Cognitive Linguistics Association, 14*(1), 23–50.

Martín-Gascón, B. (2023). Developing L2 Learners' Metaphoric Competence: A Case Study of Figurative Motion Constructions. *International Review of Applied Linguistics in Language Teaching, 61*(1), 79–109.

Nacey, S. (2013). *Metaphors in Learner English*. John Benjamins.

Nacey, S. (2016). Metaphor Comprehension and Production in a Second Language. In *The Routledge Handbook of Metaphor and Language* (pp. 521–534). Routledge.

O'Reilly, D., & Marsden, E. (2021a). Eliciting and Measuring L2 Metaphoric Competence: Three decades on from Low (1988). *Applied Linguistics, 42*(1), 24–59.

O'Reilly, D. and Marsden, E. (2021b). *Elicited metaphoric competence in a second language: a construct associated with vocabulary knowledge and general proficiency?* IRAL.

Philip, G. (2011). *Colouring Meaning: Collocation and Connotation in Figurative Language*. John Benjamins.

Picken, J. (2007). *Literature, Metaphor and the Foreign Language Learner*. Palgrave Macmillan.

Wu, H. J. (2008). *Understanding Metaphor: Taiwanese Students and English Language Metaphor*. Unpublished MA Dissertation. University of Birmingham.

6 "在地下室能找到简·奥斯汀"……你能吗?
转喻与第二语言学习

6.1 引言

最近,笔者与一名在大学托儿所里兼职的新加坡研究生进行了交谈。她提到自己刚开始在托儿所工作时,对"她/他的尿布松了(s/he's got a loose nappy)"这个表达感到困惑,而托儿所的职工经常用其描述其中一个婴儿。每当听到这个表达时,她都会及时检查婴儿的尿布是否穿戴正确。直至在托儿所工作几天后,她才意识到这个表达实际上并非代表尿布松了,而是表示婴儿排便了,需要更换尿布(Tang,2007;见 Deignan 等,2013)。她之所以困惑,是因为不了解"尿布松了"并非表示字面意义,而是使用了*转喻*。

转喻是一种心理和语言过程。在这个过程中,一个事物被用来指代与其相关的事物,而更常见的情况则是仅仅指代事物的一部分。事实上,认知语言学家认为,与隐喻一样,转喻也构成了人类认知的基本要素。因为转喻,我们能够利用已知信息推断未知信息,从我们对世界的有限经验中对自己无法亲眼看到或亲身体验的事物进行假设。与隐喻一样,转喻既是一种认知过程,也是一种语言过程,下面笔者想通过自己学生时代的一则小轶事来说明这一点。笔者的母校有一间"安静的自习室",

供学生们在午餐和休息时间学习使用。自习室通常由一位严厉的老师"监管",他会坐在自习室前台仔细地监视学生,一旦看到有人讲话便会严格批评他们。每当离开自习室稍作休息时,他都会将眼镜留在桌子上盯着所有学生。这位老师的震慑力非常强,即使只剩下他的眼镜在自习室里"盯着"我们时,我们也仍然不敢作声。这个例子展示了转喻思维的力量(眼镜代表老师在场),并说明转喻并不仅仅是一个语言现象。我们的思维经常进行此类转喻,意味着我们使用的语言中充斥着新颖和常规的转喻表达。Gibbs(1994:320)认为,转喻在语言中无处不在,因其是我们概念系统的属性之一。尽管如此,转喻在语言教学文献中受到的关注却相对较少,但正如后文所述,语言学习者需要具备识别并使用转喻的能力,主要原因有二:转喻在语言中具有多种重要的功能,而且不同语言使用转喻的方式不尽相同。

本章首先关注转喻的含义,并探讨概念转喻和语言转喻之间以及转喻和隐喻之间的相互作用,接着描述转喻的功能,并讨论这些功能对语言学习者造成的挑战,最后就如何帮助语言学习者处理目标语言中的转喻提出建议。

6.2 概念和语言转喻

转喻是一种心理和语言过程,在此过程中,某物被用来指代与其相关的事物(Littlemre,2015)。语言转喻广泛应用于各种类型的语篇中,其中一个例子是用地名指代居住之人。例如,"白宫"和"10号"分别指代美国和英国政府。通过引申,转喻也出现在如"伊拉克入侵科威特"之类的表述中,其中"伊拉克"指的是伊拉克军队,并非整个伊拉克。这些例子表明,转喻必不可少,因其为语言提供了现成的"捷径",让我们在表达时无需详尽叙述也可做到让人理解。如"伊拉克入侵科威特"的例子所见，转喻还能服务于政治目的，从而避开指责含义。后文将再次谈及转喻的功能。下面笔者将更深入地探讨转喻的特点，并介绍一些用以描述转喻的相关术语。

　　与隐喻类似，术语本体（topic）和喻体（vehicle）有时也被用以描述转喻。在上面提及的白宫例子中，白宫是转喻的喻体，美国政府是本体。和隐喻一样，转喻可分为概念转喻和语言转喻。正如认知语言学理论所述，与隐喻类似，许多转喻表达都源自少数的高阶概念转喻。例如，概念转喻"生产者代替产品（PRODUCER FOR PRODUCT）"是以下语言转喻的基础："在地下室能找到简·奥斯汀"（书店里听到的）或"那是毕加索的吗？"在这些例子中，言者当然指的是"简·奥斯汀写的书"和"毕加索作的画"。"部分指代整体（PART FOR WHOLE）"概念转喻是以下语言转喻的基础："精良车轮（nice set of wheels）"或"他在方向盘上睡着了（he fell asleep at the wheel）"。两个例子使用了汽车的不同部分指代整辆汽车，但它们将读者的注意力集中在不同的事情上。"行为指代复杂事件（ACTION FOR COMPLEX EVENT）"转喻是指仅通过提及触发一系列事件的行动就能指代整个事件。例如，泡茶的过程可以简单说成"我烧壶水（I'll put the kettle on）"，打算离开派对时可以说"我去拿外套（I'm getting my coat）"。在这些情况下，听众会根据他们对"脚本"的熟悉程度自行推断意义，而逐条列举事件步骤则显得非常拘泥和奇怪。"成员指代范畴（MEMBER FOR CATEGORY）"转喻指的是通过范畴成员指代整个范畴。例如，我们可能会用"阿司匹林"指代所有止痛药。"界定性特征指代范畴（DEFINING PROPERTY FOR CATEGORY）"转喻指的是通过某物最有趣或凸显的特征指代整个事物。这类转喻通常用于描述人物，比如说我们可能会使用

"爱慕对象(love interest)"指代电影中充满魅力的角色。"所属物指代拥有者(POSSESSED FOR POSSESSOR)"转喻指的是通过某个人拥有的东西实际指代某人。例如,"他娶了钱"的意思是他娶了一个富有的女人。我们可以发现,该例子与"界定性特征指代范畴(DEFINING PROPERTY FOR CATEGORY)"转喻有所重叠。最后,"容器指代内容(CONTAINER FOR CONTAINED)"转喻指的是通过容器指代其内容。例如,当倒橙汁时,我们可能会问别人"是否要来一杯?"尽管概念转喻能大致勾勒出我们在日常交流中更常遇到的语言转喻类,但与隐喻一样,转喻也存在一定的局限性,不能完全解释日常交流中出现的各种语言转喻。

概念转喻是否以任何一种"固有"形式存在于大脑中尚不清楚,但是大量证据表明,日常语言中存在着大量转喻,特别是在非常熟悉的交谈者之间,它们起到了快速参照的作用,并且经常以有趣和富有创意的方式使用(Littlemore, 2022; Littlemore & Tagg, 2018)。根据部分认知语言学家(如 Ruiz de Mendoza & Mairal Uson, 2007)的观点,转喻是一种通用的"在线"认知过程,其中,现象最显著或最容易理解的方面被用来,用认知语言学术语而言,"在心理上直达"现象本身。有趣的是,转喻似乎构成了名词动词化的基础。当名词转化为动词时,转喻的重点通常落在名词的某个特征上,从而构成转化的条件,例如"pencilling it in(记下来)"、"legging it(逃跑)"或"elbowing someone out of the way(把某人挤开)"。如这些例子所见,随着语言转喻的规约程度加深,与隐喻一样,它们通常会演变成半固定的短语结构。

6.3 转喻和隐喻之间的关系

隐喻和转喻存在重叠,通常难以明确区分。两者的主要区别在于，隐喻通常对明显无关的实体进行比较，而转喻则利用一个与之相关的实体来指代另一个实体，有时甚至用于指代由其参与构成的实体。这种关系有时被称为*提喻*，然而正如笔者在Littlemore(2015)中所指出的，转喻和提喻之间的区别往往很模糊。因此，通常而言，隐喻具有评价功能，而转喻往往起到指称作用。但是情况并非总是如此，并且通常会出现难以判断某个表达是隐喻还是转喻，或两者兼具的情况。Goossens(1990)提出了一个有趣的观点：许多隐喻实际上始于转喻，随着时间的推移，源域和目标域之间的联系日渐疏远，转喻逐渐演变成隐喻。例如，"There's no need to get so hot under the collar（直译：没有必要把衣领下搞得这么热）"（英国国家语料库数据）最初可能是一个字面表达（某人在遇到压力时衣领下的皮肤的确会发烫），但随着时间的推移，"hot under the collar"逐渐演变成转喻，表示感到压力或愤怒，最终因为没有迹象表明人们真的感到"hot under the collar"，因此便转化成了隐喻。实际上，这个表达通常用于描述别人而非自己，因此带有轻微的疏离感，被形容为"getting hot under the collar"的人经常（尽管并不总是）受到轻微的嘲讽，正如以下英国国家语料库的例句所示："*The Mail* got itself all hot under the collar at the news（《每日邮报》听到消息后十分恼火）。"Goossens将该过程描述为"转喻中的隐喻"或"隐转喻"。当在语言课堂上使用隐喻和转喻时，过分强调两者的差异可能会适得其反，因为这可能会让学习者感到困惑，而且大多数时候两者协同发挥作用。请谨记这一点，现在我们将视线转移至转喻的功能上。如下文所示，转喻可以执行各种功能，因此值得获得语言学习者的留意。

6.4 转喻的功能

尽管隐喻的功能已得到广泛研究,但对于转喻的研究却相对有限(Littlemore,2015)。需要注意的是,转喻的多种功能使其对语言学习者具有重要意义。转喻的最常见的功能是充当指称工具,为交流提供了"捷径",免去了反复冗长的描述,简化了指称事物的过程。一个经典例子(引自 Lakoff & Johnson,1980:35)是,一位女侍应生在咖啡馆与另一名女侍应生交谈,并称其中一位顾客为"8号桌的火腿三明治"。两位女侍应生都明白,这是在指称顾客,而不是顾客所点的三明治,但如果向外人更直接地解释这句话,可能会稍显奇怪。转喻提供了一种快速而简洁的指称方式,因此为话语共同体广泛利用。话语共同体指具有明确的共同目标且经常共享特定语言代码的群体(Swales,1990)。的确,话语共同体似乎经常使用转喻,通常用于构建凝聚力,并在某些情况下用于设置准入障碍。有人认为,隐喻的使用是话语共同体的关键界定性特征(Partington,1998),但正如下文所见,隐喻的使用也有助于构建话语共同体的身份(Littlemore,2015)。许多人都有相似的经历:在新的工作中,因为同事频繁使用转喻来进行简洁沟通,我们常常难以理解他们之间的交流。例如,在伯明翰大学,"The Aston Webb"既指校园内的一栋建筑,有时也指高级管理层,因为他们的办公室就在那里。因此,该建筑物的名称被用来指代在该建筑物内开展的活动。同样,一位在德国大学工作的同事评论说,他们的校园由一座山丘和一片山谷组成。科学系位于山丘上,而艺术和社会科学系位于山谷中。这些系分别被称为"山丘"和"山谷"。同样地,一位曾就读于男子学校(该校恰好坐落于一所女子学校的隔壁)的同事感到好奇,为何大学里男女生共同活动的地方被冠名为"Winterbourne"。事实上,Winterbourne 恰好是附近植物园的名字,各校男女过去经常在此处会面。当会面地点发生改变时,名字也随之改变,尽管"Winterbourne"仍是各校男女的见面之地,但它与同名的植物园已经没有太多的关联。这种民间历史对话语共同体的构建将产生深远的影响,由此产生的表达也只有局内人才能理解。

因此,转喻在话语共同体中发挥着关系构建的重要作用。Nerlich 等人(1999 年)指出,这种情况甚至存在于小学阶段。他们对一名儿童"我爱三明治"的表达进行了研究,发现这句话的意思是他想成为可以带盒饭的孩子,而不是吃学校食物的孩子。这一表达很可能受到学校制度性话语的影响,因为学校教师经常使用界定性特征来描述儿童群体。笔者的孩子也经常提到类似的情况,孩子们的老师会称学生群体为"绿色桌子"、"吉他"、"食物"等。由于转喻被用来在团体中构建关系,所以也可以被用以将其他人排除在该话语共同体之外。因此,在局外人面前故意使用只有内部成员才能理解的转喻表达将产生强烈的疏远效果。

转喻还可以发挥模糊语或委婉语的功能。前文的"尿布松了"正是一个很好的例子,说明通过使用转喻,人们可以避免直接谈论一些尴尬的情形。Tang(2007;同见 Deignan 等,2013)对托儿所话语的后续研究中发现了几则转喻充当委婉语的案例,例如人们用 *boisterous*(喧闹)一词委婉地描述顽皮、讨人嫌的孩子。这些发现也许并不新奇,因为转喻的主要功能之一是通过间接的方式指代事物,而委婉语通常需要间接含蓄。与此相关的是 Chantrill 和 Mio(1996)的研究,两位学者发现公共演讲者将转喻作为一种修辞策略,以此个人化或简化对听众来说过于复杂的问题。

虽然转喻并非总是研究的焦点,但它经常被用于实现评价功能。这体现在 Tang(2007)所研究的托儿所话语语料中。她发现,工作人员经常使用楼上一词,例如"我不知道楼上会怎么想"或"楼上接下来又会提出什么要求!""楼上"指的是托儿所高管人员的办公室。普通员工对楼上一词的使用体现了他们对高管的负面评价,或反映了"我们和他们"的疏远心态。这种疏远策略似乎是制度性话语的一个共同特征,如例(33)—(34)(摘自科林斯英语语料库):

(33) the whizz kid managers "upstairs" don't take any notice of experienced people

"楼上"的神童经理不会理睬有经验的人

(34) If the upstairs don't get you the downstairs will

如果楼上不理解你,楼下的会

事实上,当 *upstairs* 或 *downstairs* 放在 *them* 的前面时,这种用法更为明显。科林斯英语语料库中搜索"*them* + *upstairs*"和"*them* + *downstairs*",结果显示老板几乎总是在楼上,员工几乎总是在楼下:

(35) It still shocked them upstairs a bit

楼上仍然对此感到震惊

(36) Bribed them upstairs with unsuitable videos

用不合时宜的视频讨好楼上

(37) Tell them downstairs that I have specifically requested you to...

告诉楼下,我特意要求你们……

(38) tell them downstairs that I insist.

告诉楼下我坚决要求。

转喻的评价功能在日常英语中很常见。例如，它出现在"boys will be boys（男孩就是男孩）"的口语赘言（tautologies）中，其中第二个*男孩*是对他们更负面特征的转喻指称。有趣的是，在科林斯英语语料库中，大多数关于"男孩就是男孩"的例句实际上不是在谈论男孩，而是在谈论男人。因此，此处还涉及从"男孩"到"男人"的转喻转变。这些例句都具有评价色彩，要么对男性的不当行为表示理解，要么对这种行为通常被社会接受的事实予以批判，而这经常通过讽刺口吻或加上双引号实现。

服装似乎特别容易受到转喻评价功能的影响，这可能是因为穿这些衣服的人给衣服赋予了转喻含义，而穿着者的特征通过转喻转移至衣服本身。例如，在科林斯英语语料库中搜索字符串"the trousers（裤子）"后显示 332 个结果，其中 86 则包含"wearing/wears/wore the trousers"的表达。在这些例句中，绝大多数（许多来自小报媒体）都反映了一个潜在的假设，即在一段关系中穿裤子（占主导地位）的应该是男人，并对不符合该规则的关系表达了不同程度的不满。在其余的少量例句中，这一偏见以某种方式受到评价，例如："women have been wearing the trousers for years（多年来一直由女性掌权）"，或者通过隐喻转移到其他领域："As far as cricket was concerned, Australia wore the trousers all day at Worcester（在板球比赛中，澳大利亚在伍斯特一直占据上风）"。这个例子很好地说明了转喻和隐喻有时是如何紧密交织的。

再以服装领域为例，"the suits（西装）"在科林斯英语语料库中出现了 401 次，其中不到一半的引文实际指的是西装，其余的要么是指法律诉讼，要么是转喻用法，指代公司高层。其中，大约有 190 则涉及此转喻用法，并且其中的绝大多数引文都具

有负面评价色彩,例如强调高层的匿名性,缺乏想象力,或者仅仅是对他们掌权的事实做出负面评价,例如:

(39) The best part of working at night (is that) the suits have gone home.

晚上工作的好处就是穿西装的回家了。

(40) I don't even get a birthday card from the suits who run the company.

穿西装的总裁甚至没有给我生日贺卡。

有趣的是,与其他用法相比,"the *suits*+介词"的用法更有可能涉及西装的转喻用法。例如:"another turgid meeting with the suits in personnel(又一场与人事部西装革履者的枯燥会议)"以及"Dunst had to confirm to the suits at Disney that she wasn't taking method acting too far (Dunst必须向迪士尼穿西装的人确认她的方法不会太过)"。

转喻具有一个与其评价性质密切相关的有趣特点:可以制造幽默感。要想制造幽默,通常可以找一个较为常规的隐喻,重新取其字面义,使转喻义和字面义同时出现。例如,前文提到的"穿裤子"检索中,就有几个比较幽默的例句,比如"she wears the trousers, he wears the sarong(她穿裤子,他穿围裙)"。"he wears the trousers——and what trousers!(他穿裤子——什么裤子!)"以及"there's no doubt about who wears the trousers, let alone the thongs(谁穿裤子是毫无疑问的,更不用说丁字裤了)"。有趣的是,在科林斯英语语料库中,"西装"从未用于制造幽默,这表明转喻表达可能需要足够固定和常规,才能重新用其字面意义制造幽默。由于"the suits"的转喻用法不如"wearing the trousers"常见,试图以其字面意义制造幽默可能会引起混淆。

转喻还可以用作蓄意模糊语(Channell,1994),以降低话语的直接性和肯定性,或避免显得过于呆板。本节开头提到的"尿布松了"就是一个很好的例子,其中使用了模糊的委婉语,以避免直接谈论粪便。有趣的是,性别研究表明,女性往往比男性频繁地使用模糊语(Channell,同上)和转喻(Gallop,1987)。尽管这些只是初步发现,但这其中可能存在一定关联。模糊语和转喻的主要交际功能是降低直接性,并维持友好、随和的气氛;而这些特点通常被认为是女性话语的特征(Coates,2003)。不论是常见于男性还是女性之中,我们都可以发现:转喻模糊语可以发挥人际交际、建立关系和情感的功能。

最后,转喻在语用推理中发挥重要作用,对于间接言语行为的理解必不可少(Barcelona,2006)。间接言语行为是指实际语境意义(或"言外之力")不同于词汇意义的言语行为。因此,意义必须通过推断理解。例如,有人可能会说"这里很闷,对吗?",但此人实际想表达的其实是"请打开窗户"。研究充分表明,在间接言语行为中,听者需要通过推理才能识别言者的交际意图。例如,如果饭厅的桌子放着一块蛋糕,客人说"嗯,看起来不错",那么客人也许想传达"我可以吃一块蛋糕吗?"这一信息。传统的言语行为理论学者很少探讨解读这类话语时所涉及的推理性质。然而,越来越多的认知语言学研究者指出了转喻思维在这一领域的作用(Gibbs, 1994; Panther & Thornburg, 1998; Perez-Hernendez & Ruiz de Mendoza, 2002)。根据认知语言学的观点,通过转喻思维,我们能够利用一个特定的指称对象来激活一个更宽泛的脚本或者理想化认知模型(参见第四章),并利用它们理解言者的意图。在上文蛋糕的例子中,通过表达"嗯,看起来不错"所激活的脚本是:主人给客人一块蛋糕,客人接受了。下文将更深入地探讨该话题。

在本节中,我们看到,转喻可以执行各种功能。除了发挥简单的指称功能外,它还用于评估、模糊用语、建立关系、拉开距离、指责/避免指责以及谨慎地处理有损面子的情况。在每一种情况中,我们需要超越词汇意义,推断出实际意义,才能准确理解转喻。

6.5 转喻可能给第二语言学习者带来哪些挑战?

转喻也许会给第二语言学习者带来巨大的挑战,主要是因为它往往非常微妙,交际双方可能都没有意识到它所带来的问题。在对托儿所话语的研究中,Tang(2007)观察到,托儿所的工作人员似乎(至少在表面上)调整了自己的语言。他们通过重复,夸张的语音语调,放慢语速,甚至是使用对小孩说话的口吻(这让她感到非常不舒服)等方式以便让她更容易理解。然而,他们没有尝试解释上面提到的转喻例子,导致这部分内容非常难以理解。尽管 Tang 精通英语,但她还是花了几天时间才明白"loose nappies""upstairs"以及其他转喻的确切含义,如"numbers"(指登记表)和"visits"(指小孩与年龄稍大的孩子一起度过的试验期),这在一定程度上推迟了她成功进入话语共同体的时间。这可能是由于这些转喻在语言中根深蒂固,因此母语者非常频繁地使用它们,而且表面上看,它们非常简单,因此母语者也未曾想到需要调整转喻用语。

通常,当执行的是简单的指称功能时,转喻不太可能对语言学习者造成问题。然而,转喻的某些指称用法高度依赖于文化脚本,因此难度更大。例如,西班牙语短语 *mas gambas*,其大意为"更多的大明虾"。这是一个贬义表达,用来形容对政治和环境等问题不感兴趣、只关注自己的日常需求的人。他们不过问重大问题,只会待在酒吧里,点"更多的大明虾"。若想理解该表达,则需要学习者激活大量的文化知识和传统的评价体系。与此同时,如果能准确地使用该表达,也能说明学习者的文化水平之高。正如托儿所共同体使用的某些转喻表达是该共同体的特点,代表了典型的内部语言,这类表达方式也发挥着同样的功能,但使用范围更广。

转喻的委婉语功能也可能给语言学习者带来困难。不同语言使用委婉语的方式不尽相同,而且委婉语所涉及的话题也往往因人而异。此外,在目标语文化中,在年龄、性别和社会阶层方面,对哪些话题使用委婉语,以及在谈论这些话题时通常使用什么语言都存在相当大的差异。因此,学习何时以及如何在第二语言中使用委婉语对语言学习者来说可能是一个相当大的挑战。其中的"如何"部分通常会涉及到转喻。

转喻的模糊语功能也会对语言学习者构成挑战,因为学习者往往难以判断转喻的使用程度。笔者听闻,最近有位日本同事受一个英国家庭邀请,"在圣诞节(at Christmas)"到其家里做客。她最初并没有意识到"Christmas"是圣诞节前后的转喻指称,因此以为受邀的时间仅仅是圣诞节当天。

此外,学习者也可能难以判断转喻的评价色彩。例如,笔者(Littlemore, 2001)在研究中引用了这样的一个例子:一名国际学生在听到其老师提到撒切尔夫人挑选"can-do"的公务员后,将其解释为"能干和有价值的公务员(able and worthy civil servants)"。当被问及为何如此理解时,该学生评论道:"讲师认为撒切尔夫人所做的改变可以使其挑选出许多有能力和有价值的公务员,他们可以更好地履行自己的职责。"这名学生似乎没有领会其中的内涵,即"can-do"的公务员是有干劲、"积极进取的"、随时准备行动的人。对诸如此类转喻的误解意味着学生有时无法判断人们对某个情境的评价性质。

除了不同的功能外,不同类型的转喻也有可能为语言学习者带来不同的挑战。就喻体而言,不同的语言在某个情境中优先使用的喻体有所不同。在选择合适的转喻喻体时,人们需要遵循一系列的认知原则。Radden 和 Kövecses(2007)列举了三个认知原则(人类经验、感知凸显和文化偏好),两个交际原则(清晰原则和关联原则),以及两个首要因素(修辞效应和社会交际效应)。所有这些原则和因素在不同的语言中可能会以不同的方式相互影响、相互作用。如果学习者没有意识到这一点,往往难以做出恰当的选择。

在转喻使用方式的系统差异方面,类型学数据揭示了不同语言使用转喻的不同方式(例如 Panther & Thornburg, 2003)。例如,在日语和德语中,人们可以使用结果代替行动(RESULT FOR ACTION)转喻,比如可以说"我收到两公斤西红柿",这可以大致翻译为"你可以给我两公斤西红柿吗?"(Radden, 2005)。但在英语中,这种表达听起来非常奇怪且冒昧。

与隐喻一样,概念转喻的语言表现形式也因语言而异。例如,Barcelona(2004)进行了英语和西班牙语的跨语言对比研究,探讨了成员代替范畴(MEMBER FOR CATEGORY)转喻。在该研究中,名人的名字被用作"典范",代表其他具有类似才能的人,而被试需要评估这些转喻表达的可接受程度。此类转喻选自柯林斯英语语料库,包括"韦林花园城中的莎士比亚"和"新的英国毕加索"等表达。他发现,两组被试在哪类人可以被视为"典范"而哪类不能方面存在着显著差异。

Wu(2008)深入研究了概念转喻的跨语言差异,英语和汉语的对比研究发现如表 6.1 所示。

表 6.1 英汉概念转喻的语言表现形式（Wu，2008）

概念转喻	英语例句	汉语例句
生产商代替产品	"Hoover" 胡佛（吸尘器）	在汉语中不可行
施动者代替行为	"Authoring a book" "写一本书"	在汉语中不可行
部分代替整体	"Bums on seats" "上座率"	"新手上路" （新手指的是新司机）
整体代替部分	"The police turned up" "警察出现" "The US invaded Iraq" "美国入侵伊拉克"	"台北很热" （"台北"指的是台北的天气）
行为代替复杂事件	"Let's get the kettle on" "我们烧壶水"	"重新站起来" （"站起来"是指在经历失败后回到原来的位置，重新开始新的生活。相当于英语中的"get back on your feet"）
范畴代替成员	"The pill" "药片（特指避孕药）"	无对应（也许在汉语中不可行）
成员代替范畴	"Aspirin" "阿司匹林（指所有治疗头疼的药）"	"我爸不是王永庆" 他曾是中国的首富，因此其名字被用来指代财富
界定性特征代替范畴	"The love interest" "爱慕对象" "Some muscle" "一些肌肉"（力量）	在汉语中不可行

续表

概念转喻	英语例句	汉语例句
动作代替对象	"Can I have a bite?" 我可以尝一口吗?	"我能尝一口吗?"
容器代替内容	"Do you want a glass?" "你想来一杯吗?"	"你想再来一碗吗?"

我们可以从表6.1看出,尽管许多概念转喻普遍存在于英语和汉语中,但它们的使用方式存在差异。此外,一些在英语中常见的概念转喻似乎并不适用于汉语。通过深入研究,我们还可以揭示一些在中文中常见而在英文中不太常见的概念转喻。

语言使用转喻的不同方式以及转喻在语言之间的可译性是认知语言学的一个新兴研究领域。该领域的研究人员通常采用的研究方法包括分析某个概念转喻,并比较其在两种不同语言中的使用方式。对教授相关语言的教师以及对第一语言迁移和过度概括/概括不足等问题感兴趣的二语习得研究者而言,该领域的研究发现也许具有重要指导意义。需要注意的是,我们不能一概认为转喻总是对学习造成阻碍。转喻也可以作为促进交流的工具,为学习提供更多的输入和机会。与隐喻一样,引导学习者注意母语和目标语言中的概念转喻也许会带来良好的学习效果。下文将探讨如何帮助语言学习者理解和创造转喻。

6.6 研究第二语言学习者对转喻的理解和运用

在这个阶段,人们可能想要问的关键问题是:哪些因素有助于成功理解转喻,学习者在解释转喻表达的含义时容易犯哪些错误,以及哪些因素会阻碍成功理解转喻。为了回答这些问题,我们（Littlemore & Arizono & May，2016）调查了日语为母语的英语学习者对英语转喻的理解。在研究的第一部分，邀请他们解释上下文中二十个表达的含义，实例说明一系列转喻类型。我们发现，他们在涉及转喻的句法模式中很好地应对了跨语言差异。例如，英语广泛使用与对应名词具有转喻关系的名转动词，例如在以下示例中使用"summered"：

An injured bird also summered at Darwell Reservoir (BNC).

日语中没有这种结构，但这对研究参与者来说并不构成重大问题。我们还发现，当转喻名转动词所表示的动作反映名词的核心特征时，他们更容易理解这些动词的含义。例如，他们对"be garaged（被修理）"和"be mothered（被抚养）"等转喻表达几乎没有遇到任何问题，因为它们反映了相应名词的核心特征。学生在尝试解释转喻时犯的错误包括"过度"和"不足"（提供过多或过少的信息）、关注 ICM 的错误部分、误解语境线索以及误解语法。其他错误则与她研究的是转喻而非隐喻这一事实更为相关。最值得注意的是，研究中的许多参与者将转喻表达理解成了隐喻。下面是一个例子：

It was obvious to everybody in Rome that he had to marry money → interpreted as meaning "to earn big money"

这里没有解释预期的转喻成分。相反，参与者试图用隐喻的方式解释"结婚"这个词，他认为"结婚"对应于"极度需要某物"。

这种现象的另一个例子如下：

his younger brother and sister, who [...] seemed to

depend on the bottle → interpreted as "to be attached to an obstacle/weak point"

一些不恰当的隐喻解释可能源于日本文化的影响。例如，其中一条如下：

You're still nosing about in business which doesn't concern you

其中一位参与者将这句话解释为"厌倦生意"。这位学生给出的意思似乎基于日语表达 hana ni tsuku（坚持自己的想法），隐喻为"厌倦某事"。

在研究的第二部分，我们仍邀请了日语为母语的英语学习者参与其中，重点关注了转喻所发挥的功能。我们试图确定转喻所发挥的功能是否会影响学生理解转喻的能力。参与者是22名中级到高级英语水平的日本学习者，他们全部在日本。我们要求他们解释20个一组的转喻，每个转喻都配有上下文。选择转喻是因为它们具有不同的功能，如幽默、讽刺、委婉、贬义等。我们发现，具有幽默、讽刺和夸张等复杂功能的转喻表达比具有夸张和正面评价等"直接"功能的表达更难理解。相反，涉及夸张的转喻表达（例如"笨手笨脚"）对参与者来说不存在理解问题。最后，一些文化因素似乎对转喻的成功理解产生了正面和负面的影响。例如，大多数参与者都能理解"Billie's eyes popped out as she kissed Yanto（Billie 吻 Yanto 时眼睛瞪得老大）"这句话，这可能是因为漫画中夸张的眼睛形象无处不在。另一句被很好理解的句子是"the Suits began to appear from their conferences（西装男们从会议中走出来）"，这句话也被大多数参与者理解。在日本，穿着西装却有些传统的"上班族"形象随处可见。不太容易理解的转喻包括"Why am I such an anorak?（为什么我这么无趣?）"，只有少数参与者能理解。这里的问题在于，理解"连帽衫"的意思需要了解关于"连帽衫"及其穿着者的详细文化信息，以及这些人传统上从事的行为和爱好，例如猜火车。对于日本人来说，除了户外服装，没有特别的原因说明"连帽衫"应该指代其他任何东西。如果涉及"服装代替人"的转喻，他们可能会想到登山者或喜欢户外生活的人，因为这些可以被描述为穿连帽衫的人的主要特征。上述例子中使用的含义借鉴了穿连帽衫的人的一个特定的外围特征。

语言学习者在识别转喻方面也存在困难。例如，Chen 和 Lai(2012)将隐喻和转喻视为一个连续体，他们调查了 28 名中国台湾的英语学习者，这些学习者被要求根据是否认为句子具有"比喻性"对 40 个句子进行评分。结果表明，尽管学习者能够识别一般的比喻性表达，但他们在判断隐喻性表达时比判断转喻性表达时更有把握。他们发现，句子的主题对参与者的反应有显著影响。例如，参与者发现识别表达愤怒的表达方式比识别其他主题的表达方式容易得多。他们由此得出结论，英语学习者能够利用他们的共同经验来识别比喻性语言，并建议教师利用这一事实来提高学习者对比喻性语言的认知。

最近，Zibin 等人(2020)研究了阿拉伯语为母语的 EFL 学习者对 L2 转喻的理解，重点关注受试者对转喻的 L1 概念和语言知识在多大程度上会影响 L2 转喻的处理。他们发现，受试者理解不同类型的转喻时遇到了不同程度的困难。他们认为这一发现归因于研究中转喻的非常规性（甚至在概念层面上）、转喻处理的非组合性、缺乏对作为第二语言认知参照物的转喻的直接接触，以及第一语言和第二语言之间的差异。

对第二语言学习者使用转喻的研究很少。迄今为止，最广泛的研究是 Jiménez Catalán(2012)的研究，她以语料库为基础,对 60 名西班牙语母语者学习英语转喻的情况进行了研究。她比较了三个年龄组的转喻生产:20 名 11—12 岁的儿童、20 名 15—16 岁的青少年和 20 名成年学习者。Jiménez Catalán 感兴趣的是当要求英语学习者用英语写信时,评估他们是否会自发使用转喻,以及学习者的年龄与使用转喻的倾向之间是否存在关联。她发现,尽管她采取了"最大"的方法来识别转喻,但她的研究对象使用的转喻很少(约占所用单词的 8%)。至于年龄/年级因素,她得出了有些矛盾的结果:虽然学生在 11—12 岁和 15—16 岁之间产生的转喻数量有所增加,但在成年学生中却有所减少。在使用的转喻类型方面没有发现差异。所有三个年龄段的学生都使用了常规转喻,但新颖的转喻很少见。Jiménez Catalán 发现的转喻数量相对较少,这可能与任务类型和语域有关。受试者被要求就一个非常具体的主题进行写作,重点是事务性信息交流,而不是建立关系。

6.7　如何帮助语言学习者处理转喻问题

找到帮助语言学习者处理转喻的方法是一项艰巨的挑战,因为转喻往往植根于文化之中,而且在很大程度上具有特异性。成人学习者已经充分掌握了各种推理技能,当言者使用转喻时,他们可以推断出其真实意图,因此也就无需在语言课堂上学习如何处理转喻。然而,转喻思维无所不在(Gibbs,1994),而且第二语言学习往往需要学习者注意目标语言和母语在转喻使用方面的差别,因此刻意关注 L2 的转喻,特别是引导语言学习者注意到转喻具有上述的各种交际功能时,可能会对学习者有所帮助。其中的一种引导方法,是向学习者展示如表 6.1 中的图表,并鼓励他们思考自己的母语中是否存在与之对应的表达。

也可以通过使用图像和此类方式来教授转喻。然而,我们需要进行深入研究,以评估这种方法的潜在优势。

当第二语言教学涉及间接言语行为时,明确关注转喻也许可以有效促进教学。如前文所见,转喻可用来驱动间接言语行为的产生。通过让学习者明确了解间接言语行为中通常涉及的转喻关系,教师可以帮助学习者更快地理解和使用它们。在任务型学习和其他交际型教学方法中,人们通常认为间接言语行为只能"习得"(例如,参见 Dornyei & Thurrell,1994)。主流的观点是,由于间接言语行为中的形式—意义关系本质上是"不可分析的",因此只能靠死记硬背。很少有人建议学习者明确关注实际使用的词语。然而,这种学习间接言语行为的方式似乎并不能取得多大成效。Kasper 和 Roever(2005)指出,即使是高水平的语言学习者,其间接言语行为也仍然相当地"非目标语言化",因此我们开展更多的工作帮助学习者注意和理解间接言语行为。

更深入地分析间接言语行为中转喻的作用可能有助于学习者和教学者了解转喻的运作方式。首先,教学者可以帮助学习者注意到转喻的存在。已有证据表明,语言学习者对转喻的深度处理可以显著强化记忆(Boers,2001,2004),因此对转喻进行深度处理,以及提高对转喻作用的认识,很有可能也有助于理解和记忆。可惜的是,这一观点有待检验,因为到目前为止,此领域的实证研究仍然寥寥无几。据笔者所了解,仅有 Bouton(1994a,1994b,1999)的研究与此相关。他发现,即使第二语言学习者在目标语言环境中生活了数月,也不会自然而然地习得理解言外之意(即间接言语行为)的能力。Bouton 发现,让学习者留意言外之意有助于注意和理解,但他并没有引导学习者特别关注言外之意中的转喻,如果能继续采取该视角,也许会有更多的发现。Bouton(1988)的另一个有意思的发现是,解读英语中言外之意的能力具有跨语言差异。Bouton 比较了几组学习者理解英语中言外之意的能力，这些学习者包括德语、汉语、西班牙语和葡萄牙语母语者。例(41)为 Bouton 研究中的一道测试题：

(41) Mai-ling：今天外面很冷吗？

Susan：现在是八月。

a. 今天会很暖和。不用担心。

b. 是的，尽管现在是八月，但外面很冷。

c. 现在的天气就像八月一样暖和。

d. 是的，现在的天气很反常，对吧？

Bouton 指出，正确的言外之意为"a"选项。所有德语母语者选择了"a"，但只有 38% 的汉语母语者选择正确。另一道测试题如(42)所示：

(42) Brenda：我刚刚买了一件新裙子。你觉得怎么样？

Sally：嗯，今年肯定有很多女性穿这条裙子。你什么时候买的？

a. 无法判断她的言外之意。

b. 她认为 Brenda 的衣品很好，因为她挑的款式符合潮流。

c. 她喜欢这件裙子，但有很多人穿。

d. 她不喜欢这件裙子。

根据 Bouton 的说法，正确答案为"d"选项。在研究中，汉语母语者倾向于选择"b"选项，而西班牙语/葡萄牙语母语者则倾向于"a"选项，德语母语者则倾向于"c"选项。Bouton 认为，这些差异也许与学生第一语言中常见的转喻推理类型相关，并且该领域出现了一定程度的迁移。该发现对教学有着重要的启示，教师可以鼓励学生总结母语中的转喻推理，并引导他们发现目标语言中的不同推理模式。

如果我们要鼓励学习者探讨间接言语行为中所包含的转喻，那么就需要考虑最佳引导时机。根据 Kasper 和 Rose（2002）的研究，学习者的语言产出通常经历五个阶段。第一个阶段是"前期基础（pre-basic）"阶段，学习者会产出高度依赖语境且句法缺失的短语，例如，我不蓝色（me no blue）。第二个阶段为"程式化阶段（formulaic stage）"，即依赖于无需分析的惯用语和祈使句，例如：我们吃早餐吧（Let's eat breakfast）。第三个阶段为"解包（unpacking）"阶段，学习者的惯用语中开始出现主动性的语言使用，例如：你能再给我做一个吗？（Can you do another one for me?）。第四个阶段为"实用拓展（pragmatic expansion）"阶段，学习者能够使用更多的委婉语以及更复杂的句法，例如：我能看看吗，这样方便我抄下来（Can I see it so I can copy it?）。第五个阶段为"微调（fine-tuning）"阶段，学习者能够根据与话语对象的关系微调自己的请求，例如：我应该烧水吗？（Should I put the kettle on?）。根据这个顺序，引导学生对间接言语行为进行转喻分析的最佳时期也许是语言习得的后期阶段，即第四和第五阶段之间。就理解而言，或许可以帮助学生在学习的早期阶段养成分析间接言语行为中的转喻的习惯，甚至还可以让他们从分析母语中的言语行为开始，从而更好地理解转喻的运作方式。

此外，教师还可以通过在课堂上让学生讨论在许多语言中都很常见的英语外来词来引导他们探讨转喻。例如，以下为 Kay（1995：70）列举的日语中的外来词：

外来词	派生方式	词义
pureigaido	play＋guide 玩＋指南	售票处

续表

外来词	派生方式	词义
wanpisu	one piece 一片	裙子
opun ka	open+car 敞开+汽车	敞篷汽车
pepa testu	paper test 纸测试	笔试
oda sutoppu	order+stop 下单+停止	最后下单时间
hai sensu	high+sense 高+感觉	有品位
chiku dansu	cheek+dance 脸颊+跳舞	慢舞
baton tacchi	baton+touch 棒+接触	接力

其中,部分表达的转喻基础显而易见。例如:在"cheek dance"中,"cheek"代表脸颊的触碰,在"open+car"中,"car"的某一部分代表了整体,在"baton+touch"中,"touch"代表棍子的交接。已有研究表明,外来词有助于学习者构建英语消极词汇(Banta,1981)。如果能让学习者意识到其中部分外来词的转喻性质,他们便能借此推断出外来词汇核心成分的基本意义,从而进一步拓展目标语词汇。

另一个值得研究的领域是图像中的转喻用法,这可以在涉及儿童的语文教学中加以利用。据观察,儿童图画书中的图像广泛使用转喻,用于实现各种交际功能(Moya Guijarro,2019)。

这种现象也出现在用于向儿童教授英语的图画书中(Moritz & Marinić, 2023)。正如这些研究人员所建议的那样,教师可以利用这一特点向儿童介绍目标语言中隐喻的运作方式。

本节概述了在第二语言课堂上利用转喻的几种方法。后续研究可以探讨在课堂上明确关注转喻的优势,或者研究转喻用法的跨语言差异。相信这些相关研究的发现有助于预测学生可能遇到的困难,尤其是在间接言语行为方面可能会出现的问题。

6.8 结语

在本章中我们看到,转喻和隐喻一样,都在概念和语言层面上发挥作用,并且无处不在。转喻可以实现各种功能,因此语言学习者需要学会理解与产出转喻。对学习者而言,某些转喻可能比其他类型的转喻更难掌握,如文化特异性转喻,以及用于实现幽默、委婉语和模糊语等效果的转喻。此外,不同的语言对同一概念转喻的使用方式不同以及程度不一,这也可能对学习者构成挑战。我们已经看到转喻给第二语言学习者带来的一系列问题的证据,我建议教师们在课堂上明确关注转喻可能会有所帮助。

参考文献

Banta, P. (1981). Teaching German Vocabulary: The Use of English Cognates and Common Loanwords. *Modern Language Journal*, 65(2), 129-136.

Barcelona, A. (2004). Metonymy Behind Grammar: The Motivation of the Seemingly 'Irregular' Grammatical Behavior of English Paragon Names. In G. Radden & K. U. Panther (Eds.), *Studies in Linguistic Motivation* (pp. 357 – 374). Mouton de Gruyter.

Barcelona, A. (2006). The Role of Metonymy in Discourse-Pragmatic Inferencing. In J.-L. Otal Campo, I. Navarro, I. Ferrando, & B. Belles Fortuno (Eds.), *Cognitive and Discourse Approaches to Metaphor and Metonymy* (pp. 29 – 44). Publicationes de la Universitat Jaume I.

Boers, F. (2001). Remembering Figurative Idioms by Hypothesizing About Their Origin. *Prospect, 16*(3), 35 – 43.

Boers, F. (2004). Expanding Learners' Vocabulary Through Metaphor Awareness: What Expansion, What Learners, What Vocabulary? In M. Achard & S. Niemeier (Eds.), *Cognitive Linguistics and Foreign Language Teaching* (pp. 211 – 232). Mouton de Gruyter.

Bouton, L. F. (1988). A Cross-Cultural Study of Ability to Interpret Implicatures in English. *World Englishes, 7*(2), 183 – 196.

Bouton, L. F. (1994a). Conversational Implicature in the Second Language: Learned Slowly When Not Deliberately Taught. *Journal of Pragmatics, 22*, 157 – 167.

Bouton, L. F. (1994b). Can NNS Skill in Interpreting Implicature in American English Be Improved Through Explicit Instruction? *A Pilot Study. In* L. Bouton & Y. Kachru (Eds.), *Pragmatics and Language Learning, Monograph Series 5* (pp. 2 – 23). University of Illinois.

Bouton, L. F. (1999). Developing Nonnative Speaker Skills in Interpreting Conversational Implicatures in English: Explicit Teaching Can Ease the Process. In E. Hinkel (Ed.), *Culture in Second Language Teaching and Learning* (pp. 47 – 70). Cambridge University Press.

Channell, J. (1994). *Vague Language.* Oxford University Press.

Chantrill, P. A., & Mio, J. S. (1996). Metonymy in Political Discourse. In J. S. Mio & A. N. Katz (Eds.), *Metaphor: Implications and Applications* (pp. 171–211). Lawrence Erlbaum.

Chen, Y. C., & Lai, H. L. (2012). EFL learners' awareness of metonymy-metaphor continuum in figurative expressions. *Language awareness, 21*(3), 235–248.

Coates, J. (2003). *Women, Men and Language.* Longman.

Deignan, A., Littlemore, J., & Semino, E. (2013). *Figurative Language, Genre and Register.* Cambridge University Press.

Dornyei, Z., & Thurrell, S. (1994). Teaching Conversational Skills Intensively: Course Content and Rationale. *English Language Teaching Journal, 48,* 40–49.

Gallop, J. (1987). *Reading Lacan.* Cornell University Press.

Gibbs, R. (1994). *The Poetics of Mind.* Cambridge University Press.

Goossens, L. (1990). Metaphtonomy: The Interaction of Metaphor and Metonymy in Expressions of Linguistic Action. *Cognitive Linguistics, 1,* 323–340.

Jiménez Catalán, R. M. (2012). *Exploring the Age Factor in the Production of Metonymies by EFL Learners.* Paper Presented at the Seventh Conference of the International Association of Researching and Applying Metaphor.

Kasper, G., & Roever, C. (2005). Pragmatics in Second Language Learning. In E. Hinkel (Ed.), *Handbook of Research in Second Language Teaching and Learning* (pp. 317–334). Lawrence Erlbaum.

Kasper, G., & Rose, K. R. (2002). Pragmatic Development in a Second Language. Blackwell.

Kay, G. (1995). English Loanwords in Japanese. *World Englishes, 14*(1), 67–76.

Lakoff, G., & Johnson, M. (1980). *Metaphors We Live By*. University of Chicago Press.

Littlemore, J. (2001). Metaphor as a Source of Misunderstanding for Overseas Students in Academic Lectures. *Teaching in Higher Education*, 6(3), 333–351.

Littlemore, J. (2015). *Metonymy: Hidden Shortcuts in Language, Thought and Communication*. Cambridge University Press.

Littlemore, J. (2022). On the Creative Use of Metonymy. *Review of Cognitive Linguistics*, 20(1), 104–129.

Littlemore, J., & Tagg, C. (2018). Metonymy and Text Messaging: A Framework for Understanding Creative Uses of Metonymy. *Applied Linguistics*, 39(4), 481–507.

Littlemore, J., Arizono, S., & May, A. (2016). The Interpretation of Metonymy by Japanese Learners of English. *Review of Cognitive Linguistics*, 14(1), 51–72.

Moritz, I., & Marinić, I. (2023). The Use of Visual Metonymy in English Textbooks for Young Learners: Evidence from Croatia. *Theory and Practice in Language Studies*, 13(2), 286–298.

Moya Guijarro, A. J. (2019). Textual Functions of Metonymies in Anthony Browne's Picture Books: A Multimodal Approach. *Text and Talk*, 39(3), 389–413.

Nerlich, B., Todd, Z., & Clarke, D. (1999). "Mummy I Like Being a Sandwich". Metonymy in Language Acquisition. In G. Radden & K. Panther (Eds.), *Metonymy and Cognition* (pp. 88–101). John Benjamins.

Panther, K.-U., & Thornburg, L. L. (1998). A Cognitive Approach to Inferencing in Conversation. *Journal of Pragmatics*, 30, 755–769.

Panther, K.-U., & Thornburg, L. L. (2003). Introduction: Metonymy Across Languages. In K.-U. Panther & L. L. Thornburg (Eds.),

How Universal Are Conceptual Metonymies? *Special Edition of Jezikoslovje*, 4(1), 5-9.

Partington, A. (1998). *Patterns and Meanings. Using Corpora for English Language Research and Teaching*. John Benjamins.

Perez-Hernandez, L., & Ruiz de Mendoza, F. J. (2002). Grounding, Semantic Motivation, and Conceptual Interaction in Indirect Directive Speech Acts. *Journal of Pragmatics*, 34, 259-284.

Radden, G. (2005). The Ubiquity of Metonymy. In J.-L. Otal Campo, I. Navarro, I. Ferrando, & B. Belles Fortuno (Eds.), *Cognitive and Discourse Approaches to Metaphor and Metonymy* (pp. 29-44). Publicationes de la Universitat Jaume I.

Radden, G., & Kövecses, Z. (2007). Towards a Theory of Metonymy. In V. Evans, B. Bergen, & J. Zinken (Eds.), *The Cognitive Linguistics Reader* (pp. 335-359). Equinox.

Ruiz de Mendoza, J., & Mairal Uson, R. (2007). High Level Metaphor and Metonymy in Meaning Construction. In G. Radden, K. M. Kopcke, T. Berg, & P. Siemund (Eds.), *Aspects of Meaning Construction* (pp. 45-73). John Benjamins.

Swales, J. (1990). *Genre Analysis*. Cambridge University Press.

Tang, P. (2007). *Figurative Language in a Nursery Setting and a Non-native Speaker's Perspective on This Discourse Community*. Unpublished MA Dissertation. University of Birmingham.

Wu, H. J. (2008). *Understanding Metaphor: Taiwanese Students and English Language Metaphor*. Unpublished MA Dissertation. University of Birmingham.

Zibin, A., Altakhaineh, A. R. M., & Hussein, E. T. (2020). On the Comprehension of Metonymical Expressions by Arabic-Speaking EFL Learners: A Cognitive Linguistic Approach. *Topics in Linguistics*, 21(1), 45-61.

7 蜜蜂、猕猴和人类有何共通之处？
具身认知、手势和第二语言学习

7.1 引言

多年来，自然历史学家已经注意到蜜蜂在蜂巢中彼此表演的奇怪、高度复杂的"摇摆舞"。直到最近，研究人员才发现这些"舞蹈"实际上是为了向其他蜜蜂传达花粉和花蜜来源的确切位置。专门研究昆虫的自然历史学家 Debbie Hadley 对这些舞蹈的描述如下：

> 蜜蜂首先径直向前走，然后使劲摆动腹部，拍打翅膀发出嗡嗡声。这一套动作所涉及的距离和速度向其他蜜蜂传达了觅食点的距离。比起距离，方向的传达更加复杂，因为蜜蜂跳舞时要将身体对准食物的方向，并与太阳保持对齐。整个舞蹈呈8字形，它们每次都会重复直线部分的动作，然后再次绕到中心。

> 蜜蜂还使用两种摇摆舞的变体舞姿来指引其他蜜蜂前往距离蜂巢更近的食物源。圆舞是一系列狭窄的圆周运动，告知蜂群成员在蜂巢附近 50 米以内发现食物。这种舞蹈只传达食物方向而非距离。镰刀舞是一套呈月牙形的动作，提醒工蜂离蜂巢 50—150 米内有食物。(http://insects.about.com/od/antsbeeswasps/p/honeybeecommun.htm)

观看舞蹈的蜜蜂通过想象或感觉自己在飞来理解这种代码。不难发现,"长月牙形"舞蹈对应长途飞行,而"狭窄的圆周运动"对应飞往更近的食物源。有观点认为,这些蜜蜂也许能通过想象自己模仿其他蜜蜂的舞蹈动作,从而更好地理解舞蹈所传递的信息,而这就是具身认知(参见 Gibbs,2006;Lakoff & Johnson,1999;Ozcaliskan,2007;Ritchie,2022)。

蜜蜂的上述行为或许证实了具身认知的存在。此外,关于猕猴的研究也揭示,当它们观察其他猴子执行运动功能时,其腹侧前运动皮层中激发的神经元与它们自身实际执行这些运动功能时所激发的相同。有趣的是,对于人脑而言,执行运动功能所激发的神经元位于布洛卡区(Gallese 等,1996;Gamez-Djokic,2015),这表明在猕猴大脑中观察到的神经元激活现象可能涉及某种前语言功能。部分研究者认为,该发现能够证实行动表征和语言之间存在密切关联(Rizzolatti & Arbib,1998)。

迄今为止,对蜜蜂和猕猴的研究均取得显著进展,但有关人类的研究呢?虽然这是一个相对较新的领域,但早期研究发现,人类同样具备具身认知的能力。在非常基本的非语言层面上,研究者观察到,当看到某人执行某个动作时,如跑步、握铅笔、大笑或哭泣,人类大脑中激活的运动神经回路与其实际执行这些动作时所激活的相同。简单地观察动作的表现就可以触发相应的运动心理意象。这反映了对认知的具身性本质更广泛的认识(如 Rosch 等,1991),即意识到我们通过身体与世界和周围的一切互动的方式形成我们的想法、与他人交流的基础。研究表明,我们的感知、运动和其他体验是我们谈论、思考和与他人、事物和世界互动的基础,即"人们对身体在行为中的主观感受和体验是语言和思维的基础"(Gibbs,2003:2)。因此,词汇和概念不仅仅是被看到或听到,而是基于身体的"体验",导致大脑中的某些部分被激活,参与到运动、感官刺激的处理和情绪当中(Bohrn等,2012)。

部分研究发现,当人们听或读语言时,会自动激活感知和运动意象以理解语言(Bergen等,2003)。换言之,当听到诸如"罗素在半空中接住了球"这样的句子时,我们会在脑海中勾勒出接球的动作以理解它。这很有趣,因为对口头语言的理解往往围绕动词的识别(Rost,2002)。这里的含义是,具身认知或基于感觉运动的概念化在理解动词的含义中发挥了重要作用,然后我们以此为基础来解释句子或话语的其余部分。

进一步证明人类具有具身认知的证据来自"虚拟位移(fictive motion)概念,即一种静态画面描述为似乎处于运动中的现象(例如'公路沿着海岸线'或'道路蜿蜒穿过森林')"。在Richardson和Matlock(2007年)的研究中,首先向一组受试展示了一份穿越某地形的路径图。随后,分别向受试者描述了两段虚拟位移,一段将是将地形描述得相当复杂,另一段则描述得相对简单。当受试在听到复杂的描述时,其眼睛移动速度比听到简单的描述时慢得多,这意味着对他们描述运动时,他们在某种程度上也进行了运动。研究表明,诸如西班牙语的一些语言,并非是以动词来解码运动方式的(见第二章),说这些语言的人会发现包含非路径有关(如"滚动[to roll]")的虚拟位移句相比包含路径有关(如"曲折前进[to zig-zag]")的虚拟位移句加工起来更加困难(Rojo & Valenzuela,2009)

具身认知假说还提出,抽象思维以经验为基础(experientially grounded)。换言之,由于心智与身体并非相互独立的实体,我们将概念与自身的涉身体验直接相联系以理解概念(包括抽象概念)。这里我们再次联想到隐喻。通过隐喻,我们根据压力、温度、动态与静态、平衡和姿势、努力和疲劳等涉身体验来理解和表达抽象概念,例如,我们对工作和他人的态度,以及对政治事件和经济现象的理解这使我们可以说出"在财政出资者的压力下(being under pressure from financial contributors)"、"与政府的关系紧张(having a strained relationship with the government)""引发激烈的辩论(igniting a heated debate)"等表达。具身认知理论的推论是,人类能够体验到一种人类所特有(species-specific)的世界观,而人类对"现实"的看法在很大程度上受制于其身体的性质及其如何利用身体来感知环境。在这个方面,具身也可以被视为识解的一个特例。具身认知在许多方面是概念隐喻理论的延伸,但它超越了概念隐喻理论,通过强调身体的作用,并为物理世界和精神世界之间的联系提供直接的神经学证据。以下为珍妮特·戴维(Janet Davey)的小说《书信》(*English Correspondence*)第64页中的节选:

> 伊薇特说,"我是说会议设施,即使是小规模的,也帮你和保罗一把。"
>
> "你这么认为?"
>
> "没错"
>
> "可能还远不够。"
>
> 伊薇特没有理会最后一句话,而是欢快地说道,"现在钱就在那里。"
>
> 西尔维陷入沉思。她不愿在户外谈论这种事。这会筑起一块虚幻的天花板,并剥夺她在户外的乐趣。

这个例子中,谈论金钱让西尔维产生了禁锢感,这与她置身户外,呼吸着自由空气的现实形成了鲜明的对比。这段文字之所以能被读懂,是因为读者能够根据实际的身体束缚来理解情感或智力的约束。该例子属于Lakoff(1987)提出的"意象图示ICM"(参见第四章)和Grady(1997)的"基础隐喻"(参见第六章)。其他例子包括：

知道即看见

变化即运动

欲望即饥饿

组织即物理结构

困难即重量

分析即切断

情感亲密即(时空)邻近

情感即温度

不难发现，这些隐喻均以身体为基础，它们源于人类的具身体验以及身体与世界的互动。例如，当我们对某人产生强烈的情感时，有时我们会感到身体内部的温暖。研究表明，婴儿在体验这些基础隐喻时，至少有一部分对其而言都只涉及一个领域(Lakoff & Johnson, 1999)。比如，对于婴儿来说，了解实际上等同于看见某物，饥饿是婴儿唯一了解的欲望，情感上的亲近等同于身体的接触。直至成长的后期阶段，物理意义和更抽象的意义才逐渐相互分离，继而需要通过隐喻建立联系。

Gibbs(2003)的研究进一步证明，具身体验和人类通过隐喻理解世界具有直接关联。Gibbs带领两组美国大学生前往乡村，让他们穿越一片田野时向他们讲述了不同的故事。第一则故事描述了一对具有健康的关系、拥有共同未来的夫妻，而另一则描述了关系紧张、充满矛盾的夫妻。结果发现，聆听第二则故事的学生在田野中的行进速度明显慢于另一组同学。上述发现可能至少与两个基础隐喻相关：或许他们将前进视为旅程的观点影响了自己的行进速度，也可能是因为他们听到了令人沮丧的情节并为此感到难过，因此放慢了脚步。此外，该研究还强调了人类的共情能力,这种能力也被认为与具身认知有关(Gallese 等,2002)。

本章探讨具身认知假说对语言学习和教学的影响。首先,我探讨如何利用具身认知促进语法教学,并讨论该方法的优点和局限性。随后探讨具身认知的主要表现形式之一,即手势的运用,评估手势在第二语言学习中的作用,重点关注手势运用的跨语言差异,以及教师或说话者、学生自身对手势的运用。

7.2　第一语言与第二语言中的具身隐喻

近年来,人们越来越意识到隐喻通常是一种高度具象化的认知和交流形式。当我们思考和谈论抽象概念或情感时,隐喻通常会发挥作用(参见 Littlemore,2019)。例如,我们将感情视为温暖,将重要性视为规模,将困难视为负担,将类别视为容器,将相似性视为亲密,将组织视为物理结构,将时间视为运动,将目的视为目的地,将原因视为物理力,将知识视为视觉,将理解视为掌握(Lakoff & Johnson,1999)。在上述每种情况下,抽象的概念或体验都是通过隐喻以更具体、更实际的术语来理解和表达。目前有大量证据,包括行为研究(例如 Casasanto,2008;Schneider 等,2011;Zhong & Liljenquist,2006)、神经影像学调查(例如 Boulenger 等,2009;Lacey 等,2017)和手势研究(例如 Jamalian & Tversky,2012)的数据,表明这些隐喻不仅是我们的语言的一部分,有时我们甚至能够"体验"它们,尽管是在潜意识层面。这些研究表明,当我们使用或遇到基于身体经验的隐喻时,大脑中会激活相应的运动或视觉体验(Barsalou,2008;Gibbs,2015)。基于这些原因,隐喻通常被称为"具身化"。事实上,隐喻能够以具身化的方式体验,这并不是一个微不足道的观察结果,因为人类的物理体验构成了大量隐喻的基础,而且大部分抽象现象都是通过隐喻来理解的,其中许多隐喻是基于身体经验的。其他强调隐喻的具身性的发现包括:隐喻可以被演绎或表演(通过手势、舞蹈和其他身体行为形式),并且它们可以由我们与物体和文化制品的互动来塑造(Duffy,2014;Winter & Matlock,2017)。

需要注意的是,并非所有的隐喻都会一直以具身的方式被体验。具身化程度可以从使用身体知识与高度规约的隐喻进行简单的非具身化接触,到完全的感官运动反应。换句话说,隐喻可以在语言、现象学或神经学层面进行体验(参见 Gibbs,2005;Littlemore,2019)。各种因素似乎会影响人们从语言到神经学连续统的隐喻体验程度。在 Littlemore 的研究(2019)中,我确定了决定隐喻体验程度的一些因素,认为最容易唤起感官运动反应的隐喻往往是那些对读者来说新颖的、美观的、从读者的角度呈现的、在充满情感的语境中的,以及传达运动的隐喻。

对于隐喻在第二语言中的具身体验程度知之甚少,但这对交流具有重要启示。如果我们使用隐喻来推理和交流重要的抽象和情感体验,并且当我们使用第二语言时,我们对这种语言的使用会影响交流的方式,那么可能无法传达出我们想传达的内容。

一种可能性是,当我们使用非母语时,我们会与隐喻保持一定距离。双语研究有一个强烈的共识,即情感词汇和短语在第二语言中的情感力量远低于第一语言(Caldwell-Harris,2014;Pavlenko,2012)。许多研究表明,当人们使用第二语言时,他们与所讨论的概念之间会保持一定程度的情感距离。例如,与第二语言相比,第一语言中的负面和禁忌词语会引发更大的自动唤醒,这是通过皮肤电导率测量的(Caldwell-Harris & Ayçiçeği-Dinn,2009)。人们不太可能用第二语言做出主观决策,而是会选择更"理性"、更务实的解决方案,即使这些方案可能会对他人造成伤害(Costa 等,2014)。

关于第一语言和第二语言对情感处理的不同影响,Pavlenko(2005)对此进行了广泛概述。这项研究采用了多种技术,包括问卷调查、皮肤电反应、神经成像、记忆测试、斯特鲁普测试和情感启动研究。人们似乎一致认为,用第二语言阅读或听到的单词对读者/听众的情感影响要弱于用第一语言阅读/听到的单词。Pavlenko 从这篇评论中得出结论:学习第一语言的过程包括将单词的音韵形式与视觉、听觉、嗅觉、触觉、动觉和内脏模式的信息整合在一起,同时结合自传体记忆和情感。通过这个过程,一些单词与积极的记忆联系在一起,而另一些则与消极的记忆联系在一起。由于语言与自传体记忆和情感一起发展,因此它同时具有情感和自传体的维度。与之相反,第二语言通常是在一个更加人为的环境中习得的,这种环境无法提供足够的机会来整合所有感官模式,从而导致人们使用她所描述的"无实体"词语,而使用这些词语的人无法充分体会到其影响。迄今为止,关于具身隐喻的现象研究还很少。此类研究将为语言在具身隐喻的形成中所扮演的角色提供重要的理论信息。

Tomczak 和 Ewert(2015)对波兰语使用者英语中的虚拟动作的研究是一个例外。他们发现,学生在第一语言(波兰语)中的启动效应在第二语言(英语)中并不存在,并认为其中一个原因可能是,在第二语言学习者中,"只进行浅层的语言处理,而不是动作的动态表现",这表明"他们对空间关系和空间运动的理解能力不足……他们理解了语言,但无法像母语使用者那样唤起丰富的空间和时间意象"(同上,第 62 页)。这一发现与 Koster 等人(2018)的研究结果相似,即第二语言使用者在进行句子图片观察任务时,似乎没有像第一语言使用者那样进行心理模拟。

7.3 具身认知在语言教学中的作用

大多数探讨如何将具身认知假说应用于语言教学的研究主要涉及语法教学领域。这些研究采用了 Talmy(1988)的力动态系统(force dynamics system),将其应用于语态、时态、(动词)体(e.g. Bielak & Pawlak,2011,2013;Castañeda Castro,2004;Alonso-Aparicio & Llopis-García,2019)以及情态的教学(Llopis-García,2010)。Talmy 指出,人类的许多抽象观点均通过身体对物理力量的体验而被概念化。为了阐释该理论,Talmy 利用基础隐喻"穿越时间即穿越空间"对道义情态(deontic modality)进行了解释。Sweetser(1990)深入解析了道义情态和认识情态(epistemic modality)之间的关系,进一步扩展了 Talmy 的研究。

道义情态通常表示现实世界中的义务、许可或能力,而认识情态则与必要性、概率和可能性更相关。道义情态被认为是这两者中更"基础"的一种,认识情态则被视为道义情态的隐喻延伸。为了支持这一论点,研究人员引用了道义意义比认识意义更早出现这一发现(Sweetser,1990)。

Talmy 认为,道义情态可以通过社会物理力量、障碍和路径得以解释,部分可以通过一系列的意象图式得到理解。正如第四章所述,意象图式是在人们与世界的日常互动中形成的抽象概念表征(参见 Evans,2007)。这些图式具有意义,但模糊且灵活,能够适应各种不同的语境。意象图式本身并不决定意义,但它们有助于我们对语境中短语的整体理解,并根据不同的个体和语境在不同的意识层面上运作。

在 Talmy 看来,如图 7.1 所示,can 的潜在意象图式是沿着某条轨迹进行的物理运动,在该路径中,虽然不存在实际的障碍物,但障碍可能随时出现。如图 7.2 所示,cannot 的潜在意象图式则涉及障碍物的存在。如图 7.3 所示,must 的潜在意象图式涉及强制主体行动的力量。如图 7.4 所示,should 的潜在意象图式涉及微弱的推动力。

图 7.1 Talmy 的力动态系统中 can 的潜在意象图式

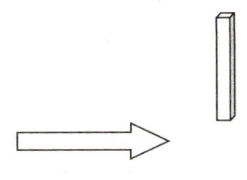

图 7.2 Talmy 的力动态系统中 cannot 的潜在意象图式

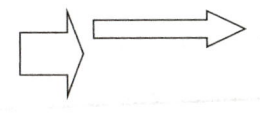

图 7.3 Talmy 的力动态系统中 must 的潜在意象图式

图 7.4 Talmy 的力动态系统中 should 的潜在意象图式

Ought to, have to 和 need to 均表示义务,但三者的区别在

于 ought to 具有强烈的道德色彩，have to 代表外部权威强加的义务，而 need to 表示一种内在义务。Talmy 并不认为，每当听到或使用这些词时，我们的头脑会形成如图 7.1—7.4 中的意象。他也从未主张意象图式决定意义。他认为，诸如此类的意象图式在很大程度上存在于潜意识层面，并且与语境信息一起帮助人们全面理解语言。

如前文所述，通常认为道义意义在语言中出现得更早，其语义更为基本（Sweetser，1990）。道义义务典型地反映了说话者面临的外部社会压力，而认识义务所代表的必要性或可能性反映了说话者面临的内部现实压力。因此，在道义情态中，客观的、外部的事实通过外部力量实现概念化，而在认识情态中，思维的内部状态则通过外部力量实现概念化。这种从客观性到主观性的转变也是 Langacker（1991）认知语法理论的重点内容之一，并且被认为是众多语言变化的成因（Evans & Green，2006）。例（43）和（44）为 must 的两个例子，能够较好地诠释这两种意义：

(43) (I am telling you that) You must be home by ten.

（我告诉你）你必须在十点前到家。

(44) (I am concluding that) She must be home by now.

（我推断）她现在一定是到家了。

Sweetser（1990）认为，认识情态是义务情态的隐喻性延伸，换言之，我们根据自身的外部经验并通过隐喻识解人们的内在智力和生理状态。例如，短语"可能是这样的"（it may be the case that）中 may（可能）的认识情态用法表明，当从现有的前提进行推断并得出该结论时，说话者并没有遇到任何障碍

(Sweetser,1990:59)。

　　Tyler(2008a,2008b,2012)及 Tyler 等人(2010)广泛调研了 Talmy 和 Sweetser 的研究在第二语言学习和教学中的应用潜力。Tyler 和同事重点介绍了几项有关认知语言学路径下情态动词教学效果的研究。所有研究都设有实验组和对照组,被试均是在美国学习的国际学生。她们向实验组的学生展示了代表各种力量的简笔画的图,并利用这些图表引发了学生对可以(can)、必须(must)和应该(should)的道义意义有何差异的讨论。随后,她们向学生解释,认识意义相当于这些外部力量的内在心理力量,并鼓励学生使用隐喻延伸技巧推断出这些情态动词所涉及的认识意义。对于对照组的学生,研究人员采用更传统的方法,即使用教科书解释这些动词的用法。研究结果发现,相较于对照组的学生,实验组的学生对这些动词的理解更好、记忆效果更佳,并在随后的书面写作中更善于正确使用它们。在2012年出版的著述中,Tyler 概述了很多通过对 Talmy 观点的直接应用教授情态动词有效的教学素材。

　　Talmy 的力动态系统在语法教学中的第二种应用方式涉及使用过去式表示心理距离或礼貌(Tyler & Evans,2001)。英语中的过去式通常用以指代时间久远,远离现实或出于礼貌而保持距离的特定事件或状态(Downing & Locke,2002)。这一语法现象依赖于将时间具身化为物理前进运动。从具身体验角度出发,发生在过去的事件就位于我们的身后。这种具身意义在学术话语中相当明显,作者有时会借助过去时和现在时,弱化次要研究,从而突出对其文章主题具有核心意义的研究。例如,如果作者写道"Jones (1991) shows that…",可能是在强调 Jones 的发现对于文章的讨论部分更为重要。然而,如果他们写的是"Jones (1991) showed that",则可能是在淡化 Jones 的发现对于文章讨论部分的重要性。英语中的礼貌请求用语也使用了同样的修辞技巧,比如"I was wondering if you could..."比"I wonder if you could..."更有礼貌。和第一个例子一样,"wondering"前面的动词是过去时,代表之前的想法,充分地为对方提供了拒绝请求的余地。此类拒绝并不会与请求者当前的心理状态冲突,因此有助于维护双方的面子。时态引申背后具身认知的机制及其应用于语言教学的观点在 Tyler 和 Evans(2001)的研究中得到了充分探讨。Tyler 和 Evans 还探讨了时态的四种非时态用法:亲密、前景化、认知立场和委婉语,他们就具身意义在这些引申用法中的作用的相关论点非常有力且令人信服。

综上所述,似乎已有强有力的实证证据表明,具身认知确实有助于学习者学习语法特征,如果视这些语法特征为任意现象,学习者很难学会这些语法特征。在这一领域的许多研究反映了涉及动态的、基于使用的意象图式中更细微的方面(Larsen Freeman 和 Cameron,2007)。人们并不是简单地激活已知的抽象的概念表征,而是利用自己的具身体验对意义进行"软组装(soft-assemble)"(Gibbs,2006)。换句话说,Talmy 和 Grady 等学者提出的较为松散的图式结构对人们理解话语中的语境意义只起到了部分作用。尽管意象图式有其价值,但仅构成了话语理解的一部分。理解说话者所说的话,我们需要激活如语境知识、说话者意图以及相关的百科知识等知识领域。然而,这些因素易于变化,话语中听话者能领悟到的特定意义可能是上述所有知识领域的汇集。除了关注 Tyler 及其同事进行的这类研究,我们还需要探讨具身认知在人际交往中的作用及其对语言学习的影响。

另一种有效的方法是 Roche 及其同事(在第二章中简要提及)所采用的方法。他们的方法包括鼓励学习者与基于计算机的动画进行互动，从而引发对相关的具体概念的心理模拟。例如，在其中一项研究中，Suñer 和 Roche(2021)向学习者介绍了德语"轻"动词(例如，Germ. eine Rede halten，"演讲")的基本具身的、物理性的理据。他们比较了两种不同方法在教授这些动词方面的优势。一种方法是向学习者展示这些动词的图像图式，然后要求他们自己画出这些图像图示，另一种方法是要求学习者写出包含这些动词的句子并画出图片来表示其含义。他们对两组受试者进行了后测和延迟后测。这些测试包括填空测试、改写任务和信息空白任务。他们发现，在侧重于动词语义或与话语相关的特征的任务中，被要求画出轻动词图像图式的受试者表现优于被要求画出与轻动词含义相关的图画的人。在侧重于动词形式特征的任务中，两组表现相当。他们认为，研究结果支持了以动画形式身体参与语法概念教学的有效性。他们发现，使用多媒体动画有助于学习者更清晰地理解轻动词结构背后的图像化概念，而让学习者自己绘制图像则激发了学习目标结构动态方面所需的肢体参与。然后，他们提请注意早期更具理论性的工作(Niemeier 2017; Roche & Suñer 2016)，这些工作描述了这种学习最有可能取得成功的条件。这些条件包括：学习者应该能够轻松地将动画中描述的动作与目标结构的各个动态方面联系起来，伴随的学习活动需要通过互动式共同构建和意义协商来促进概念化过程，以及遵守基于任务的语言教学原则的重要性。

7.4 具身认知与手势

手势的使用是具身认知在互动中的一个重要表现形式。交谈时，话语双方均使用手势进行交流、共同建构和内化意义，以及建立主体间性(intersubjectivity)(Platt & Brooks,2008)。近年来,越来越多的研究探讨手势在第二语言习得和教学中的作用。众所周知,相较于母语,语言学习者在使用第二语言时会更频繁地运用手势,而手势的使用在第二语言沟通和学习方面发挥着重要作用(Gullberg,2008)。通过研究二语学习者所使用的手势,我们也许可以进一步了解语言和思维之间的联系,并在此基础上更深入地理解学习者在交互环境中的习得语言(Negueruela & Lantolf,2008)。因此,本章的其余部分将专门讨论手势及其在二语习得和教学中的作用。

具身理论学者认为,"话语与手势紧密同步"(Gibbs,2006:169),因为它们根植于共同的思维过程中。换言之,言语和非言语表达在交际中将作为一个整体发挥作用,无法被单独解读,因其来源于大脑中相同的语义源(Quek等,2002),并且很可能源自相同的神经系统(Corballis,1994)。虽然手势研究者对语言和手势之间联系的性质存在分歧,但毫无争议的是,两者的确存在非常密切的关联(Gullberg,2008)。

语言和手势之间的紧密联系体现在多个方面。首先,手势和言语是同步的,因此当说话者稍作停顿时,其手势往往会保持不动,直至再次开口。而当传达复杂和有理解难度的想法时,则通常会使用大量的手势(Kendon,2004)。伴随话语,手势往往具有相同的语义和语用内容,共同构成一个概念单位。其次,手势似乎在概念化和规划信息方面发挥重要作用。神经影像学研究表明,当要求人们回忆与工具相关的单词时,其大脑的前运动皮层(负责运动)比让其回忆与动物相关的单词时更加活跃(Grafton等,1997,引自Gibbs,2006)。这意味着当我们联想到某个工具,比如一把锤子时,大脑中负责触发人体执行敲击动作的区域会受到激活。例如在现实生活中,人们在口头描述动作的同时常常会伴随着表示该动作的手势。日常交际中,这种非言语的视觉信息是解读意义时最关键的因素之一(DePaulo & Friedman,1997)。第三,McNeill(1992)指出,手势和话语在儿童时期同步发展,在失语症中同时退化。尽管说话者对手势的使用频率不一,但同一个话语共同体所使用的手势类型高度一致。语言和手势密切同步,这表明了手势在第二语言学习和教学中发挥重要作用。

手势含有多种功能。一些手势具有"交际"特征,能促进交流,而一些则具有更强的认知性,促进说话者的言语组织和表达。手势的认知功能体现在即使在自言自语或看不见话语对方时,也仍然会使用手势(例如打电话时)。McNeill 认为(1992),手势具有各种交际功能。图示手势(iconic gestures)与言语的语义内容非常相似。例如,当谈论到曾经住过的某所房子时,人们可能会做出屋顶形状的手势。第二类手势是隐喻性手势(metaphoric gestures),包括与基础隐喻和概念隐喻相对应的手势。例如,在分析一系列学术讲座录像时,Sweetser(1998)发现,说话者使用了大量与"推理即穿越空间的运动"以及"概念结构即空间几何"管道隐喻有关的手势。有趣的是,这些隐喻均为基础隐喻(参见第五章)。第三类手势是节奏性手势(beat gestures),用于强调话语中的重要内容。它们通常以相同的形式出现,说话者通过这些手势强调自己在语用方面认为重要的部分,例如介绍新角色、总结行动和导入新主题等。节奏性手势用于表示话语的元层次(McNeill,1992:13)。手势的第四个功能是实现话语的连贯,即说话者可以通过重复之前使用过的手势表示自己仍在谈论同一个话题。手势的第五个功能是充当指示语(即表示与某个现象或想法的物理距离或态度距离)。

此外,手势具有语用功能,可以在对话中传递含糊意义。例如,邀请的手势有时会伴随事实的直白陈述,或者某个问题可能是通过手势来含蓄地表达,而非通过言语本身。(Kendon,2004)。与之相关的,手势在说话者共同致力于问题的商讨和解决的过程中还起到协同的作用(Walkington 等,2019)。

但是,McNeill 并没有提及手势的另一个重要作用,即服务概念整合(conceptual blends)证据的提供及其机理的剖解(Parrill & Sweetser,2004)。我们在第五章的隐喻讨论中简要提及了整合理论,但需要注意的是,整合理论远远超出了隐喻理论的范围。当不同的"输入空间"或知识领域被整合并因某种原因被视为同一个实体时,就会发生概念整合。由此产生的"合成空间"有其自身的逻辑,并构成涌现现象(Fauconnier & Turner,2002)。例如,英语中,对于"你离最近的商店有多远?",回答通常是"大约五分钟",这个例子就涉及时间和空间的整合。而现实生活中,距离不能用分钟衡量,但在整合后产生的新的"逻辑"中却是可行的。另一个整合的例子是"今天我要成为琼斯女士"(这句话可能出自一位代课老师之口,由她替代因病请假的琼斯女士)。尽管代课老师实际上并没有真正成为"琼斯女士",但其身份暂时与琼斯女士的角色整合在一起,而在这种新整合的逻辑中,她的确可以"当"一天的琼斯女士。第三种整合涉及类比,例如,"曼彻斯特是北方的威尼斯"。理解这句话需要创造一个合成空间,其中,威尼斯暂时被转移至英格兰北部,对话者不得不将威尼斯和曼彻斯特进行类比(此处主要指运河)。由于涉及合成空间的话语通常缺乏表层"逻辑",因此必须对其意义进行即时的"软组合(soft-assembled)",规约意义除外。就我目前了解到的情况而言,在合成类型和规约程度大小方面的跨语言差异还没有系统的研究。这有点出乎意料,因为正是在这些"逻辑"不强的语言领域中,我们才更有可能发现语言的差异。

不过,目前有一个方面是有所表现的,即概念整合通常伴随着手势使用的增加这样的事实(Parrill & Sweetser,2004)。这些手势具有两大消歧功能:首先,它们表明有必要进行额外的信息剖解;其次,它们为本身这一过程提供帮助。

所有类型的手势均具有强大的交际功能,这意味着对手势的关注是理解语言的关键部分,该发现对语言教师和学习者而言都至关重要。注意并利用图示手势可以帮助学习者弥补目标语言词汇中的空白,并有助于新词汇的学习,这点已得到众多学习策略相关研究的证实(例如,Oxford,1990)。隐喻手势在阐明基础隐喻和整合方面所起的关键作用表明,关注它们有助于理解目标语言的概念系统,并帮助学习者发展 Danesi(2008)提出的"概念流利(conceptual fluency)"。注意节奏性手势和表示连贯性的手势,像二语母语者一样使用这些手势,可能有助于学习者发展口头话语能力。而理解和使用适当的指示手势和语用功能的手势则有助于发展听力和口语能力。最后,使用表示或增强对概念整合理解有关的手势对语言学习者而言尤为重要,因为正是在模糊的、"不合逻辑"的领域,不同的语言和概念系统最有可能出现差异。因此,我们自然会认为,这些手势能够促进学习者的整体语言学习。然而,问题是目标语言手势在多大程度上有必要去教授? 理解和使用适当手势的能力是一种可以简单地从母语迁移至目标语言的技能,还是在使用手势的方式上语言之间本身存在着显著的差异? 如果确实如此,那么就有必要引导学习者对这些差异加以注意。

7.5 手势使用的跨语言差异

就跨文化差异而言,"手势在全世界毫无疑问是相似的,但又存在广泛的多样性"(Cooperrider,2019:1569)。多样性的水平在一定程度上取决于手势的类型。手势分为两大类别:象征手势(emblems)和自发手势(spontaneous gestures)(Stam & McCafferty,2008)。象征手势指的是文化特定的、已编码的、具有特定含义的规约性的手势,如英式英语和美式英语中"竖起大拇指"这样的手势。这些手势容易受到跨文化差异的影响,但由于其数量较少且高度凸显,因此学习难度并不高。自发手势则更具挑战性,只有当我们说话时才会使用它们,并且它们所传递的语义和/或语用内容与所使用的单词相同或互补。从语言学习的角度出发,它们之所以有意思,是因为它们是说话者"言为心声(thinking for speaking)"(参见第二章)的外在表现,与特定语言的语法紧密相关。甚至有观点认为,手势可以构成语言的一部分语法(Ladewig,2020),这意味着学习二语风格的手势是二语习得的关键构成部分。尽管自发手势通常因人而异,但学者指出,"似乎存在着文化[手势]库,其特征由文化和语言来驱动"(Gullberg,2008:281)。解释和使用目标语言共同体所偏好的"文化手势库"也许能提升交际能力和文化意识,因此,语言课程中学习者应当适当地关注手势。

隐喻手势的跨语言差异相当显著,尤其是用于交流的管道隐喻手势。在此类隐喻手势中,信息如同被装入某个容器中,然后从一个人的手上递到下一个人的手上。例如,McNeill(1992)研究了汉语和图尔卡纳语(肯尼亚西北部图尔卡纳人使用的语言)的一系列叙述,但他并没有发现任何证据表明抽象概念是作为有边界和支撑的容器呈现的,尽管在这两种语言中发现了许多其他的隐喻手势证据。与此相反,在其研究的其他语言(英语、德语、意大利语、格鲁吉亚语和日语)的叙事中存在着许多容器类型的手势。McNeill(同上:152)在文中写道:

> 在英语叙述者通常会使用管道隐喻的语境中,汉语说话者创造了一种……该手势创造出的是无具体形态的实体意象。此处涉及的隐喻是,抽象概念是某种物质——具体的物质,但又未把握于说话者的手中。

这项研究表明,通过研究不同语言使用者使用的手势,我们可以了解他们潜意识地概念化抽象现象的不同方式。

言语和手势的关联方式也因语言的差异而不同。例如,说意大利语的人使用手势强调话语的指称内容,而说意第绪语的人则更多地使用手势强调逻辑结构(Efron,1972)。Kendon(2004)认为,结构或词汇语法的跨语言差异至少在四个方面造成了说这些语言的人使用不同的手势。Kendon报告了相关的四项研究来说明这些差异。四项研究均采用了相同的方法:让受试者观看一部无声电影,要求他们用自己的母语解释电影的内容,随后对不同语言受试者的叙述方式进行比较。研究发现,不同语言的受试者存在以下差异。

首先,当某种语言需要使用更多的句法表达某一概念时,受试者会使用手势代替句法结构。例如,西班牙语中不存在运动方式动词(如表示爬行的 *slither* 或 *creep*),因此相较于英语母语者,说西班牙语的人通常会更频繁地使用手势表示此动作(McNeill & Duncan,2000)。

其次,语言的语义特征可能会影响手势的使用。例如,Kita和Ozyurek(2003)发现,英语母语者比日语和土耳其语的母语者更倾向于使用弧形手势来表示摆动。而日语和土耳其语中对等的动词并未暗示如弧形一般的路径。

第三,不同语言受试者使用的独立构式的数量不同,则使用的手势数量也有所不同。例如,当要求土耳其语和英语的受试者分别用母语表述"he rolled down the street(他从街上滚了下来)"时,Kita 和 Ozyurek(2003)发现,前者使用了两种手势,而后者仅使用了一种。有趣的是,土耳其语表述包含了两个分句,而英语表述中仅一个。

第四,话语中话题的结构组织差异可能会导致相关手势出现在不同位置。例如,汉语普通话中,话题置于句首,而动作放在后面。但是,话题限制了后面所想要表达的动作的数量。McNeill 和 Duncan(2000)发现,普通话母语者在描述行动之前就会使用手势表达话题。例如,"葛老太太拿了个好像把他打倒的大棒",这句话中(意思是:"老太太可能会也可能不会用大木棍打倒他"),当说到"大木棍"一词时,他们会做出击打的手势。

其他研究表明,广泛的话语模式中跨语言差异影响手势的使用。例如,日语中,最重要和"最有新闻价值"的信息通常与地点和环境有关,而在荷兰语、瑞典语和法语中,动作更具新闻价值。Gullberg(2010)发现,日语母语者使用节拍性手势表示位置,而荷兰语、瑞典语和法语母语者更倾向于用其表示动作。

Gullberg(2010)发现,范畴系统的差异也会导致不同的手势模式。例如,荷兰语有许多不同的单词表示"放下"(*zetten* 和 *leggen* 等),具体取决于物体的形状。法语则不存在这种区分。当谈到把某物放下时,法语母语者只是使用向下的动作手势,而荷兰语母语者则是根据物体变换手形。这表明,与讲法语的人相比,讲荷兰语的人认为更重要的是要传达他们实际放下的东西。

7.6 习得二语的时候人们会改变他们的手势模式吗?

以上关于手势使用的跨语言差异进一步为事件与现象的识

解以及认知的具身化方式存在跨语言差异提供了证据。这意味着,当人们学习第二语言时,识别和使用目标语言风格的手势可能有一定的助益。这也说明,在许多情况下,目标语言手势的使用情况与目标语言能力的发展是同步的。但果真如此吗?关于这个问题的研究结果因学习情境而异,包括学习者是否在自然环境中学习该语言,是否有机会接触到母语的该语言的人,以及学习者是否真的想变得像该语言的母语者一样。研究表明,一般而言,在习得第二语言的同时,学习者能够更恰当地使用类似于目标语言的手势(Gullberg,2008)。例如,Ozyurek(2002)发现,能够使用类似英语句法表达运动事件的方式和路径的土耳其语人士(见第二章)会开始使用类似英语母语人士的手势。这意味着,二语句法习得与二语使用者可能使用的手势可能存在关联。另一方面,即使是高水平的学习者有时也会保留其母语手势习惯(Yoshioka,2008)。特别是家庭继承语言使用者其一语手势模式具有强烈的文化意义(Azar等,2020)。对类似二语风格手势的使用倾向似乎与文化适应(acculturation)、对目标语言文化的态度以及语言能力本身有着紧密联系(McCafferty,2008)。与二语习得的所有领域一样,二语手势的习得不是一个线性过程。Stam(2017)在对双语(英语/西班牙语)学习者路径句的手势表达的动态研究中发现,随着时间的推移,学习者的路径手势在一语和二语中都发生了变化,而"方式"的手势表达在一语(西班牙语)中也发生了变化,这表明她的二语(英语)在一定程度上受到了跨语言的影响。学习者第一语言和第二语言手势系统的知识在目标语言中以一种复杂的方式相互作用,并受到句法、语义和语用学的习得以及与目标语言文化的类同程度的影响。

7.7 学习者听到目标语言时从看到的手势中可以获得什么？

如前所见，使用手势的主要优势在于它可以让学习者在理解和产出上创造和利用另一种交流渠道。因此，为了进入目标语言的概念系统，观察精通该语言的人士所使用的手势可能会对学习者大有裨益。在二语语境中，手势也许能成为输入强化（input enhancement）的主要形式。输入强化由 Sharwood Smith（1991，1993）提出，该术语指的是语言教师为凸显第二语言的部分特征从而促进学习者二语习得所采用的方法，包括但不限于不弱化元音发音，放慢语速，多次重复，减少前语言（pre-verbal）修饰和增加后语言（post-verbal）修饰，更频繁地使用手势、视觉刺激、视频等技巧，以及采用传统的方式，引导学习者特别留意语言系统的运作方式。在所有这些技巧中，夸张手势的使用可能是一种非常有效的输入强化形式，因为它能通过具身体验为学生提供一条直接、快速进入概念生成机制（conceptualizer）的途径。

有证据表明，特别是对于初学者（Sueyoshi & Hardison，2005）或面临完全陌生的语言的人而言（Tellier，2006，引自 Gullberg，2008），说话者所使用的手势在二语听力理解中起着重要作用。手势尤其能帮助初学者理解回指照应（Kida，2008）。研究也表明，如果教师在解释二语词汇时辅以适当的手势，学习者就更有可能记住（Allen，1995；Andrä 等，2020）。Allen 的研究中所涉及的手势很有意思，涵盖了图式手势（例如，用跳舞的手势表示"你愿意和我跳舞吗？"）、高度的文化规约的手势（例如，在鼻子上旋转拳头表示"醉酒"）和隐喻手势［例如，用游泳的手势表示完全迷失或"不知所措（at sea）"］。遗憾的是，在其研究中，Allen没有探讨不同类型手势的相对优势。如果她对此加以关注，就可能会发现某些类型的手势比其他手势更有可能促进学习。例如，除非语言学习者已经了解高度文化规约的手势，否则这类手势不太可能具有促进效果。但另一方面，向学习者介绍文化规约手势本身也许有其意义，能够为学习者提供更多的机会，使其在与母语者互动的交流情景中更好地使用这些手势。

既然看到手势有助于听力理解，那么教师在语言课堂上使用手势是否能促进教学呢？研究表明，学习者非常关注教师所使用的手势，被认为是"优秀"的教师往往使用更多的手势，在课堂上使用手势能够消除歧义，将学生的注意力集中在重要的内容上，并有助于记忆（Sime，2008）。另一方面，Kida（2008）呼吁，我们要警惕"视觉支架过多（visual over-scaffolding）"，因其可能会导致部分语言学习者过度依赖手势。此外，Faraco和Kida（2008）指出，有些手势可能过于模糊，导致学生产生误解。课堂手势也可能与目标语言共同体使用的手势有所不同，它们在某些情况下也许是"现实世界"手势的夸张。然而，总体而言，研究结果似乎表明，如果语言教师能够注意不要过度使用手势，或者不误导学生，那么有意使用手势应当值得提倡。

7.8　学习者在用目标语言工作时如何从使用手势中受益？

已有研究表明，语言学习者自身使用手势是有用的。手势的使用具有两个重要的功能：首先，它具有互动功能，即促进交流；其次，它很可能具有认知功能，因为学习者会使用手势帮助自己在目标语言中构思话语。如下文所见，两个功能相互作用，促进语言学习。

首先是手势的交际功能。在互动情境中,手势可用以在母语者和第二语言学习者的对话中建立主体间性和共同参照框架(common frames of reference)(McCafferty,2002;Mori & Hayashi,2006)。一旦这些共同参照框架建立起来,母语者就能知道语言学习者想说的话,并帮助学习者找到缺失的词汇和构式。学习者自己也可以通过手势构建近侧发展区间(zones of proximal development)(Vygotsky,1986),在这个近侧发展区间内,他们可以大胆试用目标语言中的新构式,无需担心被人误解。因此,手势的使用是一种有效的沟通策略,使学习者能够与对话者进行协商,以获得关于自己语言能力的反馈,并将输入物塑造成有助于学习的形式(参见 Gass,1997;Gullberg,1998)。Firth 和 Wagner(2007:806)认为,手势的使用也能帮助学习者提高"互动的灵活性和机智性",从而有助于交际与学习的成功。

在学习者之间的互动中,手势的使用似乎也能促进学习。Platt 和 Brooks(2008)说明,在基于任务的学习活动中,成对的学习者会使用手势来帮助彼此理解任务,在任务中识别学习机会,帮助对方更容易注意到构式并加以内化,并调节彼此的学习。第四章中提及的 MacArthur 和 Littlemore(2008)的研究发现,手势可以促进交互学习。需要记住的是,该研究的主要目的在于评估英语和西班牙语学习者如何利用语料库学习名转动词的修辞用法。我们特别关注学生在学习过程中的互动方式,在这项研究中我们发现,学生们在对所探讨的词义进行合作推理时通常会使用手势。也就是说,学生在用口头语言解释这类动词时,通常会辅以身体动作进行阐述,以澄清和说明对动词意义的理解。我们发现,当学生能恰当地运用手势时,能够促进自身对词汇的理解和记忆。在首次遇到单词中,学习者更有可能记住那些初次遇到就引发了手势使用的单词。

在本研究中，英语学习者在学习 worm、snake 和 elbow 这些词时明显使用了手势，这些单词均可以表示运动方式，并形象地引申为另一种活动或过程。以下对话（来自 MacArthur & Littlemore, 2008）说明了手势如何有助于学习者理解 elbow 一词的隐喻用法：

  T：那么你是怎么记住 elbow 的，路易斯？

  S9：自然而然就记住了。我们有 elbow aside（用手肘推开）和 elbow out（用手肘挤出）的表达。

  T：是啊，但是我们也有 shoulder aside（用肩膀推开）的表达，不是吗？

  S9：是的，上面写着用肩或肘挤过人群

  S8：是的，但是不一样。在上公交时，如果你像这样使用肘部［用肘部向外戳］是不礼貌的——当说"judo has been elbowed out of the next Commonwealth games（柔道已被排除在下一届英联邦运动会之外）"时，其意思是搁置一边，不予理睬。不仅如此，这句话还意味着当某人强人所难［再次用手肘做手势］而不顾他人时，就把他晾在一边。"

该对话中，手势的使用能够让学习者区分肩膀和肘部两者之间相似的隐喻意义，并阐明为什么肘部的隐喻意义通常指示消极行为，而肩膀的隐喻意义却很少有贬义色彩。我们在本章中提出，创造性和手势的应用对于理解这些动词的含义并非无足轻重。相反，它们能够增进学习者对修辞用法的整体理解。隐喻，特别是以短语单位呈现的隐喻，在话语中往往并非中性，而更多被说话者用来评价所描述的事件和情况（Moon, 1998; Nunberg 等, 1994）。如果非母语者不能理解隐喻性表达的评价内涵，则可能会误用这些表达。手势的使用似乎特别有助于引导学习者理解这方面的修辞性语言。

该研究中,西班牙语学习者也使用手势推断词汇的情感或物理成分。*agostado*(枯萎),*aletear*(扇动),以及*torear*(躲避)这三个词语引发了手势的运用。有趣的是,*agostado*和*aletear*是学习者最有可能记住的单词。在研究的第一阶段,*torear*成为了讨论的焦点。该词的意思是"躲避",起源于斗牛士躲避公牛的行为。其内涵具有很强的文化特性,学习者需要花费相当长的时间才能解读清楚。这是因为学生们所探讨的,是对于英语母语者而言更原型的特征(如公牛的体格大小、凶猛等)。在第一部分的研究中,一位学习者突然、自发地使用手势,很好地帮助了其他学习者正确理解该词。

研究中的两组学生(英语和西班牙语)更有可能记住触发了手势运用的单词。

其次是手势的认知功能。根据手势促进概念化假设(gesture for conceptualization hypothesis)(Kita等,2107),人们通过手势进行构思并将其转化为文字。研究发现,二语学习者会频繁地使用这类手势,因为如果他们选择用另一种语言将想法转化为文字,就需要对信息进行大规模的重新包装和筛选(Yoshioka,2008)。通过观察他们使用的手势,我们或许可以了解到学习者尝试用目标语言识解和"组合"事件的方式(参见第二章)。当学习者在内化新目标语言信息时,也会在自语(private speech)中使用手势。研究还表明,在学习词汇的过程中使用手势可以显著提高记忆效果(Allen,1995)。

根据基于使用的语言习得观,手势的交际功能和认知功能不应被视为两个独立的领域。使用和关注手势能促进互动,从而帮助学习扩充近侧发展区间(zones of proximal development)(Vygotsky,1986)。在这些发展区间内,会共同建构意义,识别、内化以及尝试新的构式。在这个循环辩证的过程中,手势在每个阶段都起着至关重要的作用。

唯一一个让手势发挥核心作用的语言教学方法是全身反应法(total physical response，TPR)(Asher，1988)。TPR 要求学习者在说出动作时将其表演出来。近年来，TPR 发展出了更复杂的版本，即全身肢体反应故事教学法(total physical response storytelling)(Werstler，2002)，这种方法需要教师和全班共同表演整个故事。Lindstromberg 和 Boers(2005)检验了 TPR 方法的有效性。他们通过一系列严谨的实验评估了 TPR 对学生记忆和回忆运动方式动词的效果。实验结果表明的答案是肯定的。他们发现，与仅仅听到动词定义的情况相比，观看他人演示运动方式动词的意义这一方式更有助于学生的记忆。而自己实际演示动作方式动词的含义则更能促进对动作方式动词的记忆。尽管 Lindstromberg 和 Boers 的研究发现令人振奋，但据我所知，目前尚未有实证研究能够回应有关 TPR 法的两大争议。其一，不同于具象意义的释读，该方法对于抽象意义的学习作用有限(尽管具身认知理论主张其应当具有相同的效果)。其二，该方法严重依赖同源词，并不适用于差异较大的语言对。然而，抽象概念被认为是植根于具身认知的，这意味着抽象概念一定程度上也可以通过 TPR 类型的方法来教授。Holme(2004)的研究提出了许多类似的方法，但需指出，目前尚未有研究探讨这些方法的有效程度。尽管全身反应法也许有其局限性，但 Lindstromberg 和 Boers 的研究结果仍然意义重大，因为他们的研究说明了手势在第二语言学习和教学过程中发挥着核心作用。而 TPR 的问题之一在于，它不是一种特别"真实"或"交际式"的语言教学方法，因为学习者从未真正参与到彼此之间的真实交流中。因此，如果我们能够将 TPR 与涉及更多实际互动的语言学习活动相结合，或将对手势的关注融入更多样化的教学活动，那将对教学产生重要的影响。Holme(2009)提出了一系列符合这些标准的教学理念的实用性建议。

7.9 结语

本章探讨了具身认知和手势的应用及其与第二语言学习和教学的潜在关联。具身认知假说和手势领域的相关研究推动了各种语言教学方法的出现，这些方法通常能让语言学习者更清楚地了解抽象语言和涉身体验之间的联系。与TPR类似，这些方法均要求学习者在课堂上按照预定的剧本表演。也许它们非常有效，但在某种程度上已经脱离语境。如何将这些方法融入更具交际性的教学方法中，例如基于任务的学习，使学习者在使用语言的过程中学习和创造意义，这一类领域值得探索。此外，该领域的最新研究开始探讨：语言学习者如何使用手势构思想法并运用适当的二语构式对其进行"组合"；在交谈中，当各自的语言对同一事件有着不同的识解方式时，话语双方如何使用手势进行协调；以及手势意识的增强与二语能力有何关系。这些研究将揭示语言如何在使用过程中被习得，并最终使手势的交际功能在语言教学方法中发挥更核心的作用。

参考文献

Allen, L. Q. (1995). The Effect of Emblematic Gestures on the Development and Access of Mental Representations of French Expressions. *Modern Language Journal*, 79(4), 521–529.

Alonso-Aparicio, I., & Llopis-García, R. (2019). La didáctica de la oposición imperfecto/pretérito perfecto simple desde una perspectiva cognitiva. In I. Ibarretxe-Antuñano, T. Cadierno, & A. Castañeda Castro (Eds.), *Lingüística cognitiva y español LE/L2*. Routledge.

Andrä, C., Mathias, B., Schwager, A., Macedonia, M., & von Kriegstein, K. (2020). Learning Foreign Language Vocabulary with Gestures and Pictures Enhances Vocabulary Memory for Several Months Post-Learning in Eight-Year-Old School Children. *Educational Psychology Review, 32*(3), 815–850.

Asher, J. (1988). *Learning Another Language Through Actions: A Teacher's Guide*. Sky Oaks.

Azar, Z., Backus, A., & Özyürek, A. (2020). Language Contact Does Not Drive Gesture Transfer: Heritage Speakers Maintain Language Specific Gesture Patterns in Each Language. *Bilingualism: Language and Cognition, 23*(2), 414–428.

Barsalou, L. W. (2008). Grounded Cognition. *Annual Review of Psychology, 59*, 617–645.

Bergen, B., Narayan, S., & Feldman, J. (2003). Embodied Verbal Semantics: Evidence from an Image-Verb Matching Task. In R. Alterman & D. Hirsh (Eds.), *Proceedings from the Twenty-Fifth Annual Conference of the Cognitive Science Society* (pp. 493–504). Psychology Press.

Bielak, J., & Pawlak, M. (2011). Teaching English Tense and Aspect with the Help of Cognitive Grammar: An Empirical Study. *Studies in Second Language Learning and Teaching, 1*(3), 365–400.

Bielak, J., & Pawlak, M. (2013). *Applying Cognitive Grammar in the Foreign Language Classroom: Teaching English Tense and Aspect*. Springer.

Bohrn, I. C., Altmann, U., & Jacobs, A. M. (2012). Looking at the brains behind figurative language—A quantitative meta-analysis of neuroimaging studies on metaphor, idiom, and irony processing. *Neuropsychologia*, *50*(11), 2669–2683.

Boulenger, V., Hauk, O., & PulverMüller, F. (2009). Grasping Ideas with the Motor System: Semantic Somatotopy in Idiom Comprehension. *Cerebral Cortex*, *19*, 1905–1914.

Caldwell-Harris, C. L. (2014). Emotionality Differences Between a Native and Foreign Language: Theoretical Implications. *Frontiers in Psychology*, *5*, 1055.

Caldwell-Harris, C. L., & Ayçiçeği-Dinn, A. (2009). Emotion and Lying in a Non-native Language. *International Journal of Psychophysiology*, *71*(3), 193–204.

Casasanto, D. (2008). Who's Afraid of the Big Bad Whorf? Cross-linguistic Differences in Temporal Language and Thought. *Language Learning*, *58*(1), 63–79.

Castañeda Castro, A. (2004). *Una visión cognitiva del sistema temporal y modal del verbo español* (pp. 55–71). Estudias Linguistica.

Cooperrider, K. (2019). Universals and Diversity in Gesture: Research Past, Present, and Future. *Gesture*, *18*(2–3), 209–238.

Corballis, M. (1994). Neuropsychology of Perceptual Functions. In D. Zaidel (Ed.), *Neuropsychology Handbook of Perception and Cognition* (2nd ed., pp. 83–104). Academic Press.

Costa, A., Foucart, A., Hayakawa, S., Aparici, M., Apesteguia, J., Heafner, J., et al. (2014). Your Morals Depend on Language. *PLoS ONE*, *9*(4), e94842.

Danesi, M. (2008). Conceptual Errors in Second Language Learning. In S. De Knop & T. De Rycker (Eds.), *Cognitive Approaches to Pedagogical Grammar* (pp. 231–257). Mouton de Gruyter.

DePaulo, B. M., & Friedman, H. S. (1997). Nonverbal Communication. In D. Gilbert, S. Fiske, & G. Lindzey (Eds.), *Handbook of Social*

Psychology (4th ed., pp. 44 – 59). Blackwell.

Downing, A., & Locke, P. (2002). *A University Course in English Grammar*. Routledge.

Duffy, S. E. (2014). The Role of Cultural Artefacts in the Interpretation of Metaphorical Expressions About Time. *Metaphor and Symbol, 29*(2), 94 – 112.

Efron, D. (1972). *Gesture, Race and Culture*. Mouton and Co.

Evans, V. (2007). *A Glossary of Cognitive Linguistics*. Edinburgh University Press.

Evans, V., & Green, M. (2006). *Cognitive Linguistics: An Introduction*. Edinburgh University Press.

Faraco, M., & Kida, T. (2008). Gesture and the Negotiation of Meaning in a Second Language Classroom. In S. McCafferty & G. Stam (Eds.), *Gesture: Second Language Acquisition and Classroom Research* (pp. 280 – 297). Routledge.

Fauconnier, G., & Turner, M. (2002). *The Way We Think: Conceptual Blending and the Mind's Hidden Complexities*. Basic Books.

Firth, A., & Wagner, J. (2007). Second/Foreign Language Learning as a Social Accomplishments: Elaborations on a Reconceptualized SLA. *The Modern Language Journal, 91*, 800 – 819.

Gallese, V., Fadiga, L., & Fogassi, L. (1996). Action Recognition in the Premotor Cortex. *Brain, 119*, 593 – 609.

Gallese, V., Ferari, P., & Umilta, M. (2002). The Mirror Matching System: A Shared Manifold for Intersubjectivity. *Behavioral and Brain Sciences, 25*, 35 – 36.

Gamez-Djokic, V., Molnar-Szakacs, I., & Aziz-Zadeh, L. (2015). Embodied Simulation: Building Meaning Through Shared Neural Circuitry. *In Conceptual and Interactive Embodiment* (pp. 228 –

258). Routledge.

Gass, S. (1997). *Input, Interaction, and the Second Language Learner.* Lawrence Erlbaum Associates.

Gibbs, R. (2003). *Understanding Metaphor as Cognitive Simulation.* Paper Presented at the Fifth Conference of Researching and Applying Metaphor.

Gibbs, R. W. (2005). The psychological status of image schemas, In B. Hampe (Ed.) From Perception to Meaning: Image Schemas in Cognitive Linguistics, Amsterdam: Mouton de Gruyter, pp. 113–136.

Gibbs, R. (2006). *Embodiment and Cognitive Science.* Cambridge University Press.

Gibbs, R. W. (2015). Embodied Metaphor. In J. Littlemore & J. Taylor (Eds.), *The Bloomsbury Companion to Cognitive Linguistics* (pp. 167–184). Bloomsbury.

Grady, J. (1997). Theories Are Buildings Revisited. *Cognitive Linguistics, 8,* 267–290.

Grafton, S., Fadiga, L., Arbib, M., & Rizzolatti, G. (1997). Premotor Cortex Activation During Observation and Naming of Familiar Tools. *Neuroimage, 6,* 231–236.

Gullberg, M. (1998). *Gesture as a Communication Strategy in Second Language Discourse: A Study of Learners of French and Swedish.* Lund University Press.

Gullberg, M. (2008). Gestures and Second Language Acquisition. In P. Robinson & N. Ellis (Eds.), *Handbook of Cognitive Linguistics and Second Language Acquisition* (pp. 276–305). Routledge.

Gullberg, M. (2010). Language-Specific Encoding of Placement Events in Gesture. In E. Pederson & J. Bohnemeyer (Eds.), *Event Representations in Language and Cognition.* Cambridge University

Press.

Holme, R. (2004). Mind, Metaphor and Language Teaching. Palgrave Macmillan.

Holme, R. (2009). *Cognitive Linguistics and Language Teaching.* Palgrave Macmillan.

Jamalian, A., & Tversky, B. (2012). Gestures Alter Thinking About Time. In N. Miyake, D. Peebles, & R. Cooper (Eds.), *Proceedings of the 34th Annual Conference of the Cognitive Science Society* (pp. 503–508). Cognitive Science Society.

Kendon, A. (2004). *Gesture: Visible Action as Utterance.* Cambridge University Press.

Kida, T. (2008). Does Gesture Aid Discourse Comprehension in the L2? In S. McCafferty & G. Stam (Eds.), *Gesture: Second Language Acquisition and Classroom Research* (pp. 131–156). Routledge.

Kita, S., & Ozurek, A. (2003). What Does Cross-Linguistic Variation in Semantic Coordination of Speech and Gesture Reveal? Evidence for and Interface Representation of Spatial Thinking and Speaking. *Journal of Memory and Language, 48*, 16–32.

Kita, S., Alibali, M. W., & Chu, M. (2017). How Do Gestures Influence Thinking and Speaking? The Gesture-For-Conceptualization Hypothesis. *Psychological Review, 124*(3), 245.

Koster, D., Cadierno, T., & Chiarandini, M. (2018). Mental Simulation of Object Orientation and Size: A Conceptual Replication with Second Language Learners. *Journal of the European Second Language Association, 2*(1), 38.

Lacey, S., Stilla, R., Deshpande, G., Zhao, S., Stephens, C., McCormick, K., Kemmerer, D., & Sathian, K. (2017). Engagement of the Left Extrastriate Body Area During Body-Part Metaphor Comprehension. *Brain and Language, 166*, 1–18.

Ladewig, S. (2020). *Integrating Gestures: The Dimension of Multimodality in Cognitive Grammar* (Vol. 44). Walter de Gruyter GmbH & Co KG.

Lakoff, G. (1987). *Women, Fire and Dangerous Things: What Categories Reveal About the Mind.* University of Chicago Press.

Lakoff, G., & Johnson, M. (1999). *Philosophy in the Flesh: The Embodied Mind and Its Challenge to Western Thought.* Basic Books.

Langacker, R. (1991). *Foundations of Cognitive Grammar (Descriptive Application)* (Vol. 2). Stanford University Press.

Larsen-Freeman, D., & Cameron, L. (2007). *Dynamic Systems Theory and Applied Linguistics.* Oxford University Press.

Lindstromberg, S., & Boers, F. (2005). From Movement to Metaphor with Manner-of-Movement Verbs. *Applied Linguistics, 26*(2), 241–261.

Littlemore, J. (2019). *Metaphors in the Mind: Sources of Variation in Embodied Metaphor.* Cambridge University Press.

Llopis-García, R. (2010). Why Cognitive Grammar Works in the L2 Classroom: A Case Study of Mood Selection in Spanish. *AILA Review, 23*, 72–94.

MacArthur, F., & Littlemore, J. (2008). A Discovery Approach to Figurative Language Learning with the Use of Corpora. In F. Boers & S. Lindstromberg (Eds.), *Cognitive Linguistic Approaches to Teaching Vocabulary and Phraseology* (pp. 159–188). Mouton de Gruyter.

McCafferty, S. G. (2002). Gestures and Creating Zones of Proximal Development for Second Language Learning. *Modern Language Journal, 86*, 192–203.

McCafferty, S. G. (2008). Material Foundations for Second Language

Acquisition: Gesture, Metaphor and Internalization. In S. McCafferty & G. Stam (Eds.), *Gesture. Second Language Acquisition and Classroom Research* (pp. 47–65). Routledge.

McNeill, D. (1992). *Hand and Mind.* University of Chicago Press.

McNeill, D., & Duncan, S. (2000). Growth Points in Thinking for Speaking. In D. McNeill (Ed.), *Language and Gesture* (pp. 141–161). Cambridge University Press.

Moon, R. (1998). *Fixed Expressions and Idioms in English: A Corpus-Based Approach.* Clarendon Press.

Mori, J., & Hayashi, M. (2006). The Achievement of Intersubjectivity Through Embodied Completions: A Study of Interactions Between First and Second Language Speakers. *Applied Linguistics, 27*(2), 195–219.

Negueruela, E., & Lantolf, J. (2008). The Dialectics of Gesture in the Construction of Meaning in Second Language Oral Narratives. In S. McCafferty & G. Stam (Eds.), *Gesture. Second Language Acquisition and Classroom Research* (pp. 88–106). Routledge.

Niemeier, S. (2017). *Task-Based Grammar Teaching of English: Where Cognitive Grammar and Task-Based Language Teaching Meet.* Narr.

Nunberg, G., Wasow, T., & Sag, I. A. (1994). Idioms. *Language, 70*(3), 491–538.

Oxford, R. L. (1990). *Language Learning Strategies: What Every Teacher Should Know.* Heinle & Heinle.

Ozcaliskan, S. (2007). Metaphors We Move By: Children's Developing Understanding of Metaphorical Motion in Typologically Distinct Languages. *Metaphor and Symbol, 22*(2), 147–168.

Ozyurek, A. (2002). Speech-Gesture Synchrony in Typologically Different Languages and Second Language Acquisition. In B.

Skarabela, S. Fish, & A. H. Do (Eds.), *Proceedings from the 26th Annual Boston University Conference on Language Development* (pp. 500–509). Cascadilla Press.

Parrill, F., & Sweetser, E. (2004). What We Mean by Meaning. Conceptual Integration in Gesture Analysis and Transcription. *Gesture*, 4(2), 197–219.

Pavlenko, A. (2005). *Emotions and Multilingualism*. Cambridge University Press.

Pavlenko, A. (2012). Affective Processing in Bilingual Speakers: Disembodied Cognition? *International Journal of Psychology*, 47(6), 405–428.

Platt, E., & Brooks, F. (2008). Embodiment as Self-Regulation in L2 Task Performance. In S. McCafferty & G. Stam (Eds.), *Gesture. Second Language Acquisition and Classroom Research* (pp. 66–87). Routledge.

Quek, F., McNeill, D., Bryll, R., Duncan, S., Kirbas, C., Mccullough, K. E., & Ansari, R. (2002). Multimodal Human Discourse: Gesture and Speech. *ACM Transactions on Computer-Human Interaction*, 9(3), 171–193.

Richardson, D. C., & Matlock, T. (2007). The Integration of Figurative Language and Static Depictions: An Eye Movement Study of Fictive Motion. *Cognition*, 102(1), 129–138.

Ritchie, L. D. (2022). *Feeling, Thinking, and Talking: How the Embodied Brain Shapes Everyday Communication*. Cambridge University Press.

Rizzolatti, G., & Arbib, M. (1998). Language Within Our Grasp. *Trends in Neurosciences*, 21(5), 188–194.

Roche, J., & Suñer, F. (2016). Metaphors and Grammar Teaching. *Yearbook of the German Cognitive Linguistics Association*, 4(1),

89 – 112.

Rojo, A., & Valenzuela, J. (2009). Fictive Motion in Spanish: Travellable, Non-Travellable and Path-Related Manner Information. In J. Valenzuela, A. Rojo, & C. Soriano (Eds.), *Trends in Cognitive Linguistics* (pp. 221 – 238). Peter Lang.

Rost, M. (2002). *Teaching and Researching Listening.* Longman.

Rosch, E., Thompson, E. and Varela, F. (1991): The Embodied Mind: Cognitive Science and Human Experience, MIT Press.

Schneider, I. K., Rutjens, B. T., Jostmann, N. B., & Lakens, D. (2011). Weighty Matters: Importance Feels Heavy. *Social Psychological and Personality Science, 2*(5), 474 – 478.

Sharwood Smith, M. (1991). Speaking to Many Minds: On the Relevance of Different Types of Language Information for the L2 Learner. *Second Language Research, 7*(2), 118 – 132.

Sharwood Smith, M. (1993). Input Enhancement in Instructed SLA: Theoretical Bases. *Studies in Second Language Acquisition, 15*, 165 – 179.

Sime, D. (2008). "Because of Her Gesture, It's Very Easy to Understand." Learners' Perceptions of Teachers' Gestures in the Foreign Language Class. In S. McCafferty & G. Stam (Eds.), *Gesture. Second Language Acquisition and Classroom Research* (pp. 259 – 279). Routledge.

Stam, G. (2017). Verb Framed, Satellite Framed or in Between. A L2 Learner's Thinking for Speaking in Her L1 and L2 Over. In I. Ibarretxe-Antuñano (Ed.), *Motion and Space Across Languages: Theory and Applications* (pp. 329 – 365). John Benjamins.

Stam, G., & McCafferty, S. (2008). Gesture Studies and Second Language Acquisition. In S. McCafferty & G. Stam (Eds.), *Gesture. Second Language Acquisition and Classroom Research* (pp.

3-24). Routledge.

Sueyoshi, A., & Hardison, D. M. (2005). The Role of Gestures and Facial Cues in Second Language Listening Comprehension. *Language Learning*, 55(4), 661-699.

Suñer, F., & Roche, J. (2021). Embodiment in Concept-Based L2 Grammar Teaching: The Case of German Light Verb Constructions. *International Review of Applied Linguistics in Language Teaching*, 59(3), 421-447.

Sweetser, E. (1990). *From Etymology to Pragmatics: Metaphorical and Cultural Aspects of Semantic Structure*. Cambridge University Press.

Sweetser, E. (1998). Regular Metaphoricity in Gesture: Bodily-Based Models of Speech Interaction. In B. Caron (Ed.), *Actes du 16e Congres International des Linguists*. Elsevier.

Talmy, L. (1988). Force Dynamics in Language and Cognition. *Cognitive Science*, 2, 49-100.

Tellier, M. (2006). *L'impact du geste pedagogique sue l'enseignement/apprentissage des languages etrangeres: Etude sur des enfants de 5 ans.* (University Paris VII- Denis Diderot) (cited in Gullberg, 2008).

Tomczak, E., & Ewert, A. (2015). Real and Fictive Motion Processing in Polish L2 Users of English and Monolinguals: Evidence for Different Conceptual Representations. *The Modern Language Journal*, 99(S1), 49-65.

Tyler, A. (2008a). Cognitive Linguistics and Second Language Instruction. In P. Robinson & N. C. Ellis (Eds.), *Handbook of Cognitive Linguistics and Second Language Acquisition* (pp. 456-488). Routledge.

Tyler, A. (2008b, March). *Applied Cognitive Linguistics: Putting Linguistics Back into Second Language Learning*. Paper Presented at

The LAUD Symposium on Cognitive Linguistic Approaches to Second Language Learning and Teaching.

Tyler, A. (2012). *Cognitive Linguistics and Second Language Learning: Theoretical Basics and Experimental Evidence.* Routledge.

Tyler, A., & Evans, V. (2001). The Relation Between Experience, Conceptual Structure and Meaning: Non-Temporal Uses of Tense and Language Teaching. In M. Putz, S. Niemeier, & R. Dirven (Eds.), *Applied Cognitive Linguistics II: Language Pedagogy* (pp. 63–105). Mouton de Gruyter.

Tyler, A., Mueller, C. M., & Ho, V. (2010). Applying cognitive linguistics to instructed L2 learning: The English modals. *AILA Review, 23*(1), 30–49.

Vygotsky, L. (1986). *Thought and Language.* MIT Press.

Walkington, C., Chelule, G., Woods, D., & Nathan, M. J. (2019). Collaborative Gesture as a Case of Extended Mathematical Cognition. *The Journal of Mathematical Behavior, 55*, 100683.

Werstler, J. M. (2002). *Total Physical Response Storytelling: A Study in Actively Engaging Students Across the Modalities.* Unpublished Master's Thesis. Department of Modern Languages, Central Connecticut State University.

Winter, B., & Matlock, T. (2017). *Primary Metaphors Are Both Cultural and Embodied* (pp. 99–115). Metaphor.

Yoshioka, K. (2008). Linguistic and Gestural Introduction of Ground References in L1 and L2 Narrative. In S. McCafferty & G. Stam (Eds.), *Gesture. Second Language Acquisition and Classroom Research* (pp. 211–230). Routledge.

Zhong, C. B., & Liljenquist, K. (2006). Washing Away Your Sins: Threatened Morality and Physical Cleansing. *Science, 313*, 1451–1452.

8 "耀眼的西装"和"浓烈的奶酪":语言理据和第二语言学习

8.1 引言

继当代语言学创始人之一费迪南·德·索绪尔(Ferdinand de Saussure)的著作之后(见 Culler,1986),语言学家传统上一直强调单词与其含义之间关系的任意性。例如,他们会说英语中一种长着胡须的毛茸茸的小动物被称为"猫",而日语中被称为"neko",这样的命名并没有什么特别的原因。

然而,最近认知语言学的研究表明,语言的许多方面实际上并不像人们想象的那样任意,它们是有意义的,或者说是"有动机的"。与主流的应用语言学家不同,认知语言学家以不同的方式定义"motivated"一词。在应用语言学中,"motivated"通常用于描述敏锐且热情的学习者,而在认知语言学中,"motivated"被应用于描述语言本身,表示语言的某些方面是非任意的,我们说话的方式有时候是有原因的。第七章中我们已看到,一些形式—意义之间的联系并非像人们所言的那样是任意的,特别是当我们留意到如隐喻、转喻和具身认知等认知过程时。借助上述发现,教师可以从理论上向学生解释为什么某些表达方式代表某些意义,而不是简单地告诉学生"那就是这样",并期望他们通过死记硬背来学习这些表达。根据 Craik 和 Lockhart(1982)的研究,这可能涉及学习者基于更深层次的认知处理去寻找意义,从而进行更深层次的学习和更长久的记忆。在此需要指出的是,尽管语言的很多方面有其使用的动机,但是这种情况发生的方式并不完全可预测,不同的语言有不同的使用动机。因此,大多数对语言使用动机的分析通常是回顾性的,而非预测性的,所以语言的教学作为一种动机现象与语言理解的关联多于语言产出。

Boers 和 Lindstromberg(2006)的论文成果是该领域最具说服力的论文之一,讨论了语言理据在语言教学中的作用。他们以 Radden 和 Panther(2004)的观点为出发点。Radden 和 Panther(2004)提出,有理据语言具有三种形式:可解释的形式—形式关联(如头韵)、可解释的形式—意义关联(如象似性)和可解释的意义—意义关联(如一词多义)。本章将围绕这三个方面展开,以 Boers 和 Lindstromberg 的研究为起点,并继续介绍该领域的其他相关研究。

8.2 可解释的形式—形式关联

Boers 和 Lindstromberg 强调,固定的短语模式通常具有头韵、谐元韵和其他语音模式的特征,并说明了该特征如何帮助学习者进行回忆。他们认为,诸如"*publish or perish*"或"*cut and thrust*"的表达在语言中经久不衰实则并非巧合,它们语音的排比和韵律具有内在的意义和愉悦。他们发现,此类表达在英语的固定表达中占比极高,而且相对容易习得(Lindstromberg 和 Boers,2008),如果能够向学生指出这类表达具有头韵的特点,学生更容易掌握它们。

研究表明,当学生采用基于语料库的数据驱动学习法时,头韵和其他语音模式发挥着非常重要的作用。MacArthur 和 Littlemore(2008)要求两组学生共同使用语料库识别英语和西班牙语中名转动词的含义（见第 3.2 节）。我们发现，在释义词汇项目的修辞意义时，该词是否以固定短语结构出现对学习者的理解产生影响。例如，学生们认为，相比于 *to mushroom* 或 *pencilled in*，他们更容易理解 *worm one's way* 或 *weather a storm* 等表达。

学习西班牙语的英语母语者也更有可能注意到具有明显的头韵特征的短语，对其而言尤为凸显头韵的两个表达是 cuadrar las cuentas（结算）和 monear las matas（爬树）。这些语言现象在研究初始就引发了大量讨论，实验阶段也始终作为保留项目。相关证据为 Boers 和 Lindstromberg（2005）的发现提供了进一步的支持，即头韵和其他语音模式有助于学习者注意和记住固定的短语结构。

8.3 可解释的形式—意义关联

尽管大多数的形式—意义组合不可被解释，但在某些情况下，单词的形式确实在某些方面与意义相对应。认知语言学文献中引用率最高的例子是 Taylor（2002）的"形式越多，意义越多"原则。Taylor 认为，相比于短词，较长的单词所表达的意义更复杂。此外，基本层次范畴的单词（如 *cat*）比上义词（如 *animal*）或下义词（如 *Siamese*）更短。这一原则也适用于句子层面。相比于短句如"把书递给我"，长句"请把书递给我好吗？"能传达出更多的"距离感"，因此也更有礼貌。"形式越多，意义越多"原则在学术英语的教学中也有所应用，较长的单词有时被认为更"学术"，而更长、更迂回的句子往往意味着更高的模糊性。另外，名物化所导致的长句有时听起来比短句更具体化、更"学术"。

拟声词（onomatopoeia）构成了另一种形式和意义相关的"语音象征"。诸如"叮当（tinkle）"、"嗖嗖（swoosh）"、"吼吼（roar）"等词的发音在某种程度上反映了其意义，因此在语言课堂上可以很好地加以利用。研究表明，这种语音象征在语言中非常普遍。例如，Winter 等（2022）发现在来自 84 个家庭的 331 种口语中，颤音/r/音更可能用于指"粗糙"纹理的单词，而不是"平滑"纹理。他们认为，这反映了从音素的声音到它所描述的纹理的跨感官映射。拟声词在日语等语言中似乎特别常见，可用来描述一系列的现象。日语的拟声词语可以分为三类：拟声语（gion-go）用于模仿自然界的声音，拟态语（gitai-go）用于表示外部状态，拟情语（gijoo-go）用于表示心理状况。例如，拟声语 *zaa zaa* 用于形容某种持续的降雨声；拟态语 *uro-uro* 表示徘徊、闲逛的样态。拟情语 *nori nori* 代表心情愉悦。有学者认为，通过引导学生注意诸如此类的形式—意义组合，日语教师可以帮助学生更好地学习和记忆这些词（Ivanova，2006）。尽管这一特定的假设尚未得到验证，但 Kantartzis 等人（2011）的一项研究结果表明，非日语母语者对日语使用的语音象征很敏感。在他们的研究中，教授了一群说英语的 3 岁儿童一系列日语动词，其中一半包含语音象征，一半不包含。他们发现，孩子们发现学习那些含有语音象征意义的动词要比未含有的动词容易得多，由此得出结论，孩子们对普遍的声音象征很敏感，可以用它来帮助他们学习新单词。

英语中也存在语音象征，虽然数量较少，主要表现为声音的残余意义（residual meaning）或音素丛（phonological clusters），如/gl＋前高元音/的组合，包括 *glisten*，*glint*，*gleam*，*glitter* 和 *glimmer* 等表示闪烁的词（参见 Bergen，2004）。这些词汇均存在着词源联系（源自 *glit*，在古英语/中世纪英语中意为"亮度")。带有"*udge*"(表示粘性强,Shore,1996)的词,如 *fudge*(搪塞),*trudge*(跋涉),*budge*(移动),*sludge*(泥泞)和 *grudge*(怨恨)都没有显示出词源联系。带有"*inkle*"的词(通常表示小巧可爱的事物),如 *twinkle*(视觉层面)、*winkle*(触觉层面)和 *tinkle*(听觉层面)似乎介于其中,因为它们部分源自古英语/中世纪英语中表示"习惯动作"的词素"*inkle*"。诸如/gl-/音丛有时被称为联觉音组(phonesthemes),它们并不一贯表示意义,但常常对词语的整体意义有所贡献。不仅如此,可以预计他们的意义会因语境而变化(Feist,2013)。这一点上,它们存在第五章提到的"意义的软性组合(soft-assembled meaning)"。联觉音组并不在语言之间整齐地迁移,因此,开展由教师引导、推动或协助的活动,以提高学习者对目标语言的意识似乎更为明智。研究发现,向学生提供截然相反的选择能够较好地调动学生的积极性。Littlemore(2004)汇报了课堂上的一个情景:她向五名高水平的日本英语学习者介绍了 *stodgy*(硬实的)一词。起初,他们表示自己对这个词的意义一无所知,然而,当播放该词的发音并询问他们"stodgy food(硬实的食物)"可能是"重的"还是"轻的"时,学生都立刻回答是"重的"。当被问及这个词的内涵意义可能"积极"还是"消极"时,他们同样立刻回答"消极"。通过听到单词的发音,他们成功推断出"stodgy food"是沉重且不太美味的,而这一描述与词典定义相当接近[如"沉重和坚硬的",《牛津高阶英语词典》(*OALD*,1995:1174)]。这种方法也许也适用于语音象征程度较低的单词。例如,如果向一名语言学习者展示椭圆和矩形两个形状,并要求他根据单词的发音猜测哪个形状是"oval",哪个是"rectangle",许多学生可能会凭借语音象征猜出正确答案,因为"oval"的发音听起来比"rectangle"更圆润(Ramachandran,2003;

Ramachandran & Hubbard, 2001)。这种方法所带来的积极效果可能会增强学习者的信心,培养他们在语言学习中依靠直觉的能力,而不是过分地依赖字典和教师。这种思维方式在某些方面类似于笔者在第四章讨论隐喻时所描述的思维。例如,一旦了解 /ʌdʒ/ 代表沉重或枯燥的概念,就相当于掌握了常见的概念隐喻和转喻,而且这种思维方式还能够有效地应用于形象思维的过程中。(Littlemore & Low, 2006)。

拟声词从稍加广泛的角度出发,还涉及通感(synaesthesia)。通感是不同的物理感觉被混合或替代的一种心理过程。我们能够说出诸如 *sharp cheese*(浓烈的奶酪)、*loud tie*(耀眼的领带)和 *cheerful music*(欢快的音乐)等表达。它是一种日常现象,会出现在各种各样的词语中。然而需要指出的是,我并不是指罕见的通感,例如,通感使人们将星期二与蓝色或数字六等建立起特殊的联系。而是着眼于通感更常规的形式及其对词汇更稳定的影响。从许多方面来看,像 *harsh light*(刺眼的光线)或 *gentle flavour*(温和的味道)这样的通感表达可以被视为一种隐喻,因而也应该像其他隐喻表达一样,可以通过形象思维进行阐释(详见 Littlemore & Low, 2006)。此类映射往往存在于各种语言中,因此可能有助于学习者对二语通感表达的理解。然而,研究发现,用于描述通感的语言表达存在显著的跨语言差异,通常适合用通感描述的现象也因语言的不同而不同(Takada, 2008)。Wrembel 和 Rataj(2008)展开了在这一领域有关二语学习者的一项有趣的研究。他们对英语中某些颜色相关的元音进行了调查,大学水平的波兰英语学习者(没有人具有通感)一致地表现出突出的高前元音(如/i/、/ɪ/、/e/、/ɛ/和/æ/)与明亮的颜色(黄色、绿色)相关、后元音(如/ɯ/、/u/、/ʊ/、/ɣ/、/o/和/ɔ/)与深色(棕色、蓝色、黑色)相关,以及开放音与红色、中心元音(例如/ʌ/,/ə/,以及/ɜ/)与无色灰相关。正如他们在研究中指出的,这可能对二语发音的教学有着有趣的教学意义,从而可能促进二语的语音习得。

跨语言差异在通感工作的方向性问题上对语言学习者而言是一个潜在的问题。Williams(1976)在一项关于通感的早期研究中,提出了英语的通感层级结构。根据这个结构,味觉可能会被描述为触觉,但触觉未必会被描述为味觉。听觉可能会被描述为触觉和味觉,但反之则不然。Williams的层级结构如图8.1所示。

英语中,遵循这一层级结构的通感表达明显比不遵循这一结构的表达更易解读。其他语言中的通感层级结构稍有不同。例如,通过分析信息提供者和语料库数据,Werning 等人(2006)的研究显示,相较于英语,德语更倾向于使用颜色来描述味觉和嗅觉。这些发现表明,讲英语的德语学习者可能难以理解这些表达方式,反之,讲德语的英语学习者可能会把这些表达方式迁移至英语中。另一方面,如 Kellerman(1987a,1987b)所说,他们应该会保持谨慎,避免将这些用法迁移到目标语言中。另一方面,通感词项意义最近的研究(如 Turner & Littlemore, 2023;Winter, 2019)提出所谓的"意义的层级结构"未必是固定的,或如通常所以为的是可预测的,在这一方面,语言具有很强的灵活性。

图 8.1 通感的方向性(Williams, 1976:463)

形式—意义配对跨语言变异的大量研究来自 Dingemanse（2012:663）。该研究者提出了意音词（ideophones）的"隐含层级"，形式如下：

SOUND（声音）< MOVEMENT（运动）< VISUAL PATTERNS（视觉模式）< OTHER SENSORY PERCEPTIONS（其他感官感知）< INNER FEELINGS AND COGNITIVE STATES（内在情感和认知状态）

语言在意音词的数量和类型上存在某个频谱，比如日语和韩语的意音词数量丰富，而如英语等其他语言中的数量则较少。根据 Dingemanse 的观点，如果一种语言有意音词，它至少会有表示发音的意音词（如拟声词）。如果一种语言有表示动态的意音词，那么它也会有传递声音的意音词。如果一种语言有表示视觉（如空间结构或表层外观）的意音词，那么它也会有传递动作和声音等的意音词。相反，没有表达声音或动作的意音词的语言就不会有表达认知状态的意音词。

8.4 可解释的意义—意义关联

意义—意义的关联是语言动机的关键方式之一（Radden & Panther, 2004）。该观点的理论基础是语法化（Hopper & Traugott, 2003）。根据语法化假说（正如我们在第一章中看到的），新词以词汇的形式（或"开放性"词汇）进入语言，随着时间的推移，其中一些词汇获得语法（或"封闭性"）的功能，而这些功能与最初的词义有着词源关联。这意味着语法表达本身具有意义，尽管随着时间的推移，它们的意义变得比实义项更为"图式化"。频繁引用的一个例子是 *will* 和 *going to*，它们最初分别表示"渴望"和"物理运动"，但随着时间的推移，二者被用作识解未来事件的不同方式。虽然其原始意义的使用频率低于其时间意义,但两种意义之间仍存在着一种松散的关联,一些语法学家还会利用这种联系解释两者在意义上的差异。随着词汇的词义逐渐减弱,语法性逐渐增强,它们的意义变得更加图式化,由它们所唤起的意象图式在一定程度上有助于语境中话语整体意义的理解。向语言学习者解释意义—意义的关联时,需要重新唤醒语法化词汇的原始词义,并利用这些意义联系加强学生的理解和记忆。

语言教师将认知方法应用到可识别的意义—意义关联的主要方式之一是开展短语动词教学。许多研究(Kövecses & Szabo,1996;Li,2002;Tyler,2012;Tyler & Evans,2004)都试图系统教授短语动词,探索短语动词中介词的意义与其基本意义之间的隐喻和转喻关系。例如,他们引导学生关注介词 *down* 的基本意义,并基于该意义理解以下表达的含义:"look down on someone(看不起某人)","get down to work(开始工作)","go down in someone's estimation(降低对某人的评价)"。Littlemore & Low(2006)以及 Tyler(2012)对此类研究进行了梳理(详见第三章)。这些研究的结果并不完全一致,但总体而言,它们表明学习者在某种程度上能够建立类似的联系,并且能够利用这些联系推断初次接触的动词短语的含义(Kövecses,2001)。然而,该领域有待展开更多的研究,以明确这种方法是否适用所有类型的短语动词和所有类型的学习者。在认知语言学家看来,语法在某种程度上是有意的,而不是完全任意的,该观点与前一章中关于具身体验的讨论有关。例如,第 7.2 节中 Tyler(2008a,2008b)、Tyler 等(2010)提出的情态动词教学方法在很大程度上依赖于可解释的意义与意义关联。

对于希望将语法作为有意义而非任意现象进行教学的教师而言，Radden & Dirven (2007) 的《认知英语语法》(*Cognitive English Grammar*) 一书具有重要的参考价值。该书全面覆盖了语法的主要领域，从认知语言学的视角对其进行了解释。Radden 和 Dirven 识别出了各种语法现象的认知理据，而通常情况下，语言学习者会被告知这些现象无规律可循。虽然此书的目标读者并非学生，但教师可以利用书中的观点实现将语法作为有意义和可记忆的现象进行教学的目的。该书的理论来自 Langacker(1987) 的词类系统和 Talmy(2000) 的概念构建系统。本书的前几章简要提及了这两个系统的部分内容，但全面了解整个系统具有重要意义。Radden 和 Dirven 在书中运用这些系统解释复杂的语法现象，本节将结合书中的例子概述这两个系统的核心观点。

传统的系统通常将词类主要划分为名词、动词、限定词、连词等。与此不同，Langacker 提出的系统认为语言表达可以分为两大类别：名词性述谓结构 (nominal predications)（在概念上是独立的实体，如英语中的 *car*）和关系述谓结构 (relational predications)（完整意义的表达依赖于其他实体，如 *before a visit*）。这种分类反映了人们划分概念的基本方式：我们将自己对世界的认识划分为"独立"的事物以及需要根据它们与其他事物的关系进行定义的事物。名词性述谓结构可以进一步细分为有界的（如大海般具有某种边界）和无界的（如海水般无边无际）。关系述谓结构可以进一步细分为有时间性的（主要是动词）和无时间性的（包括形容词、副词和分词）。在谈论某些场景和事件时，言者对上述分类方式的选择取决于他们想要以何种方式包装和呈现，或者用认知语言学的术语，"识解"信息。选择并非固定不变，不同的选择代表了识解现象与事件的不同方式，不过某些识解方式的确比其他方式更加常规(参见第二章)。

现在,我们一起看看该系统在第二语言教学中的应用方式。Radden 和 Dirven 采用了 Langacker 的模型中有界与无界的分类方式,并借此阐释例(45)和例(46)中 few 和 a few 的区别:

(45) There are few people who believe in fate

极少人相信命运

(46) There are a few people who believe in fate

有人相信命运

如图 8.2 所示,他们认为 "a" 在该短语中的作用,在于使我们认为人们存在于某种边界内。一旦人们被明确定义为有界群体,那么就可以被视为真实的、(必要时)具体的人,而此时的重点在于强调这些人的实际存在。如图 8.2 所示,不带冠词 "a" 的话语是无界的,这说明言者故意含糊其辞,表示我们并非在谈论相信命运的个人,而是表示"相信命运的人"的普遍缺失。

图 8.2 *few* 和 *a few* 的潜在差异图解

教师们可能会认为这种图表和他们用以解释语法点的各种图表相似,然而,他们可能会担心自己的图表过于个性化或奇怪,导致学生无法理解。认知语言学的贡献之一,在于为此类图表的使用提供理论基础,而事实上认知语言学发现,这些图表的确具有认知基础。通过此类图表,语言教师可以帮助学生直接获取目标语言"语法规则"背后的意象图式。然而,我们需要开展更多的研究,以评估此类图表对学生的帮助,如 Boers(2004) 所指出的,是否部分学习者从中受益的可能性更高。

Talmy 的概念建构系统也与现象和事件的识解方式有关。根据 Talmy 的观点,我们可以在四个不同但相关的系统中选择信息的呈现方式。第一个是构型结构系统(configurational structure system),涉及有界性(如前文所提及,也适用于 Talmy 系统中的动词)、可分性(即事物是否可数)和延伸度(即事件是否具有时间跨度)等问题。Talmy 模型中的第二个系统是注意系统(attentional system)。顾名思义,就是指说话者希望将他人的注意力放在话语的哪一方面。根据说话者的交际意图,某些内容可以被前景化或背景化。例如,我们比较以下两句话,第二句来自我自己的大儿子:

(47) 我们打了起来,我打了奥斯卡。

(48) 有人打架,奥斯卡受伤了

虽然两个句子描述的是相近的场景,但我的儿子更有可能选择第二种说法。因为如此一来,他便可以不再成为整个事件的焦点。我们可以通过使用被动语态(如此处)、省略,或者(在英语中)将背景化信息放置句尾而非句首实现这一效果。认知语言学通常将前景化的信息称为图形(figure),而将背景化的信息称为背景(ground)。因此,对"图形"和"背景"的判断有助于明确说话者认为重要的话语内容。

图形/背景二分法的另一个优势,在于它能为描述口语语法提供一种有用的元语言。研究指出,传统的语法难以处理英语口语特征,因为英语口语的分句结构灵活,而且对听众敏感(Carter, 2007)。例如,Carter 询问传统的语法如何处理表现出"前端"和"结尾"的口语,例如以下源自剑桥和诺丁汉话语英语语料库(CANCODE)中的语句摘录:(http://www.cambridge.org/elt/corpus/corpora_cancode.htm):

(49) 一个非常好的游泳运动员,Jenny 是

(50) 这可能会让你感到非常虚弱,但显然,是带状疱疹,对吗?

这两句话的主要信息均位于句首,而次要信息则构成了话语的"尾巴"。我们可以利用 Talmy 的"图形"和"背景"对这种现象进行描述。Carter 引用的这两个例子中,主要的信息位于前端,因此被侧显为图形,而次要信息则位于句尾,明显归为背景。这些图形/背景的识解也可能通过语调和重音模式得以加强(即使用语音或语调模式强调"图形",淡化"背景")。为确保沟通顺畅,说话者需要能够根据对话者的情况持续变换,与其共同构建意义。此外,说话者还需要具备使用适当的语序和语调变化标记这些切换变化的能力,也就是 Carter(2007)所说的"汇合(confluence)"。它是流利性的延伸,涉及听众友好型的表达能力和共同构建意义等技能。上述过程必将导致信息主次发生变化,而 Talmy 的图形/背景对比系统为我们提供了有效描述这些波动的方式。

Talmy 模型的第三和第四个系统已经在本书的前几章中有所涉及。该模型的第三个系统是视角系统(perspectival system),指的是对说话者自身的有利视点。在第二章对识解的讨论中,我们已经探讨了许多与注意力和视角相关的问题。至于 Talmy 的第四个系统,即力动态系统,已经在第 7.2 节中进行了详细讨论,在此不再赘述。

现在让我们看另一个例子,以了解 Radden 和 Dirven 如何使用 Talmy 的概念建构系统解释难度较大的语法点。前面几章着重介绍了注意、视角和力动态系统,此处选择构型系统的例子,以说明 Radden 和 Dirven 如何利用 Talmy 的这一系统讲解语法。Talmy 的系统认为,有界/无界的二分法不仅可以应用于名词谓语,也可以应用于活动(activities)之中,而 Langacker

的系统并未涉及该观点。就其最基本的意义而言,二分法也适用于时间性事件。教材上经典的例子(Murphy,1986:24)如下例(51)和例(52):

(51) Yesterday Tom and Jim played tennis. They began at 10 o'clock and finished at 11 o'clock.

昨天汤姆和吉姆打网球。他们在10点钟开始,11点钟结束。

(52) What were they doing at 10.30? They were playing tennis.

他们在10点半做什么?他们在打网球。

"They were playing" means that they were in the middle of playing tennis. They had started playing but they hadn't finished.

"They were playing"意味着他们正在打网球。他们已经开打,但还未结束。

虽然 Murphy 没有明确提及,但两个例子之间的主要区别之一在于:例(51)描述了一个具有明确开始和结束的有界事件,而例(52)描述了一个没有明确开始和结束的无界事件。Radden 和 Dirven(同上:187)认为,有界性和无界性是超越时间概念的辐射式范畴,如例(53)—(55)的组内对比所示:

(53) a I talked to Mr Green (bounded)

我和格林先生交谈了(有界的)

b I was talking to Mr Green (unbounded)

我当时正在和格林先生交谈(无界的)

(54) a What did you do before you came to work here? (bounded)

来这里工作前你是做什么的?(有界的)

b What were you doing before you came to work here?(unbounded)

来这里工作前你在做什么?(无界的)

(55) a What did you do in my office?(bounded)

你在我的办公室里做了什么?(有界的)

b What were you doing in my office?(unbounded)

你之前在我办公室里干什么?(无界的)

三组例子中,无界性使句义变得模糊(Channell,1994)。在例(53b)中,无界性使我们无法确定"我"与格林先生的交谈时长以及可能涉及的话题。与(54a)的有界问题相比,(54b)的无界问题可能会得到更不确定、不具体的回答。无界问题(55b)所包含的意义远远超出了其基本意义本身,附带着有界问题(55a)所不具备的语用内涵。虽然对这些问题的解读也可能因言者的语气和肢体语言有所不同,但总体而言,问题(54a)和(55a)旨在获得比问题(54b)和(55b)更精确的回答。由于缺乏边界,话语获得了更多的模糊用语和语用扩展空间。某种程度上,我们可以将语法中无界性的抽象功能视为物理边界的具体功能的隐喻扩展。这与第三章中所讨论的语法辐射式范畴视角相对应。语法构式的原型意义受具身认知(即我们对真实的、物理边界的体验)驱动,并通过隐喻性扩展而变得更加抽象。这一过程是认知语言学的核心,也许是对语言教师而言最有借鉴意义的领域之一。语法规则也许可以通过具身认知得到解释,从而得以灵活地扩展到更加抽象的领域。

Niemeier 和 Reif(2008)进一步发展了该观点,同时还提出了一些实用的教学理念,以帮助(在他们的案例中是德国的)学生理解英语中进行时和非进行时的区别。他们发现,德国的英语使用者经常在这个语法领域遇到问题,部分原因是德语并不会在语法上标记出两者的差别。因为德语母语者往往更依赖附带的小品词和状语从句(例如"at the moment"或"right now")以及语境信息。Niemeier 和 Reif 认为,当和有界的动作一起使用时[例如,"she made me a cup of tea(她给我泡了一杯茶)"],进行体的主要功能是淡化界限(即将注意力从动作的起点或终点转移),将重点放在动作本身。他们认为,应该要让学生明白,进行时和非进行时代表的是对同一行为的不同识解。为了阐明某个场景如何通过进行时被识解,他们建议在场景上方放置一个大型放大镜,或者通过一个镂空的钥匙孔呈现该识解方式下的观众如何聚焦于动作的某一部分。为了评估这两种方法的相对有效性,他们计划开展实证研究。

本章中,我们看到了许多可解释的形式—形式、意义—形式和意义—意义的关联,这些关联在语言教学中也许能发挥重要作用。如前所见,有充分的理由表明,教师应该提高学生对语言理据方面的意识,因为它们有助于说明语言现象背后的成因,并帮助学习者减少所需进行的任意联想。事实上,文献中可以找到二语课堂中用于语言动机教授的一系列创造性方法,特别是在 Holme(2009)的研究中。然而,这种方法也有一些局限性,我们现在就来看一下(另见 Wirag 等人,2022)。

8.5 课堂语言理据教学的局限

将语言作为一种"理据"现象进行教学的一个局限是,语言的许多方面并不存在理据。许多形式—意义的关联纯属任意,且只能通过这种方式学习。因此,教师的作用在于帮助学习者注意到理据的关联,并协助他们利用这些关联进行学习。第二个局限是,如 Boers 和 Lindstromberg(2006)所言,语言理据方式不同,因此我们难于准确预测特定语言的理据模式如何发挥作用。换言之,尽管我们可以通过回溯性思考观察到上述因果关系,但却难以对其预测。这意味着,尽管语言理据可以帮助学习者理解语言输入,但不一定有助于他们产出恰当的目标语言形式。任何时候都可以形成许多潜在的理据关系,但只有少数关系能够真正存在。例如,在英语中,我们可以说老师"run through"或者"go over"(检查)作业。这两种表达在一定程度上可以通过"路径"隐喻得到解释。然而,老师并不能"run over(轧过)"作业,因为它所表达的意思确实完全不同(Low & Littlemore,2009)。因此,在某种程度上我们必须承认,语言驱动的具体方式的确存在一定程度的任意性。另一方面,如果学生足够自信,应该能够根据自己在目标语言中识别出的理据模式发展和试用新表达。如果他们的语言水平能够达到将这些表达标记为新颖用法的程度,他们也许能获得对话者的反馈,从而在这些尝试中有所收获。

还需要注意的一点是,尽管与传统的课堂语法教学方法略微有不同,本章提出的方法在很大程度上偏向于显性语法教学。如第二章所示,显性知识与隐性知识相互影响与相互作用最有可能产生最持久的学习效果。因此,除了接触被明确呈现为有理据的语言外,学习者还需在真实话语中找到相关证据,并在尽可能自然的情境中检验自己的假设。

8.6 结语

本章介绍了语言理据的三种形式:形式—形式理据,形式—意义理据,以及意义—意义理据。本章还引用了一些例子,说明了不同类型的理据在二语课堂中的应用方式,同时指出在该领域开展更多研究的必要性。最后,笔者观察并提醒道,对有理据语言的最佳观察方式是回溯性思考,此外,一种语言的特定方向时常不可预测。相比于语言产出,关注语言的理据方面这一策略也许更适合语言理解。另一方面,学生可能会使用认知语法的原则预测目标语言,随后在用该语言交流时验证这些预测。在下一章中,我将探讨语言理据如何在短语层面发挥作用。

参考文献

Akita, K. (2017). Grammatical and Functional Properties of Mimetics in Japanese. In N. Iwasaki, P. Sells, & K. Akita (Eds.), *The Grammar of Japanese Mimetics: Perspectives from Structure, Acquisition, and Translation* (Routledge Studies in East Asian Linguistics 1) (pp. 20–34). Routledge.

Bergen, B. (2004). The Psychological Reality of Phonaesthemes. *Language, 80*(2), 290–311.

Boers, F. (2004). Expanding Learners' Vocabulary Through Metaphor Awareness: What Expansion, What Learners, What Vocabulary? In M. Achard & S. Niemeier (Eds.), *Cognitive Linguistics and Foreign Language Teaching* (pp. 211–232). Mouton de Gruyter.

Boers, F., & Lindstromberg, S. (2005). Finding Ways to Make Phrase-Learning Feasible: The Mnemonic Effect of Alliteration. *System, 33*(2), 225–238.

Boers, F., & Lindstromberg, S. (2006). Cognitive Linguistic Applications in Second or Foreign Language Instruction: Rationale, Proposals and Evaluation. In G. Kristiansen, M. Achard, R. Dirven, & F.-J. Ruiz de Mendoza (Eds.), *Cognitive Linguistics: Current Applications and Future Perspectives* (pp. 305–355).

Mouton de Gruyter.

Carter, R. (2007). *Spoken English/Written English: Challenging Assumptions*. Plenary Paper, Presented at the Annual Conference of the Japanese Association for Language Teaching.

Channell, J. (1994). *Vague Language*. Oxford University Press.

Craik, F. I. M., & Lockhart, R. S. (1982). Levels of Processing: A Framework for Memory Research. *Journal of Verbal Learning and Verbal Behaviour, 11,* 671–684.

Culler, J. D. (1986). *Ferdinand de Saussure*. Cornell University Press.

Dingemanse, M. (2012). Advances in the Cross-Linguistic Study of Ideophones. *Language and Linguistics Compass, 6*(10), 654–672.

Feist, J. (2013). "Sound Symbolism" in English. *Journal of Pragmatics, 45*(1), 104–118.

Holme, R. (2009). *Cognitive Linguistics and Language Teaching*. Palgrave Macmillan.

Hopper, P., & Traugott, E. (2003). *Grammaticalization*. Cambridge University Press.

Ivanova, G. (2006). Sound-Symbolic Approach to Japanese Mimetic Verbs. *Toronto Working Papers in Linguistics, 26,* 103–114.

Kantartzis, K., Imai, M., & Kita, S. (2011). Japanese Sound-Symbolism Facilitates Word Learning in English-Speaking Children. *Cognitive Science, 35*(3), 575–586.

Kellerman, E. (1987a). An Eye for an 'Eye'. In E. Kellerman (Ed.), *Aspects of Transferability in Second Language Acquisition. A Selection of Related Papers* (pp. 154–177). University of Nijmegen Press.

Kellerman, E. (1987b). Towards a Characterisation of the Strategy of Transfer in Second Language Learning. In E. Kellerman (Ed.), *Aspects of Transferability in Second Language Acquisition. A*

Selection of Related Papers (pp. 89 – 124). University of Nijmegen Press.

Kövecses, Z. (2001). A Cognitive Linguistic View of Learning Idioms in an FLT Context. In M. Putz, S. Niemeier, & R. Dirven (Eds.), *Applied Cognitive Linguistics II: Language Pedagogy* (pp. 87 – 115). Mouton de Gruyter.

Kövecses, Z., & Szabo, P. (1996). Idioms: A View from Cognitive Semantics. *Applied Linguistics, 17*(3), 334 – 355.

Langacker, R. W. (1987). *Foundations of Grammar (Cognitive Prerequisites)* (Vol. 1). Stanford University Press.

Li, F. T. (2002). *The Acquisition of Metaphorical Expressions, Idioms and Proverbs by Chinese Learners of English: A Conceptual Metaphor and Image Schema- Based Approach.* Unpublished PhD Thesis. Chinese University of Hong Kong.

Lindstromberg, S., & Boers, F. (2008). The Mnemonic Effect of Noticing Alliteration in Lexical Chunks. *Applied Linguistics, 29* (2), 200 – 222.

Littlemore, J. (2004). Interpreting Metaphors in the Language Classroom. *Les Cahiers de l'LIUT, 23*(2), 57 – 70.

Littlemore, J., & Low, G. (2006). *Figurative Thinking and Foreign Language Learning.* Palgrave Macmillan.

Low, G., & Littlemore, J. (2009). The Relationship Between Conceptual Metaphors and Classroom Management Language: Reactions by Native and Non-Native Speakers of English. *Iberica, 17,* 25 – 44.

MacArthur, F., & Littlemore, J. (2008). A Discovery Approach to Figurative Language Learning with the Use of Corpora. In F. Boers & S. Lindstromberg (Eds.), *Cognitive Linguistic Approaches to Teaching Vocabulary and Phraseology* (pp. 159 – 188). Mouton de

Gruyter.

Murphy, R. (1986). *English Grammar in Use.* Cambridge University Press.

Niemeier, S., & Reif, M. (2008). Making Progress Simpler? Applying Cognitive Grammar to Tense-Aspect Teaching in the German EFL Classroom. In S. De Knop & T. De Rycker (Eds.), *Cognitive Approaches to Pedagogical Grammar* (pp. 325–356). Mouton de Gruyter.

OALD. (1995). *Oxford Advanced Learners Dictionary/OALD.* Oxford University Press.

Radden, G., & Dirven, R. (2007). *Cognitive English Grammar.* John Benjamins.

Radden, G., & Panther, K. U. (2004). Introduction: Reflections on Motivation. In G. Radden & K. U. Panther (Eds.), *Studies in Linguistic Motivation (Cognitive Linguistics Research)* (pp. 1–46). Mouton de Gruyter.

Ramachandran, V. S. (2003). *The Emerging Mind. In Lecture Presented as Part of the Reith Lecture Series.* BBC Radio Four.

Ramachandran, V. S., & Hubbard, E. M. (2001). Synaesthesia—A Window into Perception, Thought and Language. *Journal of Consciousness Studies, 8*(12), 3–34.

Shore, B. (1996). *Culture in Mind.* Oxford University Press.

Takada, M. (2008). *Synesthetic Metaphor - Perception, Cognition, and Language.* VDM Verlag.

Talmy, L. (2000). *Toward a Cognitive Semantics (Typology and Process in Concept Structuring)* (Vol. II). MIT Press.

Taylor, J. (2002). *Cognitive Grammar.* Oxford University Press.

Turner, S., & Littlemore, J. (2023). *The Many Faces of Creativity: Exploring Synaesthesia Through a Metaphorical Lens. Elements in*

Cognitive Linguistics. Cambridge University Press.

Tyler, A. (2008a). Cognitive Linguistics and Second Language Instruction. In P. Robinson & N. C. Ellis (Eds.), *Handbook of Cognitive Linguistics and Second Language Acquisition* (pp. 456 – 488). Routledge.

Tyler, A. (2008b, March). *Applied Cognitive Linguistics: Putting Linguistics Back into Second Language Learning.* Paper Presented at The LAUD Symposium on Cognitive Linguistic Approaches to Second Language Learning and Teaching.

Tyler, A. (2012). *Cognitive Linguistics and Second Language Learning: Theoretical Basics and Experimental Evidence.* Routledge.

Tyler, A., & Evans, V. (2004). Applying Cognitive Linguistics to Pedagogical Grammar: The Case of Over. In M. Achard & S. Niemeier (Eds.), *Cognitive Linguistics and Foreign Language Teaching* (pp. 257 – 280). Mouton de Gruyter.

Tyler, A., Mueller, C. M., & Ho, V. (2010). Applying Cognitive Linguistics to Instructed L2 Learning: The English Modals. *AILA Review, 23*(1), 30 – 49.

Werning, M., Fleischhauer, J., & Beseoglu, H. (2006). The Cognitive Accessibility of Synaesthetic Metaphors. *In Proceedings of the 25th Annual Conference of the Cognitive Sciences Society* (pp. 2365 – 2370).

Williams, J. M. (1976). Synaesthetic Adjectives: A Possible Law of Semantic Change. *Language, 52*(2), 461 – 478.

Winter, B. (2019). *Sensory Linguistics. In Language, Perception and Metaphor.* Benjamins.

Winter, B., Sóskuthy, M., Perlman, M., & Dingemanse, M. (2022). Trilled /r/ Is Associated with Roughness, Linking Sound and Touch

Across Spoken Languages. *Scientific Reports*, 12, 1035.

Wirag, A., Li, Y., & Zhang, B. (2022). Applying Cognitive Linguistics to Foreign Language Teaching and Learning: Addressing Current Research Challenges. *Cognitive Linguistic Studies*, 9(2), 185–201.

Wrembel, M., & Rataj, K. (2008). "Sounds Like a Rainbow"-Sound-Colour Mappings in Vowel Perception. In Second ISCA Workshop on Experimental Linguistics.

9 "奥斯卡送给威尼斯一头大象": 构式语法与二语习得

9.1 引言

在本章中,我将延续前一章所讨论的语言动机的观点,通过聚焦构式语法将其延伸至短语层面。第三章中,我们发现语言的不同方面,如单词、语素、词性乃至语调模式,都位于辐射范畴中。认知语言学的研究结果表明,辐射范畴并不局限于单词,也适用于短语层面。换言之,语法模式或"构式"也有其自身的含义,与所包含的单词无关。这一重要发现开创了认知语言学领域一个相当高产的分支——构式语法。全世界这一领域的研究人员人数众多,但最主要的贡献者是 Adele Goldberg(1995,2003,2019)。Goldberg 指出,和语言的其他方面一样,构式的意义存在于辐射范畴当中,其中有更具体、更原型和更抽象的边缘成员。例如,例(56)是 Goldberg(1995:152)所举的"致使移动(caused motion)"构式的一个例子:

(56) Jake pushed the vase off the table

Jake 把花瓶从桌子上推了下来

我们可以看到,它与其他具有相同语法模式的句子有着某种语义关系,如例(57)—(59):

(57) Sue squeezed her head through the neck of the jumper

Sue 把头挤进套头衫的领口

(58) She ordered Jack out of the meeting

她命令 Jack 退出了会议

(59) Jamie sneezed the napkin off the table

Jamie 打喷嚏,导致餐巾纸从桌上飞出

这些句子均属于"致使移动"构式的例子。我们可以看到,句子之间有着明确的语义联系,它们的意义是实际的语法模式或"构式"所固有的,并非源自它所包含的单词。这就是为什么 sneeze(打喷嚏)这个通常不用作及物动词的单词可以在该构式中被用作及物动词。在很多方面,sneeze 在此类构式中的原型程度要远低于动词 push(推)等动词,因此可以说它更接近范畴的边缘。该构式中,上述例子的其他动词(squeezed 和 ordered)的原型程度逐步降低,反映了构式在辐射范畴内中的运作方式。

构式语法的主要目的之一,在于对语言的"常规"和"地道"属性进行统一、连贯的描述,因此,如"一般过去式"等构式与常规的"语法规则"高度相似,而另一些构式,如"X 对 Y 做什么(what's X doing Y)?"构式(如,"那只大猩猩穿着比基尼在做什么?")则更具习语属性。构式语法与基于语料库语言学路径的语言观至少存在两点共同之处。

首先,构式语法方法结合了 Sinclair(1991)提出的"习语原则(idiom principle)"。根据习语原则,人们对某个句子后续单词的选择受到句子措辞的限制。然而,与 Sinclair 的观点不同的是,构式语法学家认为语言有时也存在"开放选择"原则,即对单词的选择不受前文的约束。构式语法学家表示,开放选择原则在语言中并不常见。对于构式语法学家而言,习语原则一直在发挥作用,只是程度有所不同。

其次,构式语法与 Hunston 和 Francis(1999)提出的模式语

法（pattern grammar）（参见 Hunston，2019；Hunston 等，2014；Hunston 和 Su，2019）有许多共同点。这两种语法方法都强调构式或模式决定了所含动词的含义。然而，这两种方法存在差异，而这种差异使它们相辅相成。与构式语法不同，模式语法由数据驱动，完全依赖于真实语言。此外，模式语法数量庞大，目前已识别出 85 种基本动词模式以及数量众多的扩展模式，名词和形容词模式的数量也基本相当。构式语法学家在一开始确定的模式数量较少，但近年来已经确定了更多的模式（例如，见 Goldberg，2019）。构式语法最初的重点是构式的意义、它们的部分生产力以及它们之间相关的方式。这两种方法都表明如"宾语"、"补语"等传统的语法范畴并不能充分解释单词的行为，但构式语法专家已经创造了一种元语言来描述构式的组成部分。伯明翰大学的研究人员目前正在将构式语法的系统性与模式语法在真实世界（real-world）的方法相结合，以创建一个真实、全面，但可用的英语语法描述体系（Patten & McSorley，2019；Patten & Perek，2022；Perek & Patten，2019）。他们正在建造一个"体系"（Lyngfelt 等，2018）；一个基于数据驱动但是依据构式语法规则可搜索英语常见模式或构式的数据库。对于英语学习者和教师以及材料设计者和词典编纂者来说，他们的"构造"可能证明是一种宝贵的资源。

虽然本章的重点是 Goldberg 的构式语法方法，但是值得注意的是，还有其他几种语法方法与 Goldberg 的方法具有相似的特点。它们包括：最初的 Langacker（1987）基于行为链和力动态系统的"认知语法（cognitive grammar）"，Bergen 和 Chang（2005）的"具身构式语法（embodied construction grammar）"，侧重于语言处理以及如何利用具身知识理解和产出构式，Croft（2001）的辐射构式语法（radical construction grammar，简称

RCG),聚焦于单词构式对词汇意义的影响程度。根据 RCG 规则,单词本身不能被归类为具有任何独立现实的词汇类别,正是这个单词的构式表现赋予了一个单词的类别,在构式之外谈论单词的类属是没有意义的。

　　Goldberg(1995)提出的构式语法首次将构式方法从"非常规"的习语构式拓展到更"常规"的构式类型。构式语法是目前研究最广泛的一种路径,除了这一路径,我还会提到 Bergen 和 Chang 提出的具身构式语法,因其对语言教学明确的启示。虽然本章主要关注这两个路径,但我也会借鉴能够促进二语学习与教学的其他方法,也会关注构式语法的局限性及其在二语学习与教学中的应用。首先,结合改编自 Goldberg 著述中的例子,9.2 节概述了 Goldberg 的构式语法路径并评估其对语言教学的适用性。9.3 节介绍 Goldberg 对构式关联方式的观点。在详细讨论 Goldberg 的构式语法路径后,9.4 节将研究如何在第二语言课堂上教授和学习构式的*显化*方式。9.5 节我将关注二语学习者对构式的*隐性*学习方式。此部分首先将探讨构式语法在一语习得中的作用,接着介绍 Tomasello(2003)的研究,该专著是第一个完全基于使用的一语习得理论。在该书中,他详尽探讨了婴儿如何使用意图解读技能和模式识别技能以习得和使用一语构式。Tomasello 的发现也许对于二语习得具有重大意义,尤其是在非课堂情境中的应用。我将讨论 Tomasello 的成果可以如何推动现有的二语习得理论以及任务导向型学习等方法。本节中,还会介绍一些尝试模拟一语学习情境的研究,通过向学习者提供有偏颇的输入(skewed input)以考察学生在此类输入中是否有所习得。我还会报告第二语言教学中使用构式语法路径的研究结果,并将其有效性与更传统的语法教学方法进行比较。

9.2 Goldberg(1995)的构式语法

如前所述,构式语法的主要主张之一是词汇组织的模式或"构式"和词汇一样能够传达意义。因此,单词在不同的构式中具有不同的意义,并且从理解的角度出发,构式可以有效起到消除歧义的作用。如"致使移动"构式所示,构式也存在于辐射式范畴中。尽管上述例子均反映了相同的构式,但在某种程度上,所有例子都不如例(56)"Jake pushed the vase off the table"更"直白"或"基本",这表明它们在同一个辐射范畴中占据了不同的空间。当非典型词汇[如例(59)中的 *sneezed*]位于某一构式中时,它会被赋予略微不同的含义,从而更加符合该构式的整体含义。通常,*sneeze* 一词与及物构式无关,但在此处,它出现在了及物构式中,因此获得了特殊的及物意义。这一观点在认知语言学中占据重要地位,并且与第四章对百科知识意义的讨论密切相关。在特定构式中,单词百科知识意义的不同方面可以被激活。

构式位于辐射范畴中的观点对语言学习和教学具有重要意义。例如,教师可以教授学生"核心"含义,并鼓励他们从中推断出更加边缘的含义(参见例如 Holme, 2009)。此外,如下文所示,研究者认为,构式的组织方式相对系统,并且彼此之间存在明确的、动机性的关系。关注构式及其之间的关系,也许有助于学习者接受语言的短语性质,不被短语显著的任意性和一系列不相关的短语所困扰。9.4 节将对其进行更加深入的探讨。

从语言学习者的角度来看,构式的另一个优点在于它们通常被认为是由具身图式驱动的(Bergen & Chang, 2005)。构式语法研究者主张,概念结构和句法结构之间存在密切关系。前景化和背景化是不同构式中的两个关键认知过程,第七章和第八章已对其进行了简要介绍。参考这两个过程有利于创造更加清晰和有意义的术语,以描述构式的成分。表 9.1 展示了常规句法术语和认知语言学术语描述致使移动构式的不同方式。

从表 9.1 中我们可以看出,认知语言学术语与短语语义的关系比常规句法术语更加相关。由于认知语言学术语与构式的具身关系更密切,因此认为更容易被语言学习者记住。如原因、动作、图形、路径和地面等单词更易视觉化,比主语、动词、宾语和状语等词容易记住。这是因为认知语言学术语更接近构式的实际过程,远不如常规术语那么抽象。

表 9.1 致使移动构式的概念和句法说明

示例	*The draught* 风	*blew* 吹	*the pencil* 铅笔	*off* 掉	*the table* 桌子
认知语言学术语	原因	行为	图形	路径	背景
常规术语	主语	谓语	宾语	副词	

构式语法的优势之一在于,教师可以借此对语法现象进行有意义的描述,以便学生理解。为了说明构式的意义,我们来看一下节选自 Goldberg(1995:153)有关"致使移动"构式的描述:

(60) We coaxed/asked/invited/allowed him out of the room.

我们哄/要求/邀请/允许他离开房间。

这可以与更完整的构式形成对比:

(61) We instructed/told/advised/begged him to go out of the room

我们指示/告诉/建议/求他离开房间

虽然这两个构式在语义上看似乎对等,但有许多词不太适合致使移动构式:

(62) * We instructed/told/advised/begged him out of the room

我们指示/告诉/建议/求他离开房间

同样,还有一些词不太适合较长的构式:

(63) * She lured him to go out of the room

她引诱他走出房间

传统语法也许会指出,上述例子中,动词诸如 instruct 等"不定式"、lure 等"介词"动词,意味其后面紧跟介词;而 order 等既是为"不定式"又为"介词"的动词,意味其后跟着不定式或介词。以上解释的问题在于,它们未能说明为什么这些动词后面会跟这些特定的词性。因此,学习者缺乏可遵循的依据,只能不假思索地背诵这一系列动词。构式语法为学生提供了更加理想的信息呈现方式,因为它关注构式本身的语义。通过探讨与该构式相匹配的单词,我们可以确定或多或少需要满足的条件,以便构建意义。这些条件的全部集合构成了构式的语义。

Goldberg(1995:167-73)在该构式中示例了五个条件中的两个。鉴于篇幅有限,我不会详细介绍这五个条件,而是通过两组示例说明 Goldberg(1995:167-73)如何阐述其中的两个条件。首先,让我们看看以下两个句子:

(64) Fans booed the striker off the pitch (BofE example)

球迷们在球场外向前锋发出唏嘘声(柯林斯英语语料库例句)

(65) ? They booed him into the car

? 他们嘘他上车

例(65)听起来略带标记性,因为进入一辆汽车需要主人公发挥某种主观能动性,这意味着此例句并不完全满足致使移动构式的第一个条件:

No cognitive decision can mediate between the causing event and the entailed motion.

任何认知决定都无法干涉起因事件和所导致的移动。

现在让我们再看两个句子:

(66) Arts West flew me to Barcaldine last Wednesday (BofE example)

上周三,Arts West(墨尔本大学人文学院大楼)将我带到了昆士兰的巴卡尔丁(柯林斯英语语料库例句)

(67)？Mum flew me to London for a holiday

？妈妈让我飞往伦敦度假

句子(67)听起来略显奇怪,因为父母通常不会让孩子满世界地飞,而公司则会如此。因此,该例句不满足致使移动构式的第二个条件:

If the activity being referred to reflects "conventional" behaviour in the language community then the activity can be packaged as a single event even if an intervening cause exists.

如果所指的活动反映了语言共同体中的"常规"行为,那么即使存在干预性起因,该活动也可以被包装为单一事件。

斜体字所示的两个条件构成了致使移动构式的部分实际意义。句首带有问号的两个句子描述的均是在日常生活中不太可能发生的事件(尽管可以勉强组合出一个令人信服的意义情景),因此它们在该构式中听起来带有标记。这表明,构式能够反映现实经验,而非纯粹任意。两个例子很好地说明了语义和语用信息在句法中的实际编码方式。它们这有力地表明,语法能够利用人们知识框架的全部资源,而非仅仅依赖于大脑中纯粹与狭隘"语言知识"相关的部分资源(Lee,2001:89)。此外,具身构式语法提出,中心和典型意义总是以经验为基础,在辐射范畴中被不太基本的意义所围绕,而靠近范畴边缘的意义在日常行为和经验中的典型程度较低。

语言的构式语法视角也许对二语教学者而言具有重要的借鉴意义。传统的"语法规则"方法直截了当但并不充分,"词汇"方法更准确但强度可能更高,因其需要学习者死记硬背成千上万个不相关的短语。而构式语法能在二者间取得平衡。构式语法能够揭示语言的短语性质,同时提供一个可以学习这些"短语"的系统。如此一来,构式语法有助于淡化可预测性和任意性之间的二元对立。

然而,在开始将构式语法应用于教学之前,我们至少需要解决两个问题。第一个问题涉及元语言,它被用以解释构式必须满足的各种条件。许多语言学习者可能会在某种程度上因为这些元语言而望而却步,比如:"*任何认知决定都无法干涉起因事件和所导致的移动*"。我们需要认真思考如何改写这类语言,使之对学生而言更加通俗易懂。例如,我们可以将上文的"致使移动"构式所需满足的两个条件改写成:

致使移动构式用于指代直接导致某种行为的动作

以及

你可以利用自己的常规知识推断已经发生的行为

然而,即使没有示例的情况下这样的解释仍会稍显冗长和复杂。最理想的方法也许是为学生提供类似上文的例子,让他们通过数据驱动学习法(参见 9.4)自己识别出这些条件。这种方法应该可以提高学生的元语言意识,或者深度学习,但问题在于它非常耗时。因此,我们需要将其限定在目标语言中最常见的构式,或者与学生的母语明显不同的构式。现在正在利用跨语言的语料库研究来帮助识别这一类构式(如 Beck 等,2009;Croft,2022;Dixon,2008)。我们还需要考虑如何用最佳方式向学习者呈现这些构式。

如前所述,构式语法并非基于真实语言数据的这个问题比较突出严重。虽然部分研究人员开始研究个别构式在真实话语中的情况(如 Stefanowitsch & Gries,2007),构式语法尚未经过大规模和系统性的语料库语言方法检验。例如,前文提及的致使移动构式例句"Jamie sneezed the napkin off the table"在认知语言学中广为引用,但是在规模为 4.5 亿词的柯林斯英语语料库中搜索后,并未发现 sneeze 的及物用法。当然,这并未削弱整个理论的地位(因为很容易找到其他符合该构式的例子),但它确实引发了有关该构式的实际频率及其教学价值的讨论。因此,我们需要通过大量的真实语料考察构式的频率和分布,以明确语言教学应该聚焦哪些构式。跨语言研究也许也能够揭示语言学习者可能会遇到困难的领域。

基于语料库的构式语法研究表明,构式的实际情况比认知语言学理论预测的要复杂得多。例如,Hopper(2001)研究了伦敦—隆德英语口语语料库(London-Lund corpus of spoken English)中的分裂构式(cleft construction)(如"What we're going to do is...."),发现这种构式的原型实例非常罕见,而认知语言学会认为其中的许多句子片段更接近范畴的边缘。这一发现与第三章所讨论的内容相似,即在真实话语中,大多数话语往往位于辐射范畴的边缘而非中心位置。在将构式语法应用于教学时,我们不能忽略这一事实。了解构式语法的局限性后,我们现在探讨构式语法在语言教学中的第二个潜在应用领域:构式之间的关系。

9.3 构式之间的关系

Goldberg(1995:75-81)观察到的一个情况是,构式(及其所包含的话语)之间以富有逻辑和意义的方式相互关联,或许可以应用于二语学习和教学。相似的构式会有相似的意义,学习者或许可以利用其现有的构式知识推断出新构式的意义。如下文所示,这也反映了儿童对母语构式的习得方式。Goldberg指出了构式(及其所包含的话语)的四种关联方式。下文将更加详细地探讨Goldberg对构式内部和构式之间关系的描述。

首先,Goldberg认为,某个构式中可能包含的各种话语通过多义性相联系。例如,双及物构式(ditransitive construction)与一系列意义相关,所有意义都共享语义迁移的某些方面,如以下例子:

X 导致 Y 接受 Z(中心意义):
(68) "Rachel gave Kim a CD"
"Rachel 给 Kim 一张 CD"
满足条件时,意味着 X 导致 Y 接受 Z:
(69) "Mom promised Joe a new bike"
"妈妈答应给乔一辆新自行车"
X 试图使 Y 接受 Z:
(70) "Dan baked Jeannette a cake"
"Dan 给 Jeannette 烤了一个蛋糕"

尽管这些例子都共享某些迁移成分,但其不同之处在于迁移是真实的,如例(68),是有意的,如例(69),还是含蓄的,如例(70)。

因此，如第三章所见，构式的多义性与单词的多义性基本相同。事实上，对许多认知语言学家而言，这并不足以为奇，因为他们将单词也视为构式，它们只是简单的，而不是复杂的构式。

其次，构式*相互关联*的主要方式之一是通过子部分连接（subpart links）。例如，如果我们比较(71)和(72)这两句话：

（71）Karen drove Jake to the airport

Karen 开车送 Jack 去机场

（72）Karen drove

Karen 开车

第一句话属于致使移动构式，而例(72)属于不及物构式。(71)"词汇侧显"（即用单词表达）一个原因(Karen 开车)、一个主位(Jake)和一个目标(去机场)，而第二句话仅"词汇侧显"一个主位(Karen 开车)。因此，第二个构式是第一个构式的子部分。

第三种构式关联方式是通过实例连接（instance links）。当某一构式是另一个相关构式的特殊例子时，两个构式就会通过实例相连接。最常见的实例连接是真实习语（在这种情况下，习语阅读只适用于一组有限的表达方式之一）。例如，让我们考虑结果构式：

（73）Tim drank himself under the table

Tim 把自己喝倒在桌子底下

当 *drove* 这个词出现在此构式时，往往具有习语意义，即"使人疯狂"，如：

（74）Jack drove me mad/round the bend/up the wall

Jack 把我气疯了

该构式的意义仅限于此，这意味着当和其他形容词搭配时，它会显得非常不自然，如：

（75）*Jack drove me happy/sad/excited/bored

＊Jack 让我感到高兴/悲伤/兴奋/无聊

因此,该习语解读属于更普遍的动结构式(resultative construction)的特殊实例,因此也被描述为"实例连接"。

第四,构式可以通过传承连接(inheritance link)相联系,这通常涉及隐喻。例如,致使构式:

(76) Jack kicked Peter out of the room

Jack 把 Peter 赶出了房间

可以通过隐喻扩展形成动结构式:

(77) Jack kicked Peter senseless

Jack 踢晕了 Peter

在这个例子中,*senseless*...属于一种隐喻性目标,它与致使移动构式中的实际目标相似。尽管存在着传承连接,Goldberg 主张,我们需要意识到两者其实属于两个独立的构式,因为它们可以与不同的动词组相组合。例如,动结构式能够使用 *made*,而致使构式则不行:

(78) Joe made Oscar happy

Joe 让 Oscar 高兴

(79) ＊Joe made Oscar into the cupboard

＊Joe 把 Oscar 弄到了柜子里

相反,致使移动构式能够使用 *pushed*,而动结构式则不可以:

(80) Joe pushed Oscar into the cupboard

Joe 把 Oscar 推到了柜子里

(81) ＊Joe pushed Oscar happy

＊Joe 让 Oscar 很开心

认识此类传承连接对语言学习者而言也许具有重要意义,它们能使所需学习的繁多的构式具有一定程度的系统性。从理论上讲,这将在一定程度上帮助学习者克服语言学习中使用短语方法时所面临的最大障碍之一:"数据过载(data overload)" (Broccias,2008)。

我们将在下一小节看到,关于明确吸引学习者注意构式及之间关系的短期、中期和长期益处,已经进行了大量研究,研究结果令人备受鼓舞。

9.4 构式的显性学习:Goldberg 理论的课堂应用

上节已示,构式的许多特征可能对语言学习者和教师具有吸引力:概念结构和句法结构之间存在着密切关联;构式也许储存在长期记忆中;构式自身具有意义,而且这些意义存在于辐射范畴中。教师应该能够使用构式语法解释单词的功能,而不是列出一堆有关单词用法的任意规则,并要求学生记住它们。这将使他们能够将短语现象呈现为部分是有理据的,而非完全随意的(Patten 和 McSorley,2019)。正如 Patten 和 McSorley (同上:5)所指出的,如果学习者以目标语言单词出现的模式来学习这些单词,他们更有可能"理解并掌握所学的单词并加以运用"。

尽管前文中的部分解释所包含的术语并不适用于大多数语言课堂,但教师可以通过例子让学生归纳 Goldberg 所总结的其他构式,无需使用任何不必要的元语言。例如,通过以下几组例子(笔者从柯林斯英语语料库中选取),我们一起看看 Goldberg (1995:200-1)所提出的 *way* 构式:

(82) he'd *bludgeoned his way through*, right on the stroke of half time

在上半场即将结束时的最后一秒,他发起了猛攻

(83) [the players will] *maul their way up* the middle of the field

[球员们将]在球场中央发力猛攻

(84) ... glaciers which had repeatedly *nudged their way between* England and Wales

……曾经在英格兰和威尔士之间来回挪动的冰川

Goldberg 指出,如果不采用语言的构式方法,我们就需要额外查找上述斜体动词的意义,并不得不规定这些新的动词意义只能出现在这个特定的句法结构中。正如她明确指出的:"显然,直接通过构式解读动作的意义更为简便"(1995:201)。这种情况下,教师可以只向学习者展示上述例子并要求他们推断构式的意义。接着,还可以让他们理解例句中不同动词引起的细微差别。此外,这些表达方式具有高度的隐喻性,教师还可以利用这一特征展开教学。

其次,为实现对构式的显性教学,教师还可以讲解表面高度相似的构式之间存在的差异。例如,英语中,我们有双及物构式(例如,"Alex gave him the book")和介词构式(例如,"Alex gave the book to him")。这两种构式在许多方面非常相似,但认知语言学能够解释两者的区别,比如以下改编自 Lee(2001:75)的阐述。例如,教师可以先向学生展示以下几组表达,并让学生判断它们听起来是否奇怪:

(85) a Sheila gave the office a new coat of paint

a　Sheila 给办公室粉刷了一层新油漆

b ? Sheila gave a new coat of paint to the office

b ?　Sheila 粉刷了一层新油漆给办公室

(86) a Bob taught me all l know

a　Bob 教会了我我所知道的一切

b ? Bob taught all I know to me

b ？Bob 教了我所知道的一切给我

(87) a Oscar sent an elephant to Venice

a　Brian 送了一只海象去南极洲

b ? Oscar sent Venice an elephant

b ？Brian 送给南极洲一只海象

(88) a Jeannette cleared the floor for Terry

a　Jeannette 为 Terry 打扫地板

b ? Jeannette cleared Terry the foor

b ？Jeannette 打扫 Terry 地板

随后，教师可以解释，对许多英语母语者而言，每组句子中的"b"听起来带有标记。接着要求学生们推断母语者如此认为的缘故。之后，教师可以通过认知语言学解释该现象，具体如下：双及物构式关注的是过程的*结果*，而介词构式关注的是*动作*。在某种程度上，我们必须将宾语（或"受动者"）视为接受者，而不是简单视之为直接宾语移动的目的地。这就解释了为什么句子(89)和(90)听起来不同寻常：

(89) ＊I mowed Gill the lawn

＊我修剪 Gill 的草坪

(90) ＊I opened Gill the door

＊我开了吉尔的门

该解释优于传统的"语法"解释，因为传统的"语法"解释只是告诉学习者有些动词采用双及物构式，有些动词采用介词构式，却没有揭示背后的原因。相反，认知语言学能够说明为何某些单词更适用于此构式而非彼构式。

此外，教师还可以使用"状态变化"动词的相关例句实现构式语法的显性教学(Levin & Rappaport Hovav, 1991)。例如，尽管(91)—(93)这三个句子在英语中听起来没有标记：

(91) They cleared the debris from the road

他们将瓦砾从路上清除

(92) They emptied the chocolate off the shelves

他们把巧克力从货架上清空

(93) He mopped up the milk from the floor

他把牛奶从地面上擦除

但如果稍微改变表达方式,第三个句子会听起来有点不太自然：

(94) They cleared the road of debris

他们清除了路上的瓦砾

(95) They emptied the shelves of chocolate

它们清空了货架上的巧克力

(96) ? He mopped the floor of milk

? 他擦除了地板上的牛奶

Levin 和 Rappaport Hovav 认为,原因在于 clear 和 empty 是"改变状态的动词"。换言之,它们指代的是导致特定事态的过程,而不具体说明实现该结果的方式。因此,上述结构有时被称为"结果"构式。关注的是结果状态,而非过程。Mop 不属于改变状态动词,因其更关注行动本身,而不是简单地描述最终结果。所以,clear 和 empty 适合第二种构式,而 mop 则不然。诸如此类的例子揭示了语义和句法之间的密切同步性,并说明句法受语义驱动的方式。同样,这类知识可能对二语学习者有重要用途。

确实,有证据表明,与传统教学相比,明确关注结果性结构可以带来更有效的学习。Sung 和 Yang(2016)调查了与更注重形式的方法相比,让韩国 EFL 学习者关注这种构式是否更有益。他们发现,以构式为中心的方法(通过课后翻译测试来衡量)可以提升学习效果,尤其是当它包含轻动词"make"时。他们还发现,接触过基于构式的方法的学习者在随后的课程中更容易掌握构式。

　　Achard(2008)主张,语言教师应明确关注构式的微妙含义或识解。他认为,与其向学习者罗列一系列语法规则和相应的例外情况,或者列出一堆适合此构式而非彼构式的单词,不如尝试解释(也许通过使用类似上文的例子)构式所隐含的确切识解,并利用这种解释说明为什么某些词更适合某些构式。为阐释这一观点,他引用了法语中经常与特定单词一起教授的定冠词。他以法语教科书 *Deux Mondes* 为例,建议学生:

> 为选择合适的冠词,要看句子中使用的动词类型。对于描述喜欢或不喜欢的动词,如 aimer、adorer、detester、préférer,需要使用定冠词,因为你是在谈论一般意义上的事物……相反,如果动词涉及拥有、获得或消费的语义,则需要使用 du、de la、de l' 或 des,因为你在谈论事物的数量。这类动词包括 avoir, acheter, manger, boire, prendre 等。Les Français boivent du café après le dîner"法国人饭后喝咖啡",Nous mangeons de la pizza tous les vendredi soir"我们每周五晚上都吃披萨"。(摘自 *Deux Mondes*,转引自 Achard[2008:443];原文强调)

　　这段摘录中,*Deux Mondes* 一书提出了几条非常普遍的规则,但将冠词的选择主要视为独立动词的属性。通过语料库数据,Achard发现了许多违反上述所谓限制的例子,并使用这些数据表示,定冠词的使用反映了言者选择识解事件的特定方式。通常情况下,定冠词可以激活文化仪式,例如在下午四点,许多法国家庭"prennent le cafe"(直译:"喝咖啡"),或者当某人搬进新社区时,可能会被邀请"boire l'aperitif"(直译:"喝开胃酒")。

这些基于文化的图示是识解的一个重要方面,并体现在上述讨论的各种构式中。帮助学习者理解这些图示不仅有助于他们更好地理解目标语言文化,还能赋予其学习更多的意义,并且在理论上应该比简单地背诵哪些动词适用于哪些构式更具激励性。

同样,Herbst(2016)在分析德语英语使用者教科书中英语语法的呈现方式时,强调了注意语法的各个方面,如果构式的特征更加突出,可以用更直观、更直接的方式进行教学,而不是参考源自拉丁语且不适用于英语的过时且不相关的语法规则。例如,构式语法的方法不需要关注英语中动名词和助词之间的人为区分,它也可以用来介绍如"由于(since)"这个词的不同含义之间的关系。该学者还建议他所说的"尴尬的形式——功能混淆,如"用作名词的形容词"(同上,40)可以通过识别和教授"ADJ 构式"来避免(例如,"有些人认为富人应该付钱")。他还指出,教授语法的构式语法路径可用以引导学习者注意特定语词在特定构式中出现的频率以及诸多分布的齐普夫性质。他提出了几个原则,如果在语言教材和教学材料的设计中坚持这些原则,可以最大限度地提高在第二语言课堂上使用构式语法的好处。其中包括:承认语言完全由构式组成,语言学习本质上是关于构式的学习;以词汇项目来呈现搭配;标示构式,以便学习者能够看到明显相关的句子背后的模式;尽量减少语法标示的承诺;始终使用真实材料。正如他所指出的,并非所有这些想法都是新的,但对语言由构式组成的这一笃定的想法有可能保持将语法模式作为一种有意义的、相互连接的事物在教学中加以聚焦。

不同语言对某个构式范畴的潜在可利用程度有所不同,这一点也关乎语言学习者的学习。例如,Taylor(2003:242)指出,当我们观察英语和德语中的及物构式时,会发现该构式在英语中经过了相当多的扩展,而在德语中其用法则相对有限。两种语言都有及物构式的原型用法。例如,在这两种语言中,诸如"我在吃吐司"等表达均直接使用了及物构式。然而,英语中存在一些更边缘的用法,将它们翻译成德语时,必须使用其他不同类型的构式来表示。例如,"I like James(我喜欢 James)"这个句子在德语中应译为"Mir gefällt James(James 使我高兴)"。"Joe brushed his teeth(Joe 刷自己的牙)"应译为"Joe hat sich die Zähne geputzt(即 Joe 刷——对自己——牙)"。此外,在德语中,工具不可充当及物构式的主语,因此德语不存在"the key opened the door(钥匙打开了门)"或"The hotel does not allow dogs(酒店不允许宠物进入)"等表达。最后,"位于构式极限"句子(同上:243),如"帐篷可以睡六个人",在德语中没有与之对等的及物构式。对于语言学习者而言,意识到这些构式与母语构式的差异将产生重要影响。教师可以采用对比教学法,帮助学习者意识到这些差异,而无须学生自己推断。

Tyler 等人(2011)对双及物结构的研究为学习者注意到构式及其在目标语言中的操作方式的好处提供了有力的证据,Tyler(2012)的研究对此中进行了深入的阐述。该项研究的受试者是 65 名在私立外语班学习英语的大学水平的越南学生。研究人员首先通过语料库分析以确定哪些动词最有可能出现在这种构式中,然后将这一分析的结果纳入到实验研究所使用的教学材料中。受试者分为两组:"认知"组和"传统"组,预测试后,两组都接受一个小时有关构式的介绍。研究人员对"认知"组的人讲解了构式的细微含义及其各种表现方式(例如,有意迁移、促动迁移、阻碍迁移、义务迁移、知识迁移)在一个总体网络中的关联。"传统"组的学生接受的是更加标准的语法课的教学,重点是双及物构式的两个宾语。学习者被告知哪些动词可以用在哪个构式中。为了测试这两种教学模式各自的优势,参与者接受了两次后测,一次涉及语法判断,另一次涉及图片描述任务。这些测试作为延后测试重复进行。结果显示,"认知"组取得的成绩都明显优于"传统"组,语法判断任务中,两组在延后测试中的表现差异更大。这些发现表明,以构式为基础的语法教学路径对向语言学习者传授句法意义大有裨益。

构式语法的教学方面目前取得了很大进展(Gilquin, 2022a),包括融入了具身路径(De Knop, 2020)和数据驱动学习方法(Gilquin, 2022b)的。这一领域仍有很多工作要做,包括需要更多地关注口语,而不仅仅是书面语法(Gilquin, 2022c)。

9.5 隐性学习构式:Tomasello 基于使用的一语习得观及其在二语习得中的应用

到目前为止,讨论的重点集中在构式的显性教学是否对二语学习者有所帮助。上一节提出的方法高度脱离语境,过于注重语法。尚不明确的是,这种语法教学方法是否也面临着传统的语法显性教学存在的所有问题,或者这种方法是否为学习提供了更理想的途径,因其呈现语法的形式能更准确地反映现实。换言之,我们不清楚传统的语法教学方式所面临的问题是否更多地与教学方式相关,还是更多地与人为性质有关。随着认知语言学指导下显性语法教学不断在语言课堂中得到检验,这个问题的答案将不言自明。现在,我们暂且搁置这一争议,转而思考隐性学习。

Tomasello(2003)很好地诠释了儿童学习母语中形式—意义配对构式的方式。他认为,儿童在学习构式的含义时的两个关键认知过程是意图解读和模式构成(pattern formation)。也就是说，通过预测在特定语境下对方可能会告诉或者询问自己的内容，随后将实际听到的语言映射至这些预测，儿童学会了将特定的表达方式与特定的意义相联系。接着，他们运用自己的能力进行不同话语的比较，识别异同，并利用有关构式之间通常存在的各种关系的隐性知识构建自己的语言知识。例如，当给孩子提供食物、饮料或玩具时，监护人总是会问"Would you like a....?（你要不要……?）"，长此以往，孩子会把这类表达与大人正在给予自己某些东西这一事实相联系，并发现句子末尾的单词通常代表的是所给予的东西。然后，他们会利用模式寻找技能，将该话语与同一构式中的其他话语联系起来，如"Would teddy like a cup of tea?（泰迪想喝杯茶吗?）"，以及将其与其他相关构式相联系，如"Would you like to go to the zoo（你想去动物园吗?）"或"Would you like a new doll for Christmas（你想在圣诞节得到一个新娃娃吗?）"。

在认知语言学的术语中，意图解读和模式寻找技能被用于识别语言学习的语境或"背景"。因此，监护人试图吸引孩子的注意（例如，他或她盘子里的食物）被视为"图形"。因为该图形在感知上凸显，孩子会更加地留意它，并试图将其与监护人所说的话相联系。该情境下，两大催化性的过程，即词汇对比和语境将发挥作用。词汇对比现象意味着同义词在任何语言中都受到强烈排斥，因此如果孩子听到一个新词或新的构式时，他或她会自动认为其含义不同于以往在相同语境中所听到的。随后，他们会利用语境、其他构式的知识，以及它们之间存在的典型联系推断出新构式的含义。婴幼儿也能够利用自己的能力识别对话者关于某一情形的观点，并将其与对话者在表达该观点时惯常使用的构式相匹配。通过反复进行这种匹配活动，他们可以发现不同的构式如何反映对同一事件的不同识解，并能够借此归纳出一套更加抽象、全面、图示化的构式,这些构式与他们所学习的语言对事件的常规识解方式相一致。为此,他们会使用类比、切分和图式形成等基本认知手段。

儿童在学习第一语言时,会从自己的监护人身上得到许多帮助。这种帮助呈偏态输入形式。Goldberg(2006)发现,在面向儿童以及儿童自身的话语中,三段式构式中大部分的动词位置只被一个动词占据,而且通常是原型动词。这一发现有助于加强儿童大脑中特定动词与构式的关联。原型动词被认为具有高度的线索效应(high cue validity),因为它们比其他动词更有可能出现在儿向语的构式中。这使得儿童能够通过偶然学习习得某个动词与某个构式的关联(参见第二章)。该动词与构式相互激活的概率很高,如果儿童听到此构式,很有可能会同时使用该动词。

那么,这些观点对二语习得的适用程度如何?能够从所听的输入中提取一套抽象的图式构式,并将不同的构式与不同识解相联系,这一过程很好地说明了何谓隐性学习。这种能力包含对构式的意义、频率和分布的敏感性,并且主要发生在无意识层面,因此反映了Ellis(2006a,2006b,2006c)所描述的概率处理(参见第二章)。

那么,这是否意味着我们可以简单地让二语学习者接触大量的真实话语,并期待他们使用意图解读和模式寻找技能理解这些输入,以及提取相关的形式—意义配对?对这个问题的简短回答是:可能不行。儿童在学习第一语言时,有专门的监护人为其指明物体,刻意简化和重复构式,使用具有高度线索有效性的动词,夸大某些构式的语调模式,并利用儿向语教学研究所发现的其他特征。相反,在许多将英语作为第二语言的情况下,学习者更有可能置身于目标语言的原始形式中,而且就对话者的意图而言，他们所获得的线索要远远少于学习第一语言的两岁孩童。基于这些原因，在没有任何辅助或输入设计的情况下，二语学习者不太可能像一语学习者一样，通过隐性学习掌握二语的构式。另一方面，研究表明，二语学习者关注构式的能力有助于他们学习"去词汇化"动词的不同意义，如 *get*（Waara，2004）。Waara 认为，"即使不是完全依赖于构式，语义的识别在很大程度上也受制于构式，它可以成为二语学习者的宝贵资源"（同上：73）。换言之，传递意义的是构式，而不是单词。这里的关键问题与二语学习者所接触的语言输入类型有关，作为教师和/或研究人员，我们有责任评估这些输入是否足以能让学习者提取目标语言的构式。广泛的阅读是一种可能的输入来源。Ro 和 Kim（2021）发现，通过广泛的阅读活动，韩国英语学习者可以习得目标式结构。然而，更多的教师指导可以促进和加速二语的习得。根据 Ellis（2013：374）的说法，二语中特定构式的成功习得可能受到四个主要因素的影响：

  a. 形式类型的频率、频率分布和显著性

  b. 语义类型的频率、频率分布、原型性和通用性，以及它们在解释整体构式中的重要性

  c. a 和 b 之间映射的可靠性

  d. 构式"孤岛"中的不同元素相互提供信息并形成预测语块的程度

  这表明，调整输入内容并将注意到输入的某些特征可能有助于学习者获得形式意义。在研究一语习得时，Casenhiser 和 Goldberg（2005）尝试在实验室中模拟儿童学习母语新构式时所面临的任务。通过向英语母语儿童展示一个涉及五个"新"（人造）动词的"新"（人造）构式，他们研究了儿童在受控

环境下通过偶然学习过程习得构式的能力。研究人员将儿童分成三组,并为每组播放一段包含两个并列场景的视频,其中,场景中的物体以各种方式呈现。一组儿童反复听到包含同一个动词的构式(与儿向语引入新构式的方式相似),另一组听到的是含有不同动词的构式,这些动词的出现频率相对一致,而第三组,即对照组,则听不到任何声音。他们的研究发现,三组儿童中,反复听到同一个动词的儿童在学习该构式的意义时明显优于其他两组。此外,两个实验组的表现均显著优于控制组。这些发现表明,如果一个新构式总是与同一个动词共现,学习者会更容易掌握该构式。也就是说,经常使用具有高度线索有效性的动词可以促进一语构式的习得。Casenhiser 和 Goldberg 的发现为一语习得提供了有趣的见解,但它们是否适用于二语习得呢?

　　Nakamura(2008)尝试将 Casenhiser 和 Goldberg 的研究结果应用于二语习得领域。在一个严格控制的实验中,他对来自不同国家的萨摩亚语成年"学习者"的输入数据进行干预,操纵了其中两个构式的频率。这里的"学习者"一词被置于引号中,因为受试者实际上仅是出于研究目的才开始"学习"萨摩亚语。在预先学习了必要的词汇后,学习者开始接触萨摩亚语的两个构式:新颖的出现构式"兔子,帽子,出现了"(兔子从帽子里出来了)和萨摩亚语的作格(ergative)构式"驾驶(作格标记)男孩车"(男孩驾驶了车)。他将学生分成四个对照组,其中两组接受偏态输入,两组接受均态输入(balanced input)。Nakamura 假设,接受偏态输入的学生对这些构式的掌握程度要高于接受均态输入的学生。事实上,Nakamura 的研究结果并不支持其假设。在构式习得方面,接受偏态输入的学生并不比接受均态输入的学生出色。这一发现表明,二语学习者的偏态输入学习效果不一定与一语学习者的相似。

　　对这一发现,可能存在几种解释。Nakamura 本人指出,也许是因为受试者对输入操控的敏感度存在个体差异。显然,这是一个值得深入研究的方向。其他的原因可能包括:二语学习者仅仅是不习惯于像一语学习者一样接受偏态输入。人们很少像对待学习母语的儿童那样与成人二语学习者交谈。因此,成人二语学习者自然不会考虑自然输入是否呈现出有利于学习的偏态特征。他们也因此不太可能自动运用类似于儿童所使用的偶然学习能力,将形式—意义关系与构式相关联。此外,如上所述,有关辐射式范畴性质的语料库研究表明,在成人母语者的真实话语中,该范畴的外围成员至少与原型成员一样普遍。因此,在成人学习者习惯听到的语言中,原型意义的线索有效性可能低于儿向语的线索有效性。Nakamura 研究中的成人学习者也许已经深谙此道,因此可能失去了利用线索有效性学习新构式的习惯。

　　另一方面,Nakamura 确实发现,研究中注意到构式的学生更有可能习得该构式。这一发现表明,提醒成人二语学习者留意目标语言中的构式也许有所帮助(关于注意在二语习得中的作用,参见第 2.7 节的讨论)。因此,语言教师的职责可能包括帮助学习者找到注意新构式及其相应动词的方法。这一点可以通过显性教学(如前所见)或某种形式的输入强化(如下所述)实现。

　　输入强化(详见第四章)是指为了凸显目标单词而将学习者所接触的语言进行各种形式的操控。Casenhiser 和 Goldberg以及 Nakamura 的研究都涉及输入强化。与不受控的输入相比,学习者在输入强化的环境下能够以更系统的方式更频繁地接触目标构式。然而,尚未有研究证实这种操控足以帮助二语学习者习得构式,这意味着,为达到促进学习的效果,我们需要提高输入的外显程度。一种可行的方法是在书面文本中划出关键构式,如果能鼓励学生自己划出新构式则更好。这种方法将用于提高关注的显性活动与促进隐性学习的学习活动相结合。在某些方面,它类似于 Lewis(1993)的词汇方法——一种鼓励学习者识别和学习固定"词汇短语"的方法,但该方法范围更广,因其指出:语言完全由灵活程度不一的构式组成。

另一种将提高关注的显性活动融入隐性学习情境的方式是对任务导向型的学习模式进行改进。在阐述对任务的定义时,Willis 和 Willis(2007)提出了一系列问题,以判断一项任务是否真正符合"任务"的标准。这些问题包括:(1) 是否主要关注意义;(2) 是否有成果;(3) 是否以成果评判成功;(4) 完成任务是否为首要任务;(5) 活动是否与现实世界的活动有关。他们还认为,唯有当任务能积极调动学习者的兴趣和激发其探索意义的意愿时,才能起到促进学习的作用。这与前文中 Tomasello 所描述的部分共同注意情景非常相似。如果学习者真正希望与"语言精通人士"(或者至少是可以从其身上学习新构式的人)进行有意义的交流,那么此时他们所处的学习环境属于 Tomasello 所描述的最优条件。在向儿童和初学者介绍新构式时,"语言精通人士"可以借助儿向语的特征,例如使用具有高度线索有效性的原型动词和夸张的语调,但需要适可而止,避免显得居高临下。如果对方是成年或高水平学习者,则建议使用原型程度较低的动词,如前文所示,这些词属于真实话语中更典型的表达。最为关键的是,需要事先告知学习者他们的输入将按这种方式改动,以便他们清楚自己需要寻找相关线索。另一方面,如果学习者与同伴一起完成任务,而这些同龄人的目标语言水平与前者相当或者不及前者,教师可以向学习者展示精通语言的人执行该任务的相关短视频,并在随后关注语言细节的阶段中,引导学习者注意有助于完成任务的构式。

我们需要明确学生自身在多大程度上能够运用目标语言产生具有交际效果的构式,即使这些构式并非总是"完美无瑕"。Waara(2004)研究了荷兰英语学习者实际产出的构式,她观察到,尽管这些构式与英语母语者使用的构式类型并不总是完全一致,但它们足以传递意义并维系能够提供学习机会的互动。她认为(同上:53):

> 学习者构式是一种构式,即意义与句法的对应,但其用法略显非常规。虽然这种用法不会导致沟通失败,但存在偏离的情况

这些学习者构式的质量不应被低估,因为它们证明了学习者有能力"修改、改编和创造性地运用新语言形式"(Firth & Wagner,2007:801)。这与 Ellis 的观点(参见第二章)巧妙地联系在一起:Waara 的发现表明,二语学习者能够整合和归纳自己所学的构式。在对构式语法及其与第二语言习得相关性的详细综述中,Ellis(2013)指出了考虑语言形式、学习者认知和使用以及这些相互作用的方式的重要性。换句话说,学习者获得特定构式的能力永远不会是频率的直接功能;它还取决于构式的使用语境、使用方式、对学习者的凸显性以及他或她能够处理它的方式。Ellis 的观点得到了 Gilquin(2016)基于语料库的调查的实证支持,该调查研究了在英语作为外语的学生制作的学术写作语料库和英语和第二语言的学生创作的学术写作语料中使用致使构式的方式。她发现这两个语料库之间存在相当大的差异,并得出结论,学习者隐性习得目标语言构式的能力在很大程度上取决于语境,并且因学习环境而异。

9.6 结语

如本章所示,构式语法这一概念在二语教学中的应用潜力巨大,因其能为语言的短语属性提供有意义且系统的理论框架。第二语言学习者并不总是接收到一语学习者所接收到的偏态输入类型,这意味着他们可能更难参与到一语学习习得构式时的那种偶然性学习中。因此,一定程度的显性教学和/或输入增强可能是有益的。我们已经看到,与传统的以形式为中心的语法方法相比,明确地将学习者的注意力吸引到目标语言结构上会带来更成功的学习。为了在语言课堂上实施这种方法,教师需要访问他们所教授的语言中广泛、易于搜索的结构数据库。在这里,目前正在开发的构式可能非常有用。需要做更多的研究来确定构式无缝融入交际或基于任务的语言教学最有效的方法。

参考文献

Achard, M. (2008). Teaching Construal: Cognitive Pedagogical Grammar. In P. Robinson & N. Ellis (Eds.), *Handbook of Cognitive Linguistics and Second Language Acquisition* (pp. 432–455). Routledge.

Beck, S., Krasikova, S., Fleischer, D., Gergel, R., Hofstetter, S., Savelsberg, C., Vanderlest, J., & Villalta, E. (2009). Crosslinguistic Variation in Comparison Constructions. *Linguistic Variation Yearbook*, 9(1), 1–66.

Bergen, B., & Chang, N. (2005). Embodied Construction Grammar in Simulation-Based Language Understanding. In J.-O. Ostman & M. Fried (Eds.), *Construction Grammars: Cognitive Grounding and*

Theoretical Extensions (pp. 147–190). John Benjamins.

Broccias, C. (2008). Cognitive Linguistic Theories of Grammar and Grammar Teaching. In S. De Knop & T. De Rycker (Eds.), *Cognitive Approaches to Pedagogical Grammar* (pp. 67–90). Mouton de Gruyter.

Casenhiser, D., & Goldberg, A. (2005). *Fast Mapping Between a Phrasal Form and Meaning. Developmental Science, 8*(6), 500–508.

Croft, W. (2001). *Radical Construction Grammar: Syntactic Theory in Typological Perspective.* Oxford University Press.

Croft, W. (2022). *Morphosyntax: Constructions of the World's Languages.* Cambridge University Press.

De Knop, S. (2020). The Embodied Teaching of Complex Verbal Constructions with German Placement Verbs and Spatial Prepositions. *Review of Cognitive Linguistics, 18*(1), 131–161.

Dixon, R. M. (2008). Comparative Constructions: A Cross-Linguistic Typology. Studies in Language. *International Journal Sponsored by the Foundation "Foundations of Language", 32*(4), 787–817.

Ellis, N. (2006a). Language Acquisition as Rational Contingency Learning. *Applied Linguistics, 27*(1), 1–24.

Ellis, N. (2006b). Selective Attention and Transfer Phenomena in L2 Acquisition: Contingency, Cuecompetition, Salience, Interference, Overshadowing, Blocking, and Perceptual Learning. *Applied Linguistics, 27*(2), 164–194.

Ellis, N. (2006c). Cognitive Perspectives on SLA. *AILA Review, 19*, 100–121.

Ellis, N. (2013). Construction Grammar and Second Language Acquisition. In T. Hoffmann & G. Trousdale (Eds.), *The Oxford Handbook of Construction Grammar* (pp. 365–378). Oxford

University Press.

Firth, A., & Wagner, J. (2007). Second/Foreign Language Learning as a Social Accomplishments: Elaborations on a Reconceptualized SLA. *The Modern Language Journal, 91,* 800–819.

Gilquin, G. (2016). Input-Dependent L2 Acquisition: Causative Constructions in English as a Foreign and Second Language. In S. De Knop & G. Gilquin (Eds.), *Applied Construction Grammar* (pp. 115–148). Mouton de Gruyter.

Gilquin, G. (2022a). Cognitive Corpus Linguistics and Pedagogy: From Rationale to Applications. *Pedagogical Linguistics, 3*(2), 109–142.

Gilquin, G. (2022b). Data-Driven Learning One's Way Through Constructions. In *Cognition and Contrast: Festschrift for/für Prof. Dr. Sabine De Knop* (p. 197). Presses de l'Université Saint-Louis.

Gilquin, G. (2022c). Constructing Learner Speech: On the Use of Spoken Data in Applied Construction Grammar. In *Directions for Pedagogical Construction Grammar: Learning and Teaching (With) Constructions* (pp. 73–96). Walter de Gruyter GmbH & Co KG.

Goldberg, A. (1995). *A Construction Grammar Approach to Argument Structure.* University of Chicago Press.

Goldberg, A. E. (2003). Constructions: A New Theoretical Approach to Language. *Trends in Cognitive Sciences, 7*(5), 219–224.

Goldberg, A. (2006). *Constructions at Work: The Nature of Generalization in Language.* Oxford University Press.

Goldberg, A. E. (2019). *Explain Me This: Creativity, Competition, and the Partial Productivity of Constructions.* Princeton University Press.

Herbst, T. (2016). Foreign Language Learning Is Construction Learning—

What Else? Moving Towards Pedagogical Construction Grammar. In S. De Knop & G. Gilquin (Eds.), *Applied Construction Grammar* (pp. 22 – 38). Mouton de Gruyter.

Holme, R. (2009). *Cognitive Linguistics and Language Teaching*. Palgrave Macmillan.

Hopper, P. (2001). Grammatical Constructions and Their Discourse Origins: Prototype or Family Resemblance? In M. Putz, S. Niemeier, & R. Dirven (Eds.), *Applied Cognitive Linguistics II: Language Pedagogy* (pp. 109 – 129). Mouton de Gruyter.

Hunston, S. (2019). Patterns, Constructions and Applied Linguistics. *International Journal of Corpus Linguistics, 24*(3), 324 – 353.

Hunston, S., & Francis, G. (1999). *Pattern Grammar. A Corpus-Driven Approach to the Lexical Grammar of English*. John Benjamins.

Hunston, S., & Su, H. (2019). Patterns, Constructions, and Local Grammar: A Case Study of 'Evaluation'. *Applied Linguistics, 40*(4), 567 – 593.

Hunston, S., Herbst, T., Schmid, H. J., & Faulhaber, S. (2014). *Pattern Grammar in Context. In Constructions Collocations Patterns* (pp. 99 – 120). Mouton de Gruyter.

Langacker, R. W. (1987). *Foundations of Grammar (Cognitive Prerequisites)* (Vol. 1). Stanford University Press.

Lee, D. (2001). *Cognitive Linguistics. An Introduction*. Oxford University Press.

Levin, B., & Rappaport Hovav, M. (1991). Wiping the Slate Clean: A Lexical-Semantic Exploration. *Cognition, 42*, 123 – 151.

Lewis, M. (1993). *The Lexical Approach. The State of ELT and a Way Forward*. LTP Teacher Training.

Lyngfelt, B., Borin, L., Ohara, K., & Torrent, T. T. (Eds.). (2018).

Constructicography: Constructicon Development Across Languages (Vol. 22). John Benjamins Publishing Company.

Nakamura, D. (2008). Awareness, Input Frequency, and Construction Learning: A Replication and Extension of Casenhiser and Goldberg (2005) to Adult Second Language Acquisition. In *Cognitive Approaches to Second/Foreign Language Processing: Theory and Pedagogy. Papers from the 33rd International LAUD Symposium, Landau, Germany, March 2008* (pp. 464–481). LAUD Linguistic Agency.

Patten, A., & McSorley, E. (2019). Addressing the Vocabulary Gap Using the Pattern Grammar Approach. *Impact, 6*.

Patten, A., & Perek, F. (2022). Pedagogic Applications of the English Constructicon. Directions for Pedagogical Construction Grammar. In *Learning and Teaching (With) Constructions* (pp. 179–215). Mouton de Gruyter.

Perek, F., & Patten, A. L. (2019). Towards an English Constructicon: Using Patterns and Frames. *International Journal of Corpus Linguistics, 24*(3), 354–384.

Ro, E., & Kim, H. (2021). The Effects of Extensive Reading on Young Korean Students' Construction Development. *International Review of Applied Linguistics in Language Teaching, 60*(4), 957–981.

Sinclair, J. (1991). *Corpus, Concordance, Collocation.* Oxford University Press.

Stefanowitsch, A., & Gries, S. (2007). Collostructions: Investigating the Interaction of Words and Constructions. In V. Evans, B. Bergen, & J. Zinken (Eds.), *The Cognitive Linguistics Reader* (pp. 75–105). Equinox.

Sung, M.-C., & Yang, H. K. (2016). Effects of Construction-Centred Instruction on Korean Students' Learning of English Transitive

Resultative Constructions. In S. De Knop & G. Gilquin (Eds.), *Applied Construction Grammar* (pp. 89–113). Mouton de Gruyter.

Taylor, J. (2003). *Linguistic Categorization*. Oxford University Press.

Tomasello, M. (2003). *Constructing a Language. A Usage-based Theory of Language Acquisition*. Harvard University Press.

Tyler, A. (2012). *Cognitive Linguistics and Second Language Learning: Theoretical Basics and Experimental Evidence*. Routledge.

Tyler, A., Ho, V. And Mueller, C.M. (2011). *Using cognitive linguistics to teach the double object construction*. Paper presented at the annual conference of the Ammerican Association for Linguistics, Chicago (March 2011).

Waara, R. (2004). Construal, Convention and Constructions in L2 Speech. In M. Achard & S. Niemeier (Eds.), *Cognitive Linguistics and Foreign Language Teaching* (pp. 51–76). Mouton de Gruyter.

Willis, J., & Willis, D. (2007). *Doing Task-Based Teaching*. Oxford University Press.

10 结论

本书开篇提到,尽管认知语言学是一个相对较新的学科,但它在二语学习与教学领域具有许多应用价值。本书已分设章节逐一探讨了其潜在的应用,本章的唯一目的即在于最后补充几点内容。

识解、范畴化、隐喻、转喻和具身化首先是动态的认知过程,可以在人类经验的范围内沿着多个方向发展。但它们都在语言上留下了永久的印记,并且发挥着不同的作用,使不同的语言能够以不同的方式看待和描述事物。早在 1993 年,John Taylor 就指出,认知语言学对二语教学与学习理论的主要贡献之一是强调了语言之间存在此种差异。这与当前二语习得领域的研究高度一致。该领域逐渐揭示了在语法(Ammar & Lightbrown, 2005)和词汇(Laufer & Girsai, 2008)教学中使用改进版的对比分析方法所具有的优势。到目前为止,研究表明,识解事件的跨语言差异有助于我们预测语言学习者在学习过程中可能遇到的问题,特别是在二语与一语仍存在寄生关系的早期阶段。隐喻和转喻及其在范畴扩展和一词多义现象中所发挥的作用也有可能对对比分析方法起促进作用。如第三章所示,语言在这方面存在着显著差异,但教师却很少以此为话题与学生展开专门的讨论,仅仅是寄希望于学生自己通过长时间的隐性学习掌握该领域的知识。然而研究表明,在许多情况下,这种知识根本未被习得。

认知语言学对二语学习与教学的另一个贡献,是说明了语言的理据性和可解释性，同时还强调了不同语言的理据不尽相同。如前所述，通过引导学生关注语言的理据和具身性质，教师可以帮助学生进入深层学习，从而提高长期记忆效果。部分教学方法为了强调交际和信息交流，淡化了语言分析的作用，而关注有理据语言是对这些方法的彻底背离。对于学习者而言，能够停下来思考特定表达方式背后的原因很重要，因为这有助于减轻死记硬背的负担。

通过输入强化（Sharwood Smith，1993），我们可以向学习者介绍不同语言之间的差异，提高他们对目标语言有理据性的意识。换言之，如第二章所见，可以对他们所接收的输入进行"篡改"以凸显某些语言特征。在书面输入中，输入强化可以采用高亮、下划线、特殊字体等形式，而在诗歌这类体裁中，可以采用特定的排版方式。在口语输入中，可以采用夸张的语调（以便学习者掌握新构式和相应的语调模式）、频繁使用手势（让学习者更好地理解与语言表达相对应的概念内容）、放慢语速和重复等方式。Han 等（2008）在一项关于输入强化的研究综述中指出，输入强化对特定领域的作用更大。例如，当存在着密切、透明的形式—意义关系时，强化输入更有可能促进学习。笔者希望通过这本书说明，形式—意义的配对通常有其理据，但不同的语言有着不同的理据。当通过认知语言学的视角观察语言时，这种理据特征更加显著。后续研究可以探讨如何通过输入强化使形式—意义的关系在学生面前变得更加透明。

如前所述，通过二语习得，人们能够培养出不同于以往的看待或描述事物的能力。学习第二语言需要我们克服因第一语言的说话方式而形成的认知习惯，需要重新组织我们的百科知识以及相应的词汇联想网络，从而深化我们的二语词汇知识，还需要我们克服第一语言利用概念隐喻和转喻的常规方式，以便更好地理解目标语言的词义隐喻和转喻扩展。最后，学习一门新的语言还包括学习如何将我们的想法重新包装成不同类型的构式，这些构式所聚焦的内容也许有别于我们的第一语言。

如第二章所见，双语者通常需要展现出极高的认知灵活度才能完成上一段列出的各种任务。对于没有机会在多语环境中成长的人而言，若想成功习得第二语言，则需要发展出一定程度的认知灵活性，并乐于接受看待事物的新方式。然而，这并不意味着单语者总是"认知不灵活"，因为认知灵活性同样可能是因人而异的特质，而这有助于我们理解语言学习者在态度和认知风格方面的个体差异。例如，二十年前，已有学者发现了歧义容忍度和语言学习策略偏好之间的关系(Ely, 1989)。歧义的容忍度是指个人对不熟悉或模棱两可情况的可接受程度。Ely 发现，歧义容忍度能够显著预测某些策略的使用，例如寻找文章大意、根据语境猜测词意以及使用心理意象辅助记忆。它也能显著预测通常不被使用的策略，如在新词和一语词汇之间寻找一一对应的关系，以及其他仅关注某个语言特征的策略。它还与风险承担能力有关，即能够容忍歧义的学习者更有可能在语言学习中挑战自己。因此，如果学习者能够接受新语言识解和呈现信息的方式与自己的语言有所不同，那么歧义容忍度似乎是一个重要的学习者特质。

近来，研究人员谈到了另一种对新识解方式和构式的习得起着重要作用的学习者特质，即 Grigorenko 等(2000)所提出的"外语习得中的创新认知能力"（简称 CANAL‑F）。该能力大致指的是学习者能够在语言输入中发现新模式，以及选择性运用现有知识和类比推理推断新的形式—意义配对。这种能力在识别和学习新构式时必不可少，并且被视为通过使用语言来学习语言的关键前提。或许，"创新认知能力"也有助于克服一语迁移的影响,而本书的前几章已经详细探讨了这些影响。

除了需要学习者具备灵活性,我们还看到,认知语言学认为语言本身是一种灵活的现象,不受严格的规则及其"例外"清单所束缚。认知语言学家将语法和发音"规则"视为灵活的,互为关联的辐射式范畴。他们确定了这些范畴中能让系统性和灵活性共存的力量,如隐喻和转喻。范畴中的原型成员更有可能以经验为基础并与具身认知相关,而更外围的成员通常更抽象,更不易懂。如果目标语言的词汇语法和语音特征都能以辐射式范畴的形式呈现给学习者,将有助于他们更准确地理解语言的运作机制。这也将帮助他们在面对可能遇到的真实语言时,更好地洞察其中的系统性,更深刻地理解"真实"语言的工作原理。因此,我们需要开展更多的研究,探讨将辐射式范畴方法纳入语言教材的最佳方式。

多年来,二语习得文献多着墨于"关注形式"还是"关注意义"的讨论。似乎已经达成的共识是,最理想的方式是提供有意义的输入,同时明确关注语言形式(de Bot 等,2005)。认知语言学和语料库语言学对这一辩论的贡献在于它们强调,在很大程度上,形式*即*意义,意义*即*形式。识解仅仅是短语的另一面。这一观点意义重大,因其淡化了语言的任意性,并突出了语言的有理据程度,从而使其更容易理解。我们需要开展更多的研究,探讨语言课堂可以在多大程度上充分利用有理据语言。第八章概述了探讨该方法有效性的部分研究,但我们需要进一步明确学习者是否能够在该方式下将所习得的陈述性知识转化为程序性知识,以及这种方法是否适用于语言各个领域的教学,还是仅仅局限于时态、语态和短语动词等领域?

最后,需谨记的是,多语词汇的表征并非稳定的实体,因此无法对其进行操作。数据表明,它们比许多理论模型所认为的更加不稳定(de Bot 等，2007)。这意味着"言为心声"模式、识解和构式的二语习得并不会遵循可预测的线性顺序。未来的研究需要以更加深入、成熟的方式探讨基于认知语言学的教学方法的有效程度,不应仅限于实验组和对照组的对比,或者仅关注短期内可观测到的学习效果。考虑到第二语言学习的长期性、周期性和动态性,我们需要结合定性与定量方法开展纵向研究。在本书的第一版中,我提出,受认知语言学启发的语言教学研究可以有效地解决以下问题:

- 一语的识解和范畴化模式在多大程度上影响二语的识解和范畴化模式的习得?
- 如何以最有效的方式帮助学习者理解二语中隐喻和转喻的运作机制?
- 哪些显性指导和/或输入强化可以最有效地帮助学生关注与习得二语的识解、范畴化、隐喻、转喻和构式?
- 如何最有效地融合"语言游戏"活动和交际性教学方法,以促进语言学习?
- 手势的相关研究可以为二语的言为心声模式的习得提供什么研究发现?
- 语言学习者在多大程度上和以何种方式培养认知灵活性?
- 如何系统地教授语言学习者二语构式?

我认为,通过寻找这些问题的答案,我们将更多地了解第二语言学习背后的认知过程。自这本书出版以来,几乎所有这些领域都有了研究,我们现在对第一语言"言为心声"模式对第二语言习得(包括语言和手势)的影响,以及吸引学习者关注第二语言范畴、识解模式和构式的益处有了更多的了解。我们也更加了解哪些方法可能有效(至少在某些情况下有效)。也有一些将认知语言学融入语言教材的出色尝试(例如,Llopis García, 2012)。有趣的是,对认知语言学实际应用的研究不仅关注英语教学,还关注其他语言的教学,特别是西班牙语(例如,Ibarretxe-Antuñano 等,2019)。这些材料现在需要在各种环境下,与各种不同语言的学习者一起进行测试。这将使人们对语言教师和学生如何最好地利用认知语言学提供的所有知识有更丰富、更细致的理解。

参考文献

Ammar, A., & Lightbrown, P. (2005). Teaching Marked Linguistics Structures - More About the Acquisition of Relative Clauses by Arab Learners of English. In A. Haussard & M. Pierrard (Eds.), *Investigations in Instructed Second Language Acquisition* (pp. 167–198). Mouton de Gruyter.

de Bot, K., Lowie, W., & Verspoor, M. (2005). *Second Language Acquisition. An Advanced Resource Book.* Routledge.

de Bot, K., Verspoor, M., & Lowie, W. (2007). A Dynamic Systems Theory Approach to Second Language Acquisition. *Bilingualism, Language and Cognition, 10*(1), 7–21.

Ely, C. (1989). Tolerance of Ambiguity and Use of Second Language Strategies. *Foreign Language Annals, 22*(5), 437–445.

Grigorenko, E., Sternberg, R., & Ehrman, M. (2000). A Theory-Based Approach to the Measurement of Foreign Language Learning Ability: The Canal-F Theory and Test. *The Modern Language Journal, 84*(3), 390–405.

Han, Z., Park, E. S., & Combs, C. (2008). Textual Enhancement of Input: Issues and Possibilities. *Applied Linguistics, 29*(3), 597–

618.

Ibarretxe-Antuñano, I., Cadierno, T., & Castañeda Castro, A. (Eds.). (2019). *Lingüística cognitiva y español LE/L2*. Routledge.

Laufer, B., & Girsai, N. (2008). Form-Focused Instruction in Second Language Vocabulary Learning: A Case for Contrastive Analysis and Translation. *Applied Linguistics, 29*(4), 694–716.

Llopis García, R. (2012). *Gramática cognitiva para la enseñanza del español como lengua extranjera*. Torrossa Online Bookstore.

Sharwood Smith, M. (1993). Input Enhancement in Instructed SLA: Theoretical Bases. *Studies in Second Language Acquisition, 15*, 165–179.